新能源汽车
轻量化材料与工艺

XINNENGYUAN QICHE QINGLIANGHUA CAILIAO YU GONGYI

牛丽媛　李志虎　熊建民　等　编著

·北京·

内 容 提 要

本书适应当前新能源汽车轻量化的技术需要，全面解读了新能源汽车各系统的轻量化选材、工艺设计和应用关键点，为新能源汽车制造正向开发提供基础。

全书分 4 篇，详细阐述了轻量化材料应用的现状、存在的技术问题；对三电系统、车身系统、内外饰系统和底盘系统的轻量化技术的发展趋势、应用实例进行了详尽的分析；介绍了轻量化材料开发应用时需要开展的连接工艺和涂装工艺的同步工程，保证轻量化材料应用过程中的连接和涂装满足应用要求；介绍了特斯拉、丰田等四款典型新能源汽车的轻量化材料与工艺技术，帮助读者全面了解并快速掌握新能源汽车轻量化材料的选择、应用与开发技术。

书中甄选的新能源汽车轻量化与新材料方面的技术与应用案例都源于 30 余位作者多年来的工作实践与经验总结，可供从事新能源汽车生产、设计、研发的技术人员借鉴，也可供相关专业的师生阅读。

图书在版编目（CIP）数据

新能源汽车轻量化材料与工艺/牛丽媛，李志虎，熊建民等编著．—北京：化学工业出版社，2020.3（2022.1重印）
ISBN 978-7-122-36060-1

Ⅰ.①新… Ⅱ.①牛…②李…③熊… Ⅲ.①新能源-汽车-工程材料 Ⅳ.①U465

中国版本图书馆 CIP 数据核字（2020）第 011182 号

责任编辑：刘丽宏　　　　　　　　　　文字编辑：吴开亮
责任校对：李雨晴　　　　　　　　　　装帧设计：王晓宇

出版发行：化学工业出版社（北京市东城区青年湖南街 13 号　邮政编码 100011）
印　　装：北京捷迅佳彩印刷有限公司
710mm×1000mm　1/16　印张 17¼　字数 322 千字　2022 年 1 月北京第 1 版第 2 次印刷

购书咨询：010-64518888　　　　　　　售后服务：010-64518899
网　　址：http://www.cip.com.cn

凡购买本书，如有缺损质量问题，本社销售中心负责调换。

定　　价：89.80 元　　　　　　　　　　　　　　　版权所有　违者必究

序

  目前,市场上与轻量化有关的书籍基本上与节能汽车用材体系有关,并按照汽车用金属材料、非金属材料等分类。但是,与节能汽车相比,新能源汽车车身、底盘、动力系统等架构发生了很大变化,因此,其用材体系也存在较大差异。为此,《新能源汽车轻量化材料与工艺》一书的适时出版具有积极的指导意义。

  全书对新能源汽车材料及工艺技术的阐述,倾注了三十多名作者长期工作的理论思考和实践探索。其中,牛丽媛博士、王纳新部长、邢汶平等几位专家在汽车行业工作二十多年,一直致力于节能与新能源轻量化与新材料应用技术开发工作,对先进材料、新型连接技术、涂装工艺等汽车轻量化领域涉猎颇深。

  书中甄选的轻量化与新材料应用案例大多源于他们多年来工作实践经验的总结,体系完整、案例生动、分析透彻、实用性强,是作者从事新能源汽车轻量化长期工作的结晶。本书在节能汽车轻量化基础上,突出了新能源汽车的差异性对材料、工艺的影响,内容新颖、系统性强,与新能源汽车轻量化发展趋势同步,可以说本书的出版恰逢其时。

  同时,结合新能源汽车轻量化需求做了大量创新型的工作,这种创新精神和探索精神难能可贵。在编写过程中,本书不仅采用了"专业视角+详细解说+丰富图例"等创新形式,还提出了新能源汽车新材料、新工艺存在的技术瓶颈,明确了新能源汽车轻量化与材料产业化过程中亟待解决的关键技术问题,其中,大量研究工作是新能源汽车轻量化正向开发的基础。

  本书案例精炼、数据详实,分析深入浅出,适合我国从事新能源汽车轻量化和材料的管理人员、研发人员、生产制造工程师,也为高校、科研院所的在校学生和科研人员提供了很好地参考。

汽车轻量化技术创新战略联盟 副秘书长

2019 年 6 月 27 日

自序
——为汽车强国梦奋力拼搏

汽车行业是值得我一直充满激情为之奋斗的行业,30 多年来,我一直在科技开发一线从事技术研发,深知汽车强国梦需要我们汽车人的共同努力,也需要更多的研发机构、汽车上下游行业人员参与到中国汽车工业发展中来。目前,中国汽车工业发展面临新形势,汽车技术的发展要求越来越高,跨国汽车巨头推出拥有先进技术的新车型,法规对汽车产品的要求也更加严格,如 2020 年乘用车新车平均油耗需降至百公里 5L,今后的汽车行业,上下游行业优势互补联合开发将成为发展趋势,以形成真正属于我们的核心技术能力。

本书就是在这样的形势下诞生的,对于新能源汽车,应在动力电池、轻量化技术、智能技术等领域实现创新,以满足各种要求。新能源汽车的材料与工艺技术是材料学知识和汽车应用技术紧密结合并不断发展的专业领域,本书系统地介绍了新能源汽车涉及的轻量化材料与工艺技术知识,与现代汽车轻量化材料的国际发展同步,并附有细致的轻量化材料的技术方案及应用实例。书中的内容按照新能源汽车动力系统、车身、内外饰、底盘系统等构建,讨论各大系统的总成及零部件的轻量化方案。

撰写实践型的技术书籍,是我一直以来的愿望,我与科技写作的不解之缘,要从 30 多年前考入天津大学说起。我的本科专业"电化学工学"是交叉学科,现代锂电池就是以此为基础发展起来的,记得 30 多年前刚入学看到这个专业的相关介绍时,最强烈的感受是——会有大量的未知等着我去发现。事实证明的确如此,大一大二上完基础课之后,大三开始做试验搞发明,大四就发表了论文,走出了科技写作的第一步。时光倏忽而过,细细想来,我之所以坚持科技写作,一写就是数十年,大抵还是源自内心的热爱。

1985 年,我大学毕业被分配到享有"中国汽车工业摇篮"之称的第一汽车制造厂,从事新材料新工艺的研发。在我看来,科技写作是作为一名科研人员所需要具备的基本技能。科技写作可揭示事物的本质,这是我喜爱写作最重要的原因,因此工作中也未曾间断过写作。

大学毕业十几年后,我开始在职攻读吉林大学的博士学位。我的导师连建设、江中浩教授教会了我如何将复杂的数据进行逻辑分析,达到透过现象看本质的目的。连建设教授平时很和蔼,但在科研方面对我们要求严格。我们怕他,却又异常佩服他的专研精神——他可以通过连续几天不分昼夜地研究,快速抓住未知领域的关键问题。他用孔子的"学而不思则罔"教导我们:做研究一定要有长时间的冥思苦想,否则是不会有新发现的。在连建设、江中浩教授的影响下,我更加明白了科技写作的意义,并在他们的指导下三年发表了十几篇 SCI 论文,提前拿到博士学位。

写作也是为了学习自己不懂的知识,几年前我被邀请给企业的负责人们讲解专业知识,为了讲得更加简单易懂,我苦思冥想地自编了一本书作为教材,本着"给人一杯水,自己要有一桶水"的原则,我结合前人的智慧和自己的经验,把理论比喻成常见现象,例如大家总是记不住"金属在腐蚀过程到底发生了什么反应"。我就让大家把被腐蚀的金属想象成天空的臭氧层,因为活泼灵动发生了氧化反应,腐蚀出空洞;把被保护的金属想象成大地,大地被覆盖上各种绿植,发生了还原反应。这就解释了跨海钢筋桥梁为什么在腐蚀性很强的海水中毫发无损的原因:钢筋桥梁连着一块活泼金属,只需定期更换被溶解的活泼金属,就能确保桥梁不被腐蚀。功夫不负有心人,大家对课本的反应不错,我自己也颇有收获。

撰写科技专著的过程,更加是学习的大好机会。科技专著是用来传播科学技术知识的,所以,书中不仅要有作者自己的研究成果,整本书还要具有系统性和逻辑性,要介绍前人的理论与发明,也要引用许多同行和合作者的成果,我向他们求教了许多相关的知识。我想,如果不是因为写作,我很可能不会有这么好的学习契机去了解这些内容,也就不会构建出如今更系统的知识体系了。在此,也要对耐心为我讲解的专家们,表示深深的感谢。

本书是集体智慧的结晶,本书的完成要感谢所有的作者,并感谢作者的家人们长期以来的理解和支持。书中介绍了诸多行业同仁的经验,在此表示诚挚谢意。希望我们的书能有益于读者,为汽车强国梦贡献菲薄之力,感谢汽车轻量化技术创新战略联盟副秘书长杨洁书写了序言。由于水平有限,书中不足之处在所难免,敬请读者指正! 可联系作者邮箱 niuliyuan@foxmail.com,谢谢。

编者
2019 年 11 月

前言

2018年，我国新能源汽车产销量分别为127万辆和125.6万辆，同比分别增长了59.9%和61.7%，新能源汽车已成为汽车产业的重要组成部分，也是汽车未来主要的增长方向。新能源汽车受限于电池容量问题，其动力电池的质量就高达数百公斤，整车的质量至少过吨。续驶里程一直是限制其发展的主要问题，而轻量化是提高新能源汽车续驶里程的有效途径，轻量化材料作为减重潜力最大的轻量化手段一直备受关注。新能源汽车的轻量化材料正面临着一系列新的技术突破和重大发展机遇。

轻量化技术作为新能源汽车的核心技术之一，是实现节能减排、绿色发展，以及促进汽车行业发展的必经之路。当前轻量化材料技术开发空前活跃，但由于轻量化材料与工艺涉及材料学、化学、电化学、物理学等多方面知识，非材料专业人员和初学者往往在遇到实际问题时不知如何下手。本书是作者团队三十余年的从业经验和汽车材料相关知识的积累。本书从新能源汽车轻量化材料与工艺实际应用的角度出发，详细地介绍了轻量化材料应用的现状、存在的技术问题及瓶颈，以及未来发展趋势。本书力求清晰准确，注重理论联系实际，便于读者掌握轻量化材料的选择、应用与开发。本书用了大量的实例进行讲解，力求通过实例使读者快速了解并掌握新能源汽车的轻量化材料应用开发技术。书中从实际出发把内容切割成若干知识点，通过大量实例由简入繁地讲解了新能源汽车轻量化材料在开发中运用的各种技术。

本书介绍了新能源汽车轻量化材料及相关工艺的应用现状和发展趋势。全书分为4篇，第1篇对新能源汽车及其轻量化现状及趋势进行了阐述，并对轻量化发展阶段进行分析，认为轻量化材料是今后新能源汽车轻量化的主要发展方向；第2篇以汽车各系统为主线，从系统维度对轻量化材料应用现状进行分析，对三电系统、车身零部件系统、内外饰零部件系统和底盘零部件系统的轻量化技术的发展趋势、应用实例进行了详尽分析，这四大系统是新能源汽车功能实现的基础，每一系统对材料的性能要求不同，轻量化材料应用的范围也各不相同；第3篇系统地分析了轻量化材料开发应用时需要开展的连接工艺和涂装工艺的同步工程，保证轻量化材料应用过程中的连接和涂装满足应用要求，该部分详细介绍了典型工艺技术方案及新型连接工艺和涂装工艺的发展趋势；第4篇介绍了四款典型新能源汽车的轻量化材料与工艺技术，每款车根据自身的定位采取了不同的轻量化策略。

　　轻量化是新能源汽车的核心竞争力，轻量化材料的应用则是新能源汽车轻量化的重中之重，目前随着新能源汽车的蓬勃发展，轻量化材料的应用也随之增加。本书力求紧扣新能源汽车高质量发展的主线，找出目前影响轻量化材料应用的主要问题，为开展轻量化材料技术的创新及技术的转化应用做出贡献。

　　本书倾注了 30 多名作者多年的理论思考和实践探索，参与本书编写的还有王纳新、李光玉、苏一畅、张然然、邢汶平、金泉军、胡光山、贺丽丽、程云、王方玉、龙亚超、张文浩、伍军华、刘超、李德平、杨豪、宋文斌、张毅、张明珠、张绳赟、张宁、陈伊宁、陈思杭、陈咪咪、沈长海、武卫星、岳贵成、赵宇光、胡成、胡景山、徐敏、袁作文、曹磊、崔永瑞、詹绍薇、樊星、潘鑫、冀鹏。

　　笔者在撰写过程中力求精益求精，但由于水平有限及时间仓促，难免有不足之处，敬请各位读者和同行批评指正。

编者著

目录

第 1 篇　新能源汽车轻量化发展现状及趋势　/001

第 1 章　新能源汽车轻量化概述　/002
1.1　新能源汽车发展现状　/002
1.2　新能源汽车发展趋势　/006
1.3　新能源汽车轻量化需求及意义　/007
　1.3.1　轻量化可提升续航里程　/007
　1.3.2　新能源汽车轻量化具有成本优势　/008
　1.3.3　轻量化可提升车辆操控性能　/009
　1.3.4　轻量化可提升品牌竞争力　/010
1.4　新能源汽车轻量化目标与途径　/011
　1.4.1　轻量化目标　/011
　1.4.2　轻量化路径　/012
1.5　新能源汽车轻量化需解决的问题　/013
　1.5.1　高强钢的应用问题分析　/014
　1.5.2　铝合金应用问题分析　/015
　1.5.3　镁合金应用问题分析　/016
　1.5.4　高强塑料的应用问题分析　/017
　1.5.5　碳纤维复合材料应用问题分析　/018
　1.5.6　新能源汽车的低压机高压线束轻量化问题分析　/020
参考文献　/020

第 2 篇　新能源汽车各系统零部件的轻量化　/023

第 2 章　三电系统轻量化材料与工艺　/025
2.1　三电系统结构及轻量化发展趋势　/025
　2.1.1　三电系统结构　/025

2.1.2　三电系统轻量化发展趋势　/ 026
　2.2　电池系统的应用现状及轻量化　/ 026
　　2.2.1　电芯的应用现状及轻量化　/ 027
　　2.2.2　电池箱体应用现状及轻量化　/ 034
　　2.2.3　储氢容器应用现状及轻量化　/ 038
　2.3　电机系统的应用现状及轻量化　/ 040
　　2.3.1　电机系统的国内外应用现状　/ 041
　　2.3.2　电机系统的轻量化　/ 041
　　2.3.3　电机系统轻量化的发展趋势　/ 043
　2.4　电控系统的应用现状及轻量化　/ 044
　　2.4.1　电控系统的国内外应用现状　/ 044
　　2.4.2　电控系统的轻量化　/ 045
　　2.4.3　电控系统轻量化的发展趋势　/ 045
　2.5　其他部件应用现状及轻量化　/ 046
　　2.5.1　高压线束的应用现状　/ 046
　　2.5.2　高压线束的轻量化　/ 047
　　2.5.3　高压线束轻量化发展趋势　/ 048
　参考文献　/ 048

第3章　车身零部件材料轻量化　/ 052

　3.1　车身轻量化材料的发展趋势　/ 053
　3.2　车身主要零部件材料轻量化　/ 059
　　3.2.1　车身骨架　/ 059
　　3.2.2　四门　/ 067
　　3.2.3　前舱盖　/ 070
　　3.2.4　后尾门　/ 073
　　3.2.5　翼子板　/ 078
　　3.2.6　前端框架　/ 081
　　3.2.7　防撞横梁　/ 085
　　3.2.8　充电/加油口盖板　/ 090
　　3.2.9　车身用结构胶　/ 092
　　3.2.10　其他轻量化技术　/ 095
　参考文献　/ 100

第4章　内外饰零部件材料轻量化　/ 103

　4.1　内外饰零部件轻量化发展趋势　/ 104
　4.2　内外饰主要零部件材料轻量化　/ 105

4.2.1 仪表板横梁　/ 105
4.2.2 内外饰护板　/ 109
4.2.3 座椅骨架　/ 113
4.2.4 顶棚　/ 117
4.2.5 玻璃　/ 119
4.2.6 底护板　/ 124
4.2.7 座椅皮革　/ 126
4.2.8 其他内外饰零部件　/ 127

参考文献　/ 135

第 5 章　底盘零部件材料轻量化　/ 138

5.1 底盘轻量化的发展趋势　/ 139
5.2 底盘主要零部件材料轻量化　/ 141
 5.2.1 控制臂　/ 141
 5.2.2 稳定杆　/ 145
 5.2.3 副车架　/ 147
 5.2.4 转向节　/ 151
 5.2.5 轮毂　/ 155
 5.2.6 螺旋弹簧　/ 158
 5.2.7 制动踏板　/ 160
 5.2.8 轮胎　/ 162
 5.2.9 制动盘　/ 164
 5.2.10 其他底盘零部件　/ 167
5.3 氢燃料电池汽车底盘特点及轻量化　/ 168
 5.3.1 氢燃料电池汽车底盘的特点　/ 168
 5.3.2 氢燃料电池汽车底盘轻量化　/ 169

参考文献　/ 170

第 3 篇　轻量化材料连接及涂装工艺　/ 173

第 6 章　轻量化材料连接工艺　/ 175

6.1 焊接　/ 175
 6.1.1 电弧焊　/ 176
 6.1.2 激光焊　/ 180

6.1.3 电阻焊 / 181
6.1.4 搅拌摩擦焊 / 183
6.1.5 超声波焊 / 185
6.2 机械连接 / 186
6.2.1 无铆钉铆接 / 187
6.2.2 自冲铆接 / 187
6.2.3 流钻螺钉连接 / 189
6.2.4 高速射钉铆连接 / 190
6.3 胶黏剂连接 / 191
6.3.1 胶黏剂连接技术 / 191
6.3.2 胶黏剂在金属材料连接中的应用 / 193
6.3.3 胶黏剂在非金属复合材料中的应用 / 194
参考文献 / 196

第7章 新能源汽车涂装工艺 / 198

7.1 新能源汽车涂装特点及典型涂装工艺 / 198
7.1.1 新能源汽车涂装特点 / 198
7.1.2 钢铝混合车身的前处理与涂装工艺 / 199
7.1.3 全铝车身的涂装工艺 / 207
7.1.4 "铝合金底盘+碳纤维复合材料车身"涂装工艺 / 210
7.1.5 "铝合金车身骨架+塑料外覆盖件"的涂装工艺 / 215
7.2 新能源汽车涂装发展趋势及新型涂装工艺 / 216
7.2.1 新能源汽车涂装发展趋势 / 216
7.2.2 新能源汽车新型涂装工艺 / 218
7.3 新能源汽车涂装的管控及防腐蚀验证 / 227
7.3.1 新能源汽车防腐蚀工作流程及要点 / 227
7.3.2 整车腐蚀试验的车辆拆解与评价分析 / 229
7.3.3 新能源汽车防腐蚀试验验证 / 231
参考文献 / 236

第4篇 新能源汽车轻量化案例分析 / 237

第8章 典型新能源车型的轻量化技术分析 / 239

8.1 宝马i3 / 239

- 8.1.1 碳纤维复合材料乘员舱 / 240
- 8.1.2 轻量化塑料件 / 242
- 8.1.3 铝合金底盘 / 245
- 8.1.4 电池及其他零部件材料轻量化 / 247
- 8.1.5 轻量化连接工艺 / 249

8.2 特斯拉 Model S / 251
- 8.2.1 车身骨架轻量化 / 252
- 8.2.2 车身覆盖件轻量化 / 252

8.3 特斯拉 Model 3 / 253
- 8.3.1 轻量化车身 / 253
- 8.3.2 电池轻量化 / 255

8.4 丰田 Mirai / 259
- 8.4.1 车身设计 / 259
- 8.4.2 储氢罐轻量化 / 260

参考文献 / 262

第 1 篇
新能源汽车轻量化发展现状及趋势

第1章
新能源汽车轻量化概述

【导读】 新能源汽车是我国汽车工业由大变强的必经之路。十三五期间,新能源汽车产业有望迎来更多的加速,但也面临着如何让产业生态更加完善,如何提高续航里程等一系列核心技术难题。轻量化具有提升续航里程、节能减排等优势,是新能源汽车的核心技术之一。纯电动车锂电池(锂离子电池)质量增加300kg以上;插电混动汽车新增的锂电池质量100kg以上;氢燃料电池不仅增加了储氢瓶质量,还增加了50kg左右的锂电池。特别需要指出的是,新能源汽车轻量化比传统燃油汽车更具有成本优势,这是因为轻量化可使新能源汽车耗电量下降,而电池成本较高,所以轻量化可抵消一部分电池的成本。经过计算和试验分析,当每千克轻量化材料的成本高于16.5元时,新能源汽车的成本才会提高,这就使整车企业的轻量化材料的应用更有积极性,促进了轻量化材料的发展。

1.1 新能源汽车发展现状

汽车产业是国民经济的重要支柱产业,新能源汽车产业是战略性新兴产业,发展新能源汽车是推动节能减排的有效举措。目前能源和环境问题日益严重,发展新能源汽车是解决能源环境问题的有效途径。2018年我国汽车销量超过2800万辆,连续十年蝉联全球第一。新能源汽车继续保持高速增长,2018年新能源汽车销量比上年同期增长61.74%,出口呈现较快增长。

新能源汽车是指采用非常规的车用燃料作为动力来源(或使用常规的车用燃料、采用新型车载动力装置),综合车辆的动力控制和驱动方面的先进技术,形成的技术原理先进,具有新技术、新结构的汽车。我国国务院2012年发布的《节能与新能源汽车产业发展规划(2012—2020年)》中指出,新能源汽车是指采用新型动力系统,完全或主要依靠新型能源驱动的汽车。从长期来看,包括纯电动、燃料电池技术在内的纯电驱动将是新能源汽车的主要技术方向,在短期内,油电混合、插电式混合动力将是重要的过渡路线[1]。

我国新能源汽车行业在经过十余年的研究开发和示范推广后,实现了产业化和规模化的飞跃式发展。图 1-1 展示了我国 2013~2018 年新能源汽车的销量情况,2013 年我国新能源汽车销量仅为 1.8 万辆,在 2014 年、2015 年呈现出爆发式增长,成为全球最大的新能源汽车市场,此后连续三年位居全球新能源汽车产销第一大国,2018 年销量达到 125.6 万辆,约占全球新能源汽车销量的 50%[2]。

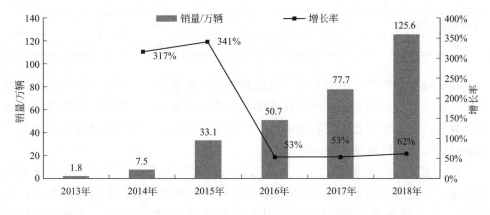

图 1-1 我国 2013~2018 年新能源汽车销量

2017 年 4 月工业和信息化部、国家发改委和科技部联合印发《汽车产业中长期发展规划》,制定了汽车产业的总体发展目标,提出"到 2020 年,新能源汽车年产销达到 200 万辆,培育形成若干家进入世界前十的新能源汽车企业。到 2025 年形成若干家中国汽车品牌企业产销量进入世界前十强,中国品牌汽车实现全球化发展布局"[3]。2017 年 10 月中国人民银行、中国银行保险监督管理委员会发布《关于调整汽车贷款有关政策的通知》,新能源乘用车和商用车贷款最高发放比例分别为 85% 和 75%,均比传统动力汽车贷款高 5%[4]。2017 年 12 月财政部、国税总局、工信部、科技部四部门发布《免征车辆购置税的新能源汽车车型目录》,自 2018 年 1 月 1 日至 2020 年 12 月 31 日对购置的新能源汽车免征车辆购置税[5]。2018 年 2 月四部委联发《关于调整完善新能源汽车推广应用财政补贴政策的通知》,对续航能力强的、能量密度高的新能源汽车扶持力度加强,对短续航、技术落后的产品降低了补贴标准,如表 1-1 所示[6]。

《乘用车企业平均燃料消耗量与新能源汽车积分并行管理办法》已于 2018 年 4 月 1 日正式实施,工信部自 2018 年开始对汽车企业提出新能源汽车积分比例要求,2018~2020 年积分比例分别为 8%、10% 和 12%[7]。

表 1-1 2017/2018 年新能源汽车国家补贴对比

动力类型	2017 年		2018 年	
	续航能力/km	国家补贴/万元	续航能力/km	国家补贴/万元
纯电动	$100 \leqslant R < 150$	2.0	$R < 150$	0.0
	$150 \leqslant R < 250$	3.6	$150 \leqslant R < 200$	1.5
			$200 \leqslant R < 250$	2.4
	$R \geqslant 250$	4.4	$250 \leqslant R < 300$	3.4
			$300 \leqslant R < 400$	4.5
			$R \geqslant 400$	5.0
插电混动(含增程)	$R \geqslant 50$	2.4	$R \geqslant 50$	2.2
燃料电池	$R \geqslant 300$	20.0	$R \geqslant 300$	20.0

补贴政策的转变，主要是为了新能源汽车的健康发展，引导新能源汽车的市场化，避免对补贴的依赖，因此在客观上有给新能源汽车的发展降温的作用。而积分政策，又是变相地推进新能源汽车的发展。总体上，在整车政策上，国家是鼓励新能源汽车以市场为导向健康发展。

在动力电池政策方面，2017 年 3 月 1 日，四部委联合发布了《促进汽车动力电池产业发展行动方案》，指明了未来几年我国动力电池产业的发展方向，提出到 2020 年新型锂离子动力电池单体比能量超过 300W·h/kg，系统比能量力争达到 260W·h/kg，成本降至 1 元/(W·h) 以下，使用环境温度达 −30～55℃，可具备 3C 充电能力，动力电池行业总产能超过 1000 亿瓦时，形成产销规模在 400 亿瓦时以上、具有国际竞争力的龙头企业。到 2025 年，新体系动力电池技术取得突破性进展，单体比能量达 500W·h/kg[8]。从动力电池方面的政策可以看出，国家鼓励电池轻量化，提高电池比能量，形成有国际竞争力的新能源汽车用电池产业。

在电动车充电桩政策方面，在国务院《关于加快电动汽车充电基础设施建设的指导意见》文件精神指导下，2016 年 1 月 11 日，财政部、科技部、工信部、国家发改委联合发布《关于"十三五"新能源汽车充电基础设施奖励政策及加强新能源汽车推广应用的通知》，针对省（区、市）政府新能源汽车推广情况在 2017 年开始进行综合奖补。国家发展改革委等四部门发布的《电动汽车充电基础设施发展指南（2015—2020 年）》提出，到 2020 年，新增集中式充换电站超过 1.2 万座，分散式充电桩超过 480 万个，以满足全国 500 万辆电动汽车充电需求。《电动汽车充电基础设施接口新国标的实施方案》明确从 2017 年开始，所有新建充电设施执行新的电动汽车充电接口及通信协议国家标准，目前已初步形成充电标准体系，涵盖国家标准（GB/T）、行业标准（NB/T）、团体标准（T/

CEC）等[9]。充电桩是电动汽车普及的基础，是电动汽车产业的后勤，从电动汽车充电桩政策可以看出，我国已经在后勤保障方面，为电动汽车的广泛应用提供了相应的支持。

尽管近年来国内市场发展迅猛，但新能源汽车发展产业仍呈现出政策拉动为主的特征，就目前而言还面临着一些难题。

（1）技术能力缺乏

我国的新能源研发起步相对较晚，缺少研究数据的积累，导致技术方面进度相对落后于发达国家，主要体现在几个方面：核心技术有待提高、技术的资金投入不足、新能源技术人才及技术标准缺乏。

在核心技术方面，以动力电池为例，虽然我国动力电池研发制造水平大幅提升，已具备一定的国际市场竞争力，但是依然存在能量密度低、循环寿命短、成组可靠性与热管理差等问题。在资金投入方面，新能源汽车行业的发展需要的基础投入很多，如车辆维修网络、电池的研发及充电网络等。现阶段来看，新能源汽车企业在技术上的资金投入还远远不足，只是简单扩大产能，低水平重复建设现象加剧。在技术人才方面，新能源汽车行业作为一个新兴的技术行业，技术人才少，我国应加强新能源汽车专业的职业教育，需求较大的专业包括汽车动力锂电池、燃料电池、发动机、材料工程、电气工程以及智能网联等。另外，还存在新能源技术标准缺乏、不统一等问题。

（2）基础设施、维修保养以及市场普及的障碍

在国家政策引导、车企产品宣传等多方作用下，消费者对于新能源汽车的关注度越来越高，但是要真正普及还面临一系列问题。如：新能源汽车售后维修不方便、续航里程短和基础设施不完善等。

在价格方面，目前新能源汽车虽然有国家和地方补贴，但是其价格依然普遍高于普通燃油车，那么在后续政府补贴下降和退出的情况下，新能源汽车的价格将有可能更高。在续航里程方面，国内大部分的新能源汽车续航里程普遍在150～350km，但如果考虑到天气和路况等因素，实际续航里程将下降，虽然可以满足日常上下班，但无法满足周末和节假日出门远行的要求。

在售后维修方面，新能源汽车在动力构造上无法与燃油车共用一个维修体系，而且大部分车企正处于起步阶段，为节约成本，投入的售后维修点偏少，使售后维修不方便。在基础设施方面，随着新能源汽车数量的持续增长，充电基础设施供给不足的问题将日益凸显，其整体规模仍显滞后。除了充电桩数量问题，充电桩的设施布局也不够合理，公共充电站的使用率不足15%，可持续的商业发展模式还没有形成，存在着运营企业盈利困难和消费者充电价格高的双向矛盾。

1.2 新能源汽车发展趋势

（1）新能源汽车进入关键发展阶段，急需开发新技术

一些国家和地区从 2016 年起，就开始制定禁售燃油车的规划。最早的是挪威和荷兰，率先宣布到 2035 年禁售传统燃油车；法国和英国 2017 年先后宣布到 2040 年，禁止销售传统柴油车和汽油车；印度也宣布 2030 年要淘汰全部汽油车和柴油车[10]。我国 2018 年发布的《汽车产业投资管理规定》中，明确禁止新建独立燃油车企业，严格控制新增传统燃油车产能。预计今后二三十年，汽车市场将以电气化技术为核心，电机驱动与内燃机优势互补进行发展[11]。

工信部装备工业司副司长瞿国春说："我国新能源汽车产业发展基础还不牢固，动力电池综合性能仍需提升。从资源开发到回收利用等全产业的发展不够平衡，安全问题也不容忽视，当前及今后一段时间，仍是我国新能源汽车产业爬坡过坎的关键时期，必须加快推进技术的进步。"

纯电动车已经形成完整的自主产业链，氢燃料电池汽车的核心零部件尚需进口。这是由于燃料电池产业对基础材料与基础工业水平要求较高，而这正是我国工业较为薄弱的环节。我国主要采用了"剥洋葱"的发展方式，先从系统集成层面和制造层面发展，再向上游蔓延。这也是目前燃料电池零部件普遍依赖进口的原因之一，因此急需开发新技术。

（2）"新能源+智能网联"汽车已成战略方向

汽车智能化、网联化发展亦是趋势所在。2018 年 1 月我国发布了《智能汽车创新发展战略（征求意见稿）》，计划到 2020 年，我国智能汽车新车占比达 50%，而按照现有的年产销近 3000 万辆来看，2020 年智能汽车销量会超过 1500 万辆。这是继工信部《促进新一代人工智能产业发展三年行动计划（2018—2020 年）》重点培育智能汽车之后，相关部门再度导向的重磅产业规划。

因为智能化和网联化的突进，未来汽车将是一个移动的智能终端。人类的先进科技应用，最大的普及性产品就是汽车。因此目前车企都在把握人工智能的新机遇，深入推进智能制造和汽车智能技术，与高校、科研机构及高新技术零部件商深入合作，共同开发高性能智能网联新能源汽车。

（3）市场竞争加剧

在国家政策支持力度逐步缩紧，新能源汽车产销能力仍有待提升的现状下，新能源汽车行业面临着激烈的市场竞争。一方面是国内主流车企和外资企业加快了推出新能源汽车产品的步伐，另一方面是越来越多的新兴造车势力正在涌入。2018 年 4 月 17 日，国家发改委宣布，当年取消新能源汽车外资股比限制。通过

激烈的竞争，可以实现企业的优胜劣汰，进而带动中国的新能源汽车产业形成良性增长。

综合来看，新能源汽车必定是未来汽车产业发展的主要方向，我国政府高度重视新能源汽车的发展，已取得了一定的成效，但在发展过程中还有一系列难题并未解决。未来，新能源汽车企业应加大技术创新力度，增强核心竞争力，形成完善的新能源汽车产业链。中央和地方应进一步完善支持政策，加快推进基础设施布局，最终实现我国汽车工业的转型升级和新能源汽车产业的可持续发展。

1.3 新能源汽车轻量化需求及意义

由于电池质量和成本的增加，新能源汽车对于轻量化需求更为急迫。轻量化可提升续航里程、降低油耗、减轻整车质量，减少电池数量，抵消高昂的电池成本，更具有产业化应用前景的新能源汽车轻量化需求如下：

① 新能源汽车的续航能力是其产业化关键技术，提升锂电池单体比能量的空间有限，更直接的方法是采用轻量化提升续航里程。整车质量若减轻10kg，续航里程则可增加2.5km。

② 目前，锂离子电池单位比能量远小于传统汽车使用液体燃料的单位比能量，这表明在同等排放量的情况下，新能源汽车比传统汽车要输出的能量更多，这就要求电动汽车必须在实现电气化的同时采用比燃油汽车上更多的轻量化方法和措施。

③ 电池的增加使整车质量分布不平衡，电池组占用了更多的有用空间，新能源汽车对其内部的系统和机构的空间分布要求较高，它的空间分布方式对总布置影响较大，所以减轻整车质量对新能源汽车就显得十分重要。

因为电池成本较高，不增加成本的轻量化零部件方案可降低整车成本。如何在轻量化的同时又降低成本，本节将做出剖析。

1.3.1 轻量化可提升续航里程

有关统计表明[12]：纯电动车每行驶1km需电池质量1kg，也就是说满足汽车行驶里程200km，仅汽车的电池质量就高达200kg。轻量化有个衡量标准，在业内被称为"名义密度"，$D=M/V$（D为名义密度，kg/m^3；M为整车质量，kg；V为车身体积，m^3）。图1-2为国内新能源汽车占燃油车的名义密度对比，由图可以看出[13]，新能源汽车产品的名义密度明显偏大，因此更需要通过轻量化技术来平衡使用动力电池带来的质量增加。

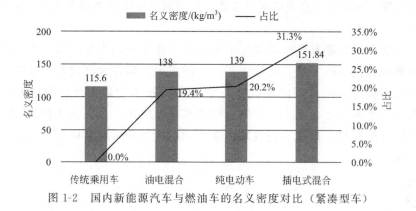

图 1-2 国内新能源汽车与燃油车的名义密度对比（紧凑型车）

1.3.2 新能源汽车轻量化具有成本优势

新能源汽车轻量化比传统燃油车更具有成本优势，这是因为轻量化可使新能源汽车耗电量下降，而电池成本较高，所以轻量化可抵消一部分电池的成本。经过计算和试验分析，当每千克轻量化材料的成本高于 16.5 元时，新能源汽车的成本才会增加。

（1）轻量化可使电池的电量减少从而降低成本

新能源汽车轻量化比燃油车更具有成本优势，有关文献[14]对汽车轻量化效果进行了分析研究，得出对电动新能源汽车进行轻量化有利于减小能耗、降低电动车成本、减少能量损失的结论。

对于传统燃油车，新材料和新工艺会导致整车制造成本的上升。对于新能源汽车，当轻量化成本低于 16.5 元/kg 时，整车的成本不增加，反而降低。

这是由仿真分析及整车实验证明的结果。通过对某一新能源汽车车型建模仿真分析[14]，发现整备质量每减重 100kg，电池电量约减少 1.1kW·h，按电池成本 1500 元/(kW·h) 计算，可计算出其轻量化成本提高线为 16.5 元/kg。也就是说，当轻量化成本低于 16.5 元/kg 时，整车的成本不增加，反而降低。

新能源汽车的电池成本较高，轻量化可抵消一部分电池的成本，使整车企业的轻量化材料的应用更有积极性。2L 汽油车发动机成本在 3 万元左右。现有锂电池的成本为 1500 元/(kW·h)，例如 45kW·h 电的纯电动车电池成本约为 5 万元；氢燃料电池成本主要是电池组和高压储氢罐，总成本为 5.5 万元（100kW 电池组成本 10 万元，未来有望降为 2 万元。现有储氢罐成本为 6 万元，未来有望降至 3.5 万元）。因此，新能源汽车的锂电池、氢燃料电池成本高于传统车的发动机成本。

（2）轻量化可减少电池数量使成本降低

增加电池数量是目前新能源汽车提升续航里程最常用的措施，但是整车成本也会随着电池数量线性增加,而轻量化可达到和增加电池数量相同的提升续航里程的效果。在续航里程增加程度相同时,将原本用于增加电池数量的预算用于提高轻量化程度时,当轻量化的成本不高于增加电池数量的成本,新能源汽车的成本并不增加。

(3) 轻量化在新能源汽车使用的全周期有效

增加电池数量,其增加的电池容量会随着时间慢慢衰减,其续航里程提升效果也会慢慢降低。轻量化带来的续航里程提升效果在新能源汽车使用的全周期均有效;因此轻量化是提升新能源汽车续航里程的有效途径。

(4) 轻量化使新能源汽车耗电量下降

相关研究表明[14]:整备质量减轻100kg,在无制动能量回收的情况下,NEDC工况百公里耗电量将下降约5.5%,续航里程增加约5.5%。整车质量与NEDC工况续航里程、能量消耗率的关系如图1-3所示。

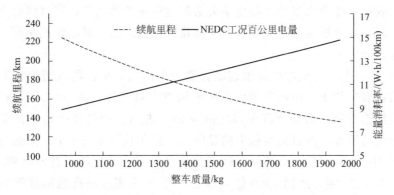

图1-3 整车质量与NEDC工况续航里程、能量消耗率的关系

因此,新能源汽车轻量化材料的应用成本低于传统车,对于纯电动车,轻量化材料应用高于16.5元/kg的部分才是增加的成本。

1.3.3 轻量化可提升车辆操控性能

无论是加速、制动,还是其他操控,都是更改车辆的运动状态,一般来说,整车质量越轻,其操纵性能越好,也就是"船小好调头"。特别是"簧下质量",对整车的操控影响更加明显。"簧下质量"主要包括轮胎(包括轮毂)、刹车钳、减振器、弹簧、悬架摆臂、传动半轴、稳定杆等零部件。简单理解,能和车轮一起跳动的部件属于"簧下质量",和车身保持相对静止的部分,属于"簧上质量"[15]。

对于轻量化,俗话说"簧下一公斤,簧上十公斤",即簧下质量减少1kg,对整车操控等性能的提升,相当于簧上质量减少10kg[16]。

以加速性能为例,加速是通过快速带动轮胎的高速旋转来实现的,轮胎就像一个飞轮，让轮胎从静止到转动起来也需要消耗能量，轮胎越重，需要的能量也就越大。除轮胎快速旋转消耗的这部分能量外，整车其他部分可以看作一个整体（即"簧上质量"），其加速过程中消耗的包括风阻、轮胎地面摩擦等能量。因此加速过程中，轮胎（"簧下质量"）消耗的能量是双重的，既有快速转动消耗的能量，又有和其他"簧上质量"一样的风阻和由于质量最终体现的地面摩擦阻力消耗的能量。虽然"簧下质量"与"簧上质量"对加速的影响是否是像"簧下一公斤，簧上十公斤"所说的以一当十，但起码可以说明，"簧下质量"对整车的加速性影响比"簧上质量"更大。

1.3.4 轻量化可提升品牌竞争力

（1）车企与上下游联合开发，有助于提升品牌竞争力

据分析[17]，新能源汽车的黄金发展时期是2021～2030年这10年，在2025年之后，我国新能源汽车的产品竞争力会超过传统的燃油车，新材料的应用及设计开发可以构建更灵活的空间布置及个性化的配置，助力新能源汽车的竞争力超过燃油车。

2018年6月，21世纪经济报道联合罗兰贝格共同推出的《新趋势下车企未来竞争力报告》指出，中国新能源汽车市场将大幅增长，到2025年若双积分达标，新能源汽车将占据整个汽车市场份额38%左右。报告还指出，整车厂在传统技术上优势明显，并且拥有强大的品牌力，而在其他新技术上，则通过与优势供应商结盟[18]。2015年全国汽车轻量化新材料产业销售收入总额达到1500亿元左右，到2020年将达到3000亿元以上[19]。汽车用先进高强钢近年来得到快速增长，此外也进一步带动了汽车用超高强钢热成型生产线、汽车用液压成型生产线、汽车用锻造铝合金产品生产线的建设，也带动了与之相配套的伺服压力机、气垫式加热炉、模具等装备工业的快速发展。总之通过多产业的联合突破，形成的产业链将带动整个相关的零部件产业提升和创新发展。车企与新材料行业、零部件行业共同开发的核心技术，有助于提升品牌竞争力。

（2）有助于缩小与国外车企创新的差距

目前全球新能源汽车技术路线的发展方向有多种可能，知识产权的壁垒尚未形成，国际标准还有待完善，规模化生产正在酝酿。这一切为拥有庞大消费市场的中国提供了技术追赶的机会。发展新能源汽车是促进我国汽车产业转型升级、抢占国际竞争制高点的紧迫任务，是我国由汽车大国迈向汽车强国的必由之路[20]。

汽车轻量化是集设计、材料和先进的加工成型技术于一身的复杂的系统工程，涉及产业链的各个环节，如：冶金、设计、材料、装备、维修、回收再利用等多个相关产业。就目前而言，我国的高强钢、铝合金、工程塑料和碳纤维复合

材料的发展和应用还相对比较滞后，不能完全满足汽车工业的需求。我国在基础理论研究和关键技术的推广应用上与外国存在差距，目前，车企需借助新能源汽车的发展，开展更多的产学研结合项目，攻克所面临的技术难题，提高企业核心竞争力。

1.4 新能源汽车轻量化目标与途径

1.4.1 轻量化目标

2017年9月，工信部联合财政部等多家机构公布的《乘用车企业平均燃料消耗量与新能源汽车积分并行管理办法》，为新能源汽车的发展注入了一剂强心针。预计到2020年，汽车轻量化的需求将会日益凸显。电能消耗、废气污染及续航里程短是新能源汽车的"痛点"，对于制造商来讲，为了更好地迎合市场需求，轻量化技术的开发迫在眉睫。

汽车轻量化的开发目标是保持原有的行驶安全性、耐撞性、抗震性以及舒适性等功能不降低，优化设计，提高制造工艺，并采用在刚度和强度上更优秀的轻质材料。从理论上讲，汽车质量越轻，汽车的惯性就越小，当汽车以相同初速度刹车时，制动器要消耗的能量就越小，制动减速度就越快，制动距离就越短，汽车主动安全性就越好。在汽车发生碰撞时，冲击能量与汽车的质量成正比，所以在同等条件下汽车越轻，碰撞时冲击能量越小，车身结构的变形、侵入量和乘员受到的冲击加速度就越小，汽车对乘员的保护性能越好、越安全。

事实证明，在各种新的设计理念、新技术、新材料和新工艺的集成应用下，完全可以实现安全性、轻量化水平的共同提升。而在采用轻量化技术的同时，许多安全技术也被用在汽车制造中，两者相辅相成，使得现在汽车安全性和轻量化技术快速进步。新能源汽车轻量化的主要目标见图1-4。

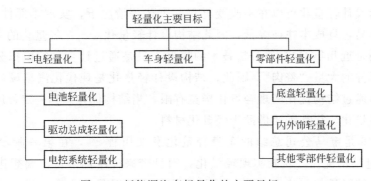

图1-4 新能源汽车轻量化的主要目标

1.4.2 轻量化路径

汽车轻量化的主要途径有结构设计轻量化、材料轻量化以及先进的制造工艺的应用三个方面[21]，三个方面的具体轻量化技术路径见图1-5。

图1-5 汽车轻量化的技术路径

结构设计轻量化是指通过布局设计、结构优化，对各构件的形状、配置、板厚进行强度、刚度、疲劳性能等的计算和分析，在保证性能的前提下，寻求零部件壁厚减薄、数量精简和结构的整体化等，从而实现轻量化的结构优化和设计。

材料轻量化是指采用轻质、高强等材料，辅以相应的结构优化和制造工艺，从而实现零部件的轻量化。材料轻量化的具体途径比较多，传统的汽车材料轻量化主要分为以下几类：高强钢替代传统低碳钢；轻金属（镁铝合金）替代传统钢材；以塑代钢；复合材料（包括碳纤维复合材料）替代金属材料等。除此之外，纯电动车的材料轻量化还包括高性能储能电池材料的轻量化。

一些先进的制造工艺也能实现轻量化，如激光焊接，可以把所有不分厚度、牌号、种类、等级的材料焊接在一起，且有效地减小焊接零部件对接部位的边缘长度，从而实现轻量化。除激光焊接这类先进的工艺外，大部分先进的制造工艺往往是和材料结合在一起的，即采用先进的制造工艺实现轻量化时，零部件材料往往也会有相应的变化。

结构设计轻量化可以在不改变材料、工艺等情况下，实现零部件的轻量化，其实现容易，且成本往往降低，因此结构设计轻量化是汽车轻量化的主要途径之一。特别是近几年CAE等分析技术的提升，只是通过计算机的模拟分析，就能去除零部件的大量"赘肉"，因此，结构设计轻量化是现代化汽车设计的最基本途径。但通过结构优化实现轻量化毕竟有限，当结构优化做到一定程度，要想继续实现轻量化，往往需要借助于轻量化材料。

图1-6是宝马公司总结的车身轻量化发展历程[22]，在第一阶段（从 $A \sim B$），通过结构优化，就能实现轻量化，而且带来成本的降低。要想进一步实现第二阶段的轻量化（从 $B \sim C$），通过常用的材料轻量化方案，或一些结构优化

设计，就可以实现。该阶段的轻量化，往往伴随成本的略微增加或持平。要想进一步实现轻量化（第三阶段，从 $C\sim D$），单纯地依靠简单的结构设计或制造工艺，都是难以达到的，而主要是依靠先进的轻量化材料为主，此时往往伴随着成本大幅度上升。第三阶段的轻量化材料，虽然现阶段成本较高，但属于车用材料的核心前沿技术，代表着轻量化的未来发展方向。

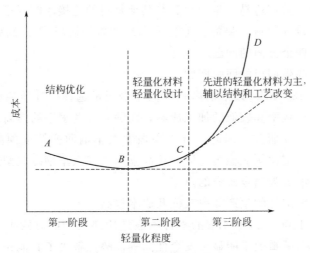

图 1-6 车身轻量化发展历程

以某全钢结构白车身的轻量化为例，在第一阶段，通过 CAE 分析，优化结构，精简壁厚，不仅可以减重 7% 左右，还因用材的减少而实现降本。在第二阶段，主要采用塑料前端框架、塑料外覆盖件、铝合金防撞横梁以及部分高强钢骨架等，实现车身减重 10% 左右。由于轻量化材料价格的上涨，虽然材料用量减少，但总体上成本还略微上升。至此，采用常规的轻量化方案，已经很难再有所效果，只有采用全铝车身（或钢铝混合车身）、碳纤维复合材料车身等先进轻量化材料，才能把轻量化做到极致。

现阶段的一些好的常规轻量化方案，随着时间的推移，将逐步变成常规的设计。目前认为是属于前言的轻量化材料，随着成本的降低，也终将演变成常规的轻量化材料。汽车的轻量化技术是不断发展的，随着不断地深入，将会不断地涌现出各种先进的轻量化材料，从而推动轻量化的发展。

1.5
新能源汽车轻量化需解决的问题

作为汽车产业的重要发展方向之一，国内外各大汽车企业从未停止过对轻量化技术的开发和应用。新能源汽车轻量化不仅是车身、底盘、内外饰、电器系统的轻量化，还包含电机、电池等系统及零部件的轻量化。目前需解决的问题如下。

1.5.1 高强钢的应用问题分析

汽车用钢高强度化是实现汽车轻量化的重要手段之一。但高强度汽车用钢还存在着变形回弹、剪切边易产生裂纹、与其他材料的连接匹配困难等问题，给材料学科、零部件设计制造、装备、工艺等都带来新的挑战[23]。高强钢的应用目前主要面临以下四个方面的问题。

(1) 冷冲压高强钢板的回弹问题

抗拉强度在1300MPa以下的高强度汽车钢通常选择冷冲压成型工艺，冷成型具有较高的生产效率和较低的加工成本，而随着强度水平的提高，变形回弹成为高强钢应用的主要瓶颈。因此，有关高强度汽车钢回弹精准预测与补偿的研究，尤其是含有一定比例亚稳奥氏体的超高强第三代汽车钢冷成型过程中的相变行为对回弹的影响成为当今研究的热点。

(2) 热成型零部件的生产效率较低及成本较高

抗拉强度为1000~2000MPa的零件一般选用热成型的方式生产。热成型钢因强度更高而具有减重效果明显和安全性高等优势，解决了其他先进高强钢成型性差的难题，在汽车领域内的应用将越来越广泛。但热成型零部件存在着生产效率较低、表面质量差、成本较高等问题。日本某公司通过调整原材料、改善工艺与结构设计，采用高延性钢及冷成型技术，通过三维辊压的方法制备了1500MPa级冷成型B柱，实现了"以冷代热"，提高了生产效率，降低了生产成本。热成型钢的低成本高效率生产工艺有待进一步开发[23]。

(3) 低成本高强高塑的第三代高强钢技术亟待开发

随着汽车轻量化和防撞安全要求的提高，汽车钢不断向高强和高塑方向发展。第一代高强钢轻量化和安全性指标都很低；第二代高强钢的塑性虽然很高，但合金元素含量高、工艺复杂、生产成本较高，很难被市场接受。为了适应节约资源、降低成本、轻量化和提高安全性的要求，需要研发具有成本接近第一代汽车用钢而性能接近第二代汽车用钢的低成本高强高塑的第三代汽车用钢。低成本和高强高塑是对未来汽车用钢发展的基本定位。因此，如何提高第三代高强钢的强度、塑性综合指标；随着基体的强度进一步提高，如何优化合金元素配比和热处理工艺以提高拉伸、弯曲等性能，防止剪切断裂等研究成为当今的热点。

(4) 热成型钢板与铝合金等异质材料的连接可靠性问题

车身用的热成型钢板成型后强度高达1500MPa，常温下难以变形，传统点焊、铆接等连接技术无法保证热成型钢板与铝合金的连接强度，无法发挥超高强钢的性能优势。热铆接淬火无铆钉铆接技术存在成本高、控制复杂等问题，无法实际应用。据报道，国内某新能源车企已与铆接供应商联合开发了特制铆钉，实现了常温下等厚热成型钢与铝合金板材的铆接，但目前还未量产应用。因此，热成型钢板与铝合金的连接可靠性需进一步提高，连接手段也有待进一步发掘。

1.5.2 铝合金应用问题分析

铝合金为汽车轻量化的首选材料，变形铝合金是汽车轻量化的主力军，而铸造铝合金重点向结构复杂、附加值高、减重效果明显的方向发展。目前铝合金材料及零部件的开发应用主要存在以下问题。

（1）铝合金板材的时效稳定性周期较短

可热处理强化的 6 系铝合金是理想的轻质汽车车身外板材料，其最大的特点是可在低屈服强度的固溶处理 T4 状态下供货，具有良好的冲压成型变形能力。其时效强化可借助最终的烤漆固化处理同时进行，进一步提高了材料的性能，具有良好的最初成型性和最终使用性能。其缺点是供应商交货的 T4 态铝板易在室温存放或运输过程中发生自然时效，使材料在未成型之前强度提高，影响其冲压成型性，因此，该材料需要一定的抗时效稳定性。目前铝合金外板的时效稳定性一般为 6 个月，即板材制造商生产出的 T4 态铝板，在室温下存放超过 6 个月后将无法用于冲压成型，因此，抗时效稳定性周期更长的铝合金外板材料有待进一步开发[24]。

（2）铝合金材料的成型性较差

与钢板相比，铝合金的板材断裂伸长率较小，成型性较差，在冲压及翻边过程中极易产生裂纹，导致材料的报废率较高，亟须开发高成型性铝合金板材。

（3）铝合金零部件抗凹性较差

与钢材相比，铝合金材料的强度偏低，抗凹性较差，目前常采用增加铝合金零部件厚度的方法来提高抗凹性。零件厚度的增加不可避免地减弱了轻量化效果。因此，铝合金零部件的开发需进一步优化材料成分、调整成型及预处理工艺，提高材料的强度，从而提高零部件抗凹性，达到轻量化与性能的最佳匹配。

（4）铝合金零部件成本较高

铝合金应用过程中，由于铝合金与钢之间、铝合金与铝合金之间焊接困难，需采用铆接等新工艺，设备投入较高，同时铝板的存放、冲压成型比钢板困难等因素都增加了工艺成本。

低成本的铝合金零部件是整车厂关注的重点，铸造铝合金如前轮罩、后纵梁等可以集成多个零部件，减重效果明显，是未来的研究方向。因此，需要从铝合金材料研发及生产工艺出发，推进成型工艺和焊装工艺的发展，降低铝合金件的制造成本。

（5）国内应开发多种牌号汽车铝合金以适应新能源汽车的快速发展

国外的各种专用铝合金开发较多，国内铝合金的研究开发起步较晚。铝合金新能源汽车的车身内板主要采用5754、5182和5052铝合金，外板主要采用6016、6022、6111、6181铝合金，车身前纵梁等零部件主要采用强度、耐磨性和韧度高的7003、7075铝合金，车身板材的厚度为0.85~3mm。研发更多高性能汽车铝合金，减薄板材厚度，是未来铝合金轻量化的发展方向。

（6）需建立汽车铝合金相关的标准体系

目前国内整车企业已经在编制汽车用铝的相关标准。除了材料标准，汽车用铝的三点弯曲、表面质量评价、应用过程中的验证等都应该建立系统的标准，形成国内汽车用铝合金的国家标准，这对汽车企业及行业都有很大的帮助。

1.5.3 镁合金应用问题分析

（1）车用镁合金材料的耐腐蚀性亟待提高

镁在金属结构材料中的标准电极电位最低，目前的商用镁合金耐蚀性较差，耐蚀镁合金材料有待开发。最有效的方法是通过控制杂质及合金元素、改善相的组成及微观结构等冶金处理方法来提高镁合金的耐腐蚀性，通过改进铸造工艺使得镁合金组织发生改变，使合金元素铝在表面富集以及表面处理都是目前热门的研究方向[25]。另外，由于镁合金的电极电位较低，与其他金属材料接触时，镁合金极易产生快速的电偶腐蚀。因此，镁合金与其他异质零部件的连接防腐是镁合金汽车零部件应用的关键问题，可以开展在镁合金零部件上设计位置加垫或涂胶隔离技术（相关参数如胶层厚度）的研究与验证等解决该问题。

（2）车用镁合金材料的高温蠕变性能亟待提高

镁合金在室温下具有良好的综合力学性能，但随着温度的升高，性能急剧下降，在高温使用条件下易产生蠕变，无法满足壳体类零部件的密封要求。目前的研究集中于开发镁合金复合材料、镁合金固溶处理以及通过限制位错运动和晶界滑移来强化镁合金基体等方法减少或延迟镁合金的高温蠕变。未来的研究如果能够使镁合金零件在高温下长期工作，将可扩大汽车高强度耐高温抗蠕变结构件的应用[26]。

（3）车用镁合金材料的强度亟待提高

镁合金比强度高，但其抗拉强度和屈服强度比铝合金和钢低，目前商用镁合金的抗拉强度一般低于400MPa，不能用于重要结构部件。可通过合金化、热处理以及优化加工工艺等方式来提高镁合金的强度，开发高强镁合金汽车结构件。

（4）车用镁合金零部件成本亟待降低

一方面，镁合金单位质量价格较铝合金高。另一方面，受镁合金特性和加工工艺影响，镁合金的加工成本也较高。如镁合金压铸模价格较高，压铸件废品率高，导致单个镁合金零部件成本增加15%以上（与铝合金零部件相比）。突破镁合金产业化核心技术，开发新的镁合金熔铸工艺，缩短工艺流程，建立健全行业规范，可有效节约资源，提高生产效率，降低生产成本。

(5) 应进一步健全镁合金材料工业应用数据库

目前镁合金基础数据较少，缺少系统的力学、电学腐蚀等方面的性能数据，导致在实际生产过程中缺乏基础实验数据，如在铸造模具和挤压模具的设计过程中缺少相关数据支撑。因此需要加大对镁合金的基础性研究。国家发挥引导作用，联合高校、研究机构、镁合金制造商以及整车企业等多方面的力量，健全镁合金相关的工业数据库，从而促进镁合金在汽车轻量化方面的应用。

1.5.4 高强塑料的应用问题分析

塑料在汽车行业的应用前景同样被看好。目前世界上不少轿车的塑料用量已经超过120kg/辆，个别车型还要高，德国奔驰高级轿车的塑料使用量已经达到150kg/辆。国内一些轿车的塑料用量也已经达到90kg/辆。可以预见，随着汽车轻量化进程的加速，塑料在汽车中的应用将更加广泛。汽车轻量化使塑料作为原材料在汽车零部件领域被广泛采用，从内装件到外装件以及结构件，塑料制件的身影随处可见。目前，发达国家已将汽车用塑料量的多少，作为衡量汽车设计和制造水平的一个重要标志。目前塑料零部件的开发应用主要存在以下问题。

(1) 仿真分析技术需进一步优化

对于高分子聚合物的塑料来说其成型收缩率大，尺寸比较难控制，收缩不均会造成残余应力，最终影响制品强度。"以塑代钢"不是简单的取代，需要按照塑料成型的规律，优化塑料零部件的产品设计、模具设计、工艺设计，以获得高质量、低成本的综合效益[27]。汽车轻量化塑料件工艺性设计与优化的最有效的工具就是CAE分析，CAE分析技术包含结构分析、非线性冲击动力学分析和模流分析等，但如何合理建模，包括如何将拓扑优化和形状优化结合应用、如何优化连接结构等问题还需要广大工程师们深入研究。另外，国产塑料材料的弹性模量、泊松比等重要数据不全也是制约塑料零部件仿真分析技术发展的一大瓶颈。

(2) 低成本、国产化、高性能塑料材料亟须开发

汽车塑料产品成本居高不下，一定程度上影响轻量化塑料材料的发展。高端新材料一直被国外大型材料公司垄断，国内厂家的研发实力和对材料的研发投入相对薄弱，阻碍了材料的普及和低成本化。如具有导电性和高耐热性的聚苯醚复合尼龙（PPO+PA）材料，目前关键技术主要被国外公司掌握，因国内技术的不成熟，缺少良性竞争，价格过高，使此材料成为汽车翼子板等零部件国产化应用的瓶颈。

另外，高性能塑料有待进一步开发。相比金属，塑料疲劳期更短，在高温或接触汽油时老化现象严重，同时在传力部位的应用强度不够[28]。特别在动力系

统、底盘系统等工况环境苛刻的部位，可选的塑料材料极其有限，亟须高性能的复合材料的开发。

（3）塑料免底涂胶黏剂及与异种材料连接的胶黏剂有待进一步开发

胶黏技术结合了有机化学、高分子化学、材料力学、胶体化学等众多学科的知识。在汽车上，塑料与塑料、塑料与钢材、塑料与铝材的连接主要以粘接为主。多材料车身的发展使粘接工艺在汽车上的应用越来越广泛。当塑料之间连接时，由于塑料表面能低，一般需要进行表面处理或使用底涂剂，会增加制品连接的工序、周期和成本，因此适用于低表面能塑料粘接的免底涂胶黏剂的开发为目前的研究热点之一。塑料与异种材料的连接也会面临变形和应力等问题。不同塑料种类之间，塑料与金属之间线膨胀系数不同，粘接时极易产生应力和应变，尤其在温差较大的地区，对塑料与胶黏剂均提出了非常高的要求。

（4）高性能塑料材料的发展对工艺设备和模具提出更高的要求

轻量化塑料汽车零部件的发展必然带来部分工艺的改变，目前制约轻量化塑料零部件发展的因素很多，主要是工艺设备投资大，见效慢，开发周期长等原因。例如：汽车塑料后背门比传统的金属后背门的模具工装费用多400万～500万，开发周期长10～12个月，另外，物理微发泡还需要增加气体发生装置和设备改制费约300万。因此，汽车塑料后背门适合大批量生产。

而模具是塑料零件制造的主要工艺装备，主要包括注射、挤出、吹塑、吸塑、发泡、压注和搪塑等模具类型。约有90%的汽车内外饰塑料零件是通过塑料模具生产的，汽车工业的快速发展促使塑料模具技术向高效生产、环保制造、高品质外观、以塑代钢等方向发展[29]。

1.5.5 碳纤维复合材料应用问题分析

碳纤维复合材料在汽车轻量化应用方面前景广阔，在国外已有批量成熟的应用，但国内仍然没有批量应用。这主要是因为碳纤维本身的成本较高，且国内仍然存在碳纤维的质量稳定性不够、碳纤维复合材料部件的设计开发经验欠缺，碳纤维复合材料产业链不够成熟等问题。具体待解决的技术问题主要有以下四个方面。

（1）提升碳纤维复合材料零部件的设计能力

碳纤维复合材料不同于传统的金属材料，其产品应根据复合材料的特点进行设计，充分发挥材料特性。国内虽然有较多的碳纤维复合材料企业，但多以生产制作为主，对汽车零件的设计及要求缺乏足够的了解，而车企又对碳纤维复合材料的结构设计及成型特点认识不足，因此，很难设计出优质的碳纤维复合材料汽车零部件。另外，碳纤维复合材料零部件仿真分析的技术参数、建模方法及试验验证方法也不健全，也没有完善的零件的铺覆性及成型工艺的分析软件，因此，很难制备出优质的碳纤维复合材料汽车零部件。宝马公司在碳纤维复合材料的应用方面具有较成熟的经验，值得我们借鉴和学习。为了更好地提升碳纤维复合材料的设计能力，需加强各方面的协调工作，如主机厂牵头，联合原材料厂家、复合材料厂家、设计公司以及高校院所进行合作设计开发。

（2）降低碳纤维复合材料居高不下的成本

碳纤维复合材料的成本包括原材料成本和生产制造成本两个方面。目前碳纤维售价每千克都在120元以上，约是玻璃纤维价格的10倍，严重制约了碳纤维复合材料在汽车轻量化方面的应用。降低碳纤维原材料生产成本可以从以下几个方面考虑：改进原丝生产工艺，降低原材料成本；开发大丝束碳纤维生产技术，取代价格昂贵的小丝束碳纤维，如宝马i3乘员舱使用的就是50K的大丝束纤维；采用混杂纤维代替纯碳纤维，将碳纤维与其他纤维进行混杂，如玻璃纤维、芳纶纤维等，不仅可以降低成本，而且可实现性能互补。

碳纤维复合材料的生产制造成本主要由工艺、设备折旧、人工、能耗及废品率等方面组成。国内传统碳纤维复合材料的生产多采用真空导入、热压罐等成型工艺，生产周期长、能耗高等不足无法满足车用量产碳纤维复合材料的需求。宝马公司开发的HP-RTM工艺，可在5min内实现部件一体化成型，满足量产需求，同时极大地减少了生产过程中的能源消耗，但HP-RTM设备投资大，主要依赖国外进口，技术水平及维护成本较高，零件生产成本也较高。开发高效率低成本的碳纤维汽车零件的生产方法及生产线是推动碳纤维在汽车上应用的关键。目前，国内各大科研院所已开展预浸料自动铺覆设备及快速固化模压成型技术的研究，可有效提高生产效率，保证产品的一致性，且设备投资较低，是较好的碳纤维复合材料降本制备的方法。

（3）解决碳纤维复合材料与金属的连接问题

碳纤维复合材料与金属的连接方式主要有机械连接、胶接连接和混合连接三种。连接时需要重点考虑以下几个方面：

① 所用连接方式的连接强度是否满足设计要求；

② 碳纤维复合材料与金属材料的热胀系数差异问题如何解决，在车身涂装过程中及汽车使用过程中因温度变化使异质材料产生的膨胀或收缩率差异，不可避免地会在连接处产生应力，很容易出现连接失效问题，因此，一般选用韧性较好的结构胶，并设置一定的胶层厚度，或者合理设计紧固件的间距；

③ 电化学腐蚀问题，由于碳纤维复合材料与金属材料存在较大的电位差，两种材料接触时易发生电化学腐蚀，因此，在碳纤维复合材料与金属连接时，一般选择耐腐蚀的标准件，采用湿法装配方式防止标准件的腐蚀，接触面采用结构胶层或玻璃纤维层绝缘隔绝。

(4) 完善碳纤维复合材料回收再利用技术

碳纤维复合材料回收技术的难点主要有：

① 成分复杂（复合材料一般由增强纤维、树脂机体、填充剂等组成）；

② 热固性树脂的交联特性；

③ 与其他材料的结合（金属附件、蜂窝材料、混杂复合材料等）。

目前，国外已有较成熟的碳纤维复合材料的回收利用技术，如粉碎回填法、焚烧能量回收法和纤维分离法等。但国内研究较少，因此，亟待开发国产化碳纤维复合材料的回收利用技术。

1.5.6 新能源汽车的低压机高压线束轻量化问题分析

目前线束使用的材料以铜为主，目前新能源汽车各种电子设备的控制电路增加，机动车内的配线位置增多，为了达到节能降耗目的，要求汽车低压电线向缩小尺寸的性能方向发展。所以在轻量化方面除缩小截面积外，主要是采用更轻的材料替代铜材料来实现轻量化，目前已经量产。

高压大电流系统的高压电线束比较多，线径粗，重量大，影响着电动车的续航里程。高压线束用于连接电池、逆变器空调压缩机和电动机，高电压大电流，比传统汽车使用的线束要求苛刻得多。铝高压线束易在空气中氧化，热胀系数大，温升高，导致使用寿命缩短，影响安全性能，此外铜铝直接连接，会发生电化学反应。在铜铝之间镀上金属避免铜和铝直接接触，温压多金属共晶结合工艺等技术已经开发，但还没有量产应用。

参 考 文 献

[1] 左晨旭，尹力卉. 新能源汽车的分类、发展历程及前景：二 [J]. 汽车维修与保养，2015（10）：96-98.

[2] 中商情报网. 大数据解读：七张图了解中国新能源汽车推广情况如何 [EB/OL]. （2019-03-14）. https://baijiahao.baidu.com/s?id=1627991626445756629&wfr=spider&for=pc.

[3] 三部委关于印发《汽车产业中长期发展规划》的通知 [EB/OL]. （2017-04-25）. http://www.miit.gov.cn/n1146295/n1652858/n1652930/n3757018/c5600356/content.html.

[4] 张莫，向家莹. 两部门调整汽车贷款政策 [J]. 经济参考报，2017.

[5] 两部门发布《免征车辆购置税的新能源汽车车型目录》（第十五批）公告 [EB/OL]. （2017-12-19）. http://www.miit.gov.cn/n1146295/n1652858/n1652930/n4509607/c5965589/content.html.

[6] 关于调整完善新能源汽车推广应用财政补贴政策的通知 [J]. 财会学习，2018.

[7] 《乘用车企业平均燃料消耗量与新能源汽车积分并行管理办法》解读 [J]. 中国工业报，2017.

[8] 四部委关于印发《促进汽车动力电池产业发展行动方案》的通知 [EB/OL]. （2017-03-01）. http://www.miit.gov.cn/n1146295/n1652858/n1652930/n3757018/c5505456/content.html.

[9] 李文策，白雪，齐亮，等. 新能源汽车新时代新征程：2017回顾及未来展望 [J]. 北京理工大学学报，2018，20（2）：1-6.

[10] 陈清泰. 电动汽车发展深度观察 [J]. 高科技与产业化, 2018 (03)：46-51.
[11] 雍君. 全面停售燃油车可行性几何？ [J]. 汽车与配件, 2018 (27)：42-43.
[12] 唐见茂. 新能源汽车轻量化材料 [J]. 新型工业化, 2016, 6 (1)：1-14.
[13] 中国汽车材料网. 2017汽车轻量化技术年度发展报告 [R]. 2018.
[14] 刘顿, 朱成. 铝合金用于新能源乘用车车身轻量化及经济性分析 [J]. 科技与创新, 2018 (03)：20.
[15] CarTech 车技. 深入解读：簧下一公斤簧上十公斤对吗 (2016-04-21) [J/OL]. https：//chejiahao. autohome. com. cn/info/1516016/.
[16] 宋菲. 前悬架外行看样子内行看匹配 [J]. 产品可靠性报告, 2015 (09)：26.
[17] 田伟东. 中国新能源乘用车市场发展趋势研究报告 [J]. 汽车纵横, 2018 (08)：52-55.
[18] 甄文媛. 解码新趋势下车企的未来竞争力 [J]. 汽车纵横, 2018 (07)：74-75.
[19] 周路菡. 汽车轻量化：助新能源汽车极致表现 [J]. 新经济导刊, 2016, 4：55-59.
[20] 崔人志. 刍议新能源汽车的现状与发展趋势 [J]. 当代教育实践与教学意义, 2018, 3：200-201.
[21] 刘建伟, 史建鹏, 石朝亮. 轻量化技术在汽车上的应用分析 [J]. 汽车科技, 2012 (06)：10-14, 22.
[22] 崔新涛. 多材料结构汽车车身轻量化设计方法研究 [D]. 天津大学, 2007.
[23] 王存宇, 杨洁, 常颖, 等. 先进高强度汽车钢的发展趋势与挑战. 钢铁, 2019 (2)：1-6.
[24] 王鸿波, 何昌协. 铝合金车身板材在汽车轻量化中的应用 [J]. 世界有色金属, 2018 (7)：186-187.
[25] 陈军. 镁合金在汽车工业中的应用分析 [J]. 材料研究与应用, 2012, 4 (2)：81-84.
[26] 李明月. 压铸AM50汽车座椅骨架的设计及组织和性能研究 [D]. 长春：长春工业大学, 2017.
[27] 聂春, 李小雷, 竹本善博. CAE分析技术在汽车塑料零部件轻量化设计中的应用 [C]. //汽车内外饰产品及新材料国际研讨会. 汽车内外饰产品及新材料国际研讨会论文集, 2009.
[28] 汽车塑料化趋势成型汽车塑料件行业迎来高速发展 [J]. 辽宁化工, 2017 (46)：625.
[29] 田亚梅. 汽车非金属材料轻量化应用指南. 北京：机械工业出版社, 2019.

第2篇 新能源汽车各系统零部件的轻量化

【导读】 新能源汽车主要由车身、底盘、内外饰、动力总成及电子电器等系统组成。本部分将重点介绍车身、底盘、内外饰及动力总成这四大系统零部件的轻量化材料方案。新能源汽车的动力总成系统主要是三电系统，包括电池、电机及电控系统，其轻量化材料方案在本部分第 2 章介绍。电子电器系统的零部件分布于全车，其使用环境和内外饰零件相似，因此本部分将其融合于内外饰系统中进行介绍。

  为实现节能减排，环境保护，新能源汽车成为未来汽车的发展方向，但重达几百千克的电池包使新能源汽车的续航里程和环保效果大打折扣。不管是铅酸电池、锂离子电池还是燃料电池，它们的单位比能量均远小于传统汽车使用液体燃料的单位比能量。在同等排放量下，新能源汽车需要比传统汽车输出更多的能量。这就要求新能源汽车采用更多的轻量化技术提高其能量转化效率及续航里程。目前，增加续航里程的方法主要有三种，即提升电池性能，增加电池数目和轻量化设计。其中提升电池比能量的作用有限，增加锂电池数目不利于环保，因此，轻量化设计成为最可行最快速的方法。新能源汽车的轻量化是世界各国发展汽车工业的共同选择。我国在汽车轻量化材料及工艺开发方面起步较晚，汽车重量的利用系数与国外差距较大，因此更有潜力可挖。汽车轻量化技术的研发需要打破轻量化涉及的多个学科之间的壁垒，形成综合性、系统性知识体系，突破材料、工艺技术壁垒。本部分以零部件轻量化材料应用为主线，介绍零部件的轻量化方案及应用关键点。

第2章
三电系统轻量化材料与工艺

【导读】 新能源汽车的三电系统指电池、电机和电控三个系统。电池系统可比作新能源汽车的心脏,提供并输送能量;电机系统是肌肉,它主导加速度、最高时速等主要性能;电控系统就像大脑,通过信号将能量传输分配至四轮上,将各部位的信息及时反馈到传感器。在三电系统中,电池系统最为重要,它是影响车辆行驶里程和成本的主要因素。新能源汽车三电系统的重量约占整车整备质量的1/4~1/3,因此三电系统轻量化技术的研发迫在眉睫。

2.1 三电系统结构及轻量化发展趋势

2.1.1 三电系统结构

三电系统,即电池系统、电机系统和电控系统,它的作用是将电能转化为车轮的动能,并且将车轮的部分动能回收到蓄电池中[1]。在新能源汽车中,纯电动车利用三电系统提供能量进行驱动,而混合动力和燃料电池车还需要分别用内燃机或燃料电池发动机配以三电系统提供能量进行驱动。与传统内燃机汽车相比,新能源汽车无须安装传统发动机、传动轴、驱动桥等复杂的部件,因此结构更加灵活[2]。图2-1为纯电动车三电系统的驱动方式示意图。图2-2为燃料电池车的三电系统的驱动方式示意图。

新能源汽车的三电系统的技术水平对整车的操控、安全、轻量化、续航里程等方面的性能起到决定性的作用。但该系统使新能源汽车比同级别传统燃油车增重几百千克,因此,三电系统,尤其是动力电池系统的"轻量化"成为新能源汽车轻量化的重中之重。

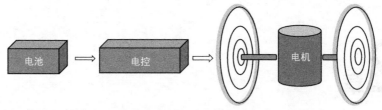

图 2-1 纯电动车三电系统的驱动方式示意图

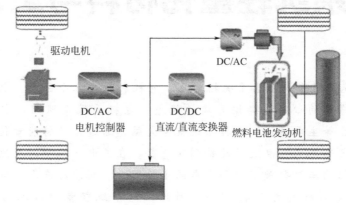

图 2-2 燃料电池车三电系统的驱动方式示意图[3]

2.1.2 三电系统轻量化发展趋势

在三电系统中，电池、电控、电机均可进行轻量化设计，其中电池的轻量化设计最为重要。先进电池材料的应用能提高能量密度从而减少电池的数量。从铅酸到磷酸铁锂再到三元锂（三元聚合物锂）电池，电芯能量密度的提升使电池的数量减少从而达到了轻量化的效果。电池系统的能量密度主要受制于电池的正负极材料。电控、电机作为三电系统的一部分，其质量也较大，国内外各大汽车企业从未停止过对电机、电控小型化、轻量化的开发和应用。

在集成度方面，新能源汽车在三电布置方面显示出集成化的趋势。电机和电控系统布置在前舱，动力电池布置在底盘下方或后排座椅下方，总成的体积和重量更紧凑更轻巧，在轻量化设计上也更灵活。插电式混合动力汽车因集成电动车、燃油汽车两套完整的动力系统，整车质量更大，在集成化方面的需求更为强烈。

2.2 电池系统的应用现状及轻量化

电池系统是纯电动车的能量源，给电动车提供驱动电能，因此电池系统是电动车关键核心部分。电池系统主要由电芯、模组、电池管理系统、箱体以及辅助的电子元件、线束等构成。电池系统的功率密度、能量密度、使用寿命决定了电动车的成本和续航里程,这两个方面正是电动车与传统燃油汽车竞争的关键所在。然而,与传统燃油汽车相比,电动车目前所使用的动力电池的比能量远低于燃油的比能量,且电池的引入大幅增加了汽车的整车质量,这使得电动车的续航里程比传统燃油汽车小很多,因此电池系统的轻量化显得十分迫切。电池系统轻量化可以从电芯轻量化、电池箱体轻量化以及不同类型的电池容器轻量化等方面进行研究。

2.2.1 电芯的应用现状及轻量化

在保证电芯安全性不变的前提下,增大电芯能量密度和减轻电芯质量是电芯轻量化的主要手段。

2.2.1.1 电芯的国内外应用现状

新能源汽车应用的动力电池电芯,即单体电池,按照材料分为三种:铅酸电池、锂离子电池(磷酸铁锂电池、三元锂电池、锰酸锂电池和钛酸锂电池)和燃料电池。锂离子电池的应用占绝对优势,2018年底统计的动力电池装机量,锂离子电池占比达到97.1%。其中三元锂电池装机量为33.1GW·h,占比59%,磷酸铁锂电池装机量22.2GW·h,占比38%,如图2-3所示。由此可见,三元锂电池成为新能源汽车装机的主流电池。

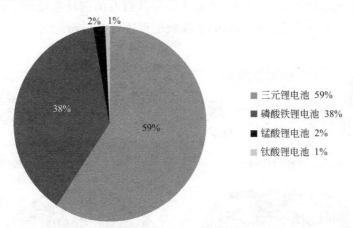

图2-3 2018年不同种类锂离子电池装机量所占比例

20世纪初发展的铅酸蓄电池的安全性高、自放电慢、低温性能优良[4],但比能量低,可作为启动用电池和低速车的动力电池[5]。铅酸电池作为动力电池的应用只限于A00级的电动乘用车。由于铅对环境有污染,因此在新能源汽车领域铅酸电池会被其他新型电池替代[6]。锂电池与铅酸电池相比,能量密度有所提高，在储能方面更具优势。铅酸电池的能量密度约50W·h/kg，而锂电池的能量密度（如表2-1所示）为200～260W·h/kg。锂电池能量密度约是铅酸电池的3倍，是实现新能源汽车动力电池轻量化的重要选择。由于在锂电池能量密度和功率密度上的研究不断突破，因此锂电池被越来越多地用在电动车上。

表 2-1　三元锂电池（包）和磷酸铁锂电池（包）能量密度

电池种类	2019年能量密度现状/(W·h/kg)	2020年能量密度预测/(W·h/kg)
三元锂电池	200	260
三元锂电池包	160	200
磷酸铁锂电池	165	180
磷酸铁锂电池包	140	160

锂电池的使用最早可追溯到20世纪90年代。自从1991年Sony公司生产出以钴酸锂（$LiCoO_2$）为正极、碳材料为负极的商品化锂电池以来，这种高容量和高工作电压的二次电池登上了历史舞台，在3C设备以及交通工具领域发挥着不可替代的作用[7]。

1995年Sony公司生产的容量为100A·h的$LiCoO_2$/石墨电池，使汽车续航里程达到200km，最大时速可达120km/h。自2010年通用公司开始投产以锂离子电池组为主要储能装置的混合动力汽车Chevy Volt以来，锂离子电池在新能源汽车中的应用逐渐上升。几种有代表性的纯电动车及其续航里程如图2-4所示。2012年上市的特斯拉Model S系列采用其自有的圆柱电池技术，续航里程达到500km，2018年上市的Model 3续航里程达到600km。

2010年日产LEAF，续航里程160km

2012年特斯拉Model S，续航里程500km

2014年宝马i3，续航里程257km

2018年特斯拉Model 3，续航里程600km

图 2-4　几种纯电动车及其续航里程

燃料电池（fuel cells，FC）是指将化学能转换为电能的电化学装置。多年来，燃料电池因高效率、高安全性和低排放量等特点获得广泛研究。燃料电池按其电解质类型不同可以分为碱性燃料电池（AFC）、磷酸燃料电池（PAFC）[8]、熔融燃料电池（MCFC）[9]、质子交换膜燃料电池（PEMFC）[10]和固体氧化物燃料电池（SOFC）[11]五大类。目前汽车上主要应用的燃料电池主要有碱性燃料电池、质子交换膜燃料电池和固体氧化物燃料电池三类（见表2-2）。其中质子交换膜燃料电池因能量转换效率高、工作温度低、功率密度高等特点，适用于电动汽车动力源，是目前新能源汽车领域内主流的运用方向。

表 2-2 燃料电池的类型与特征[12,13]

类型	电解质	阳极	阴极	工作温度/℃	电化学效率/%	燃料	功率输出/kW
AFC	氢氧化钾溶液	Pt/Ni	Pt/Ag	50～200	60～70	氢气	0.3～5.0
PEMFC	质子交换膜	Pt/C	Pt/C	60～80	40～60	氢气、天然气等	0.5～300
SOFC	导电陶瓷	Ni/YSZ	LSM	800～1000	60～65	氢气、天然气等	1～100

注：YSZ—加入钇稳定剂的氧化锆；LSM—锰酸锶镧。

目前国外燃料电池汽车研发水平趋于成熟，并且接近量产水平，而国内燃料电池产业整体上还是处于研发和示范阶段。表2-3展示了目前部分国外汽车企业燃料电池车型开发情况。其中，丰田2014年推出的Mirai燃料电池汽车，续航里程能够达到650km，成本从100万美元降到了5万美元。日本计划至2040年在本国普及燃料电池汽车，续航里程1000km，到2040年燃料电池汽车保有量将由2018年的2000辆增加到300万辆。氢燃料电池的单位输出功率将增加3倍，氢罐尺寸不断缩小，车身质量将减轻。

表 2-3 部分国外汽车企业燃料电池车型开发情况

企业	燃料电池汽车开发情况
丰田	丰田汽车于1992年开始研发燃料电池汽车，1996年10月发布了首款燃料电池汽车FCHV，2014年发布的Mirai车型续航里程达650km
本田	1999年本田在东京展示了FCX燃料电池汽车，2018年推出全新Clarity的续航里程达750km
现代	第一代现代燃料电池汽车诞生于2002年，2013年正式下线世界上第一辆量产版氢燃料电池汽车ix35 FCV(fuel cell vehicles，燃料电池汽车)，续航里程达425km。2018年最新一代的NEXO续航里程达609km
奔驰	1994年奔驰发布了世界上第一款燃料电池汽车NECAR1，2015年推出了F 015 Luxury in Motion概念车，可存储6kg氢气，续航里程达1000km

2.2.1.2 电芯的轻量化

在相同的续航里程下，提升电池的能量密度可减少电池数量，实现电池系统轻量化。提高电池的能量密度可以从电池材料、电池制造工艺等方面入手。目前，提高铅酸电池的能量密度相对于其他电池来说存在较大困难，虽然可以通过增大其表面积来提高能量密度,但会加快铅的腐蚀速率而缩短电池寿命[14]。

提高锂离子电池能量密度实现电池轻量化的方式有很多[15]。例如提高正、负极材料的比容量,提升电解质性能等,具体方案如下。

(1) 提升正极材料的性能

目前商业化的新能源乘用车使用的动力锂离子电池主要为三元(三元镍钴锰)锂电池、磷酸铁锂电池、锰酸锂电池等,表2-4为各锂离子电池正极材料的性能参数。从该表可以看出,三元镍钴锰材料的比能量最高,高镍的NCM811(镍、钴、锰三种元素的比例为8:1:1)材料实际比容量可达200mA·h/g[16,17],高镍的NCA材料实际比容量也达到了190mA·h/g[18]。三元镍钴锰正极材料发展初期,镍钴锰三种元素的比例为1:1:1,随着对高能量密度及轻量化的需求,比容量大的镍元素所占百分比在不断上升(经历了5:2:3和6:2:2的比例)[19],直到当前大多数动力电池公司已开始研发高镍的NCM811材料。据报道,宁德时代以该材料为正极材料研发的电池实际比容量可达304mA·h/g,NCM811材料已实现商业化[20]。因为钴资源较为稀缺且价格较高,且钴和镍的含量存在此消彼长的关系,三元锂电池的正极材料中钴的含量未来可能要降为0。特斯拉Model 3目前使用的三元材料中,钴的含量已低于3%,未来要降为0。

表2-4 各锂离子电池正极材料的性能参数[21]

名称	锰酸锂	磷酸铁锂	三元镍钴锰
化学式	$LiMn_2O_4$	$LiFePO_4$	$LiNi_xCo_yMn_{1-x-y}O_2$
理论比容量/(mA·h/g)	148	170	273~285
实际比容量/(mA·h/g)	100~120	130~140	155~220
电芯质量比能量/(W·h/kg)	130~180	130~160	180~240
电压范围/V	3.0~4.3	3.2~3.7	2.5~4.6
平台电压/V	~3.8	~3.2	~3.7
循环性/次	500~2000	2000~6000	800~2000
安全性	良好	好	良好
适用温度/℃	>50 快速衰退	-20~75	-20~55

(2) 提升负极材料的性能

在负极材料方面,目前大多数商业化的锂离子电池负极材料为石墨材料,比容量仅有372mA·h/g,因此大比容量的负极材料的研发成为很多电池公司的主要研究方向。硅基材料、金属锂、硅碳材料、N掺杂石墨类材料成为电池轻量化方向的首选[22-24],引起了广泛的关注。硅的理论比容量可达4300mA·h/g,被认为是下一代高能量密度锂离子电池负极材料[25],但是其膨胀严重、循环性能差,因此要通过纳米化[26]、与碳复合[27,28]、合金化[29]等改性手段提高其循环性能。硅氧化合物与碳的复合材料（硅碳材料）虽然比容量较小（1500mA·h/g），但循环性能优异[30,31]，目前硅碳负极已逐步实现商业化。另外，金属锂负极理论比容量为3860mA·h/g，导电性好、电势低，通过利用固态电解质抑制锂枝晶的生长和锂金属的体积膨胀可改善其安全性，提高循环稳定性[32,33]。金属锂有望成为推动动力电池轻量化的下一代负极材料。

（3）提升电解质的性能

从电解质角度出发，控制电解液的注入量也是提高电池能量密度的一种方法。在电池中，电解液是非消耗物，其作用是保证锂离子在正负极之间扩散。但电解液易分解，在锂离子正常扩散的前提下，通过对电解液进行改性，提高其稳定性，减少电解液的分解，可降低电解液的用量。

此外，发展半固态、固态电解质的电池技术也可以提高电池能量密度从而达到轻量化的目的[34,35]，原因有以下几点：

① 半固态、固态电解质膜替代了隔膜和电解液，且电解质膜厚度可以薄至十几微米，大大降低单体电池的质量；

② 使用耐高压固态电解质，可提高电池的工作电压，进而提高电池的能量密度[36,37]；

③ 半固态、固态电池在组装电池模组时可以内部串联，不需要接外部串联的导线，因此可降低电池模组的质量。

（4）提升电芯结构及工艺技术

在电池制造工艺、封装路线方面，对比能量的提升也有不同的贡献[38]。目前，商业化电芯结构主要有圆柱、方形和软包三种形式，如图2-5所示，这三种电芯在2018年电池装机量中的占比分别为13.19%、72.96%和13.85%。

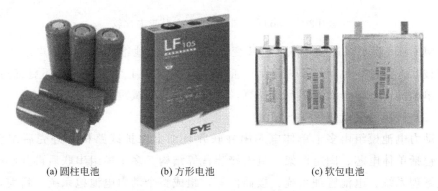

(a) 圆柱电池　　　　(b) 方形电池　　　　(c) 软包电池

图2-5　商业化电芯结构主要形式

软包电池的能量密度相对最突出[39]。然而，软包电池目前生产工艺尚不成熟、标准化程度较低、主要原材料铝塑膜依赖进口，导致电芯成本相对较高。在轻量化需求带动下，这些发展瓶颈未来都有望通过生产规模化、自动化、开发高质量铝塑膜等来突破[40]。

对于方形电池来说，增大尺寸和使用质量较轻的材料是提升能量密度的有效方法。在保证同样容量的前提下，用铝合金替代钢作为方形电池的外壳可以减轻电池的质量，铝壳可以做得更薄。方形电池的铝壳目前在向高硬度和轻质量的技术上演进，这将会为汽车的轻量化提供更优越的产品。

对于圆柱电池来说，主要轻量化方法是做大单体电芯（单芯）容量。如特斯拉已在 Model 3 中用 21700 电芯替代以往电动汽车所用的 18650 电芯，如图 2-6 所示。21700 电芯质量能量密度比 18650 电芯质量能量密度提高 5% 左右，同等质量能量下电芯数量减少了 1/3，从 Model S 的 7000 多颗降低到 Model 3 的 4416 颗。电池单芯质量减轻 20g 左右，在降低系统管理难度的同时减少 10% 的电池包金属结构件及导电连接件等配件数量，电池包的总质量减轻，电池整体的能量密度得到了提升。加上电池包在内，Model 3 的总质量与汽油车相当。

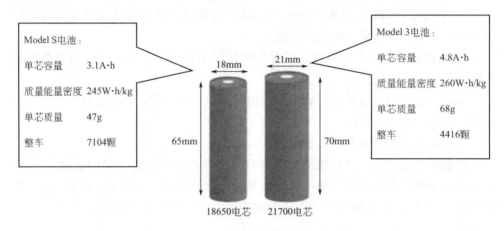

图 2-6　Model S 和 Model 3 单体电芯比较

Model 3 正负极连接片从一整片变成了布局在电池组两侧，而非电芯正反面的树枝状连接片，也就是原先是 2 个面的铝片变成了 1 个面，同时还更细更轻。如果单纯的以一整个面的铝片来计算，那么这部分的减重又是若干千克。

（5）模组的轻量化

动力电池模组由多个单体电芯串并联并且加上保护线路板和外壳后组合而成，包括单体电芯、固定框架、电连接装置等结构，多个模组串联后再并联，配以热管理系统、电池管理系统、接插件等，组成整个动力电池包系统。目前，圆柱电池的模组外壳是聚合物，方形电池的模组外壳是铝型材，较原来的钣金焊接结构和钣金冲压结构轻得多，安装也变得非常简单和标准化[41]。

特斯拉 Model 3 模组结构也实现了轻量化，Model S 电池包有 14 个模组，Model 3 长续航版的电池包则只有 4 个模组。更少的模组意味着更少的电池包内部隔断、电池组 BMS、线束和散热管路接口。

(6) 热管理系统轻量化

纯电动小型乘用车的电池包热管理系统分为冷却系统和加热系统。冷却系统的冷却方式可分为风冷、液冷和相变冷却。对于体型较小的 A00 和 A0 级车，使用风冷方式散热可满足电池包的散热需求，不需要加装液冷系统，因此减轻了电池包的总质量。对于较大型车的冷却系统，加装的液冷板在设计的过程中一般采用铝基板埋铜管，铝的使用起到了减重效果，而且，目前常用的风琴管和冲压钎焊工艺液冷板较传统的挤压型材液冷板来说，减重较明显。特斯拉 Model S P100D 通过减短、减薄模组内的两条冷却回路来减轻冷却系统的质量。电动汽车在北方的冬季使用时需要安装加热系统，主要在充电和冷启动情况下使用，目前通常安装加热膜进行加热[42]。特斯拉通过去掉外置电池组加热器，而只使用汽车动力总成提供的热量加热来减轻热管理系统的总质量，这种情况下，即使汽车停了下来，也能为电池加热。未来更轻便的热泵系统可能会大规模用在电动汽车上，在冬天使用热泵加热，电池包中的电池数量可比原来减少 25%。

(7) 氢燃料电池轻量化

氢燃料电池的轻量化方式主要有两种，一种是通过提高氢能转化成电能的效率来实现轻量化；另一种是通过提升储氢技术减轻储氢罐的质量实现轻量化，此部分将在 2.2.3 节中单独做介绍。

氢能转化效率提升的第一个途径是提升关键材料性能，主要包括催化剂、质子交换膜和双极板，具体如下。

① 提升催化剂活性。传统氢燃料电池使用的催化剂是以活性炭、炭黑以及石墨碳材料为载体的铂催化剂，而通过采用碳纳米管为载体的铂催化剂可以增加催化活性[43]。

② 提升质子交换膜的传导能力。加拿大 Bollard 公司开发的 BAM3G 膜代替传统的 Nafion117 膜和 DOW 膜，具有更突出的交换容量和含水率。

③ 提升双极板的导电性。采用金属合金材料并在双极板两侧镀上防护层代替传统的石墨双极板，既能提升导电性，又能解决反应过程中的腐蚀问题[44]。

氢能转化效率提升的第二个途径是改进氢燃料电池的结构。氢燃料电池阴阳极进入电极平面主要有顺流、逆流和交叉流三种方式。本田公司 2006 版氢燃料电池采用顺流 V-Flow 结构，使气体流道的厚度减薄了 17%，最新一代的 Clarity 车采用了水平相向的流动方式（交叉流），2 块 MEA（膜-电极结合体）与 3 块隔板构成一个电池单元，组成独特的冷却结构，进一步减薄了电池的厚度。丰田 Mirai 在阴极结构方面做了创新，采用了 3D 立体精微流道技术，改善了透气性和排水性能；正极上，电解质薄膜做得更薄，气体扩散性能提升，显著提高了电极响应性能。

2.2.1.3 电芯轻量化的发展趋势

中国汽车工程学会在 2016 年发布的《节能与新能源汽车技术路线图》中对纯电动车电芯能量密度的要求是，到 2020 年、2025 年和 2030 年需分别达到 350W·h/kg、400W·h/kg、500W·h/kg。日本部分汽车厂商对纯电动车的系统能量密度规划为，到 2020 年和 2030 年分别达到 250W·h/kg 和 500W·h/kg。德国力争 2025 年系统能量密度达到 280~300W·h/kg。

电芯的能量密度受制于电池的正负极。未来动力电池发展路线将会是正极减钴至无钴、负极加硅、电解质减有机溶剂，逐步向全固态电池的方向发展。近年来新研发的富锂材料的电池容量可达到 200mA·h/g 甚至 300mA·h/g，有较好的应用前景[45,46]。对于未来动力电池的发展趋势，业内共识为近期（两年内）以高镍三元材料为正极、硅碳材料为负极实现单体电芯能量密度 300W·h/kg，中期（5~6 年）的电池基于富锂锰基正极材料/高容量硅碳负极，实现单体电芯能量密度 400W·h/kg，远期则开发以金属锂为负极的锂硫、锂空电池，电解质为固态电解质，实现单体电芯能量密度 500W·h/kg。

在未来的 5~10 年内，铅酸电池由于能量密度较低等原因，有被锂电池逐渐替代的趋势。电芯的轻量化还主要是倾向于锂电池材料的开发，通过提升电芯的能量密度，实现在相同续航里程的情况下，采用更少的电池，减轻整车质量。

氢燃料电池技术复杂，提高关键材料性能、简化结构是其轻量化的重点方向。近几年，欧、美、日等在氢燃料汽车研发方面均取得了一定成就。通用、丰田等企业纷纷布局，燃料电池汽车的发展初见端倪。根据《新成长战略》规划，日本政府提出环保车市场份额将从 2013 年的约 23% 提升至 2030 年的 50%~70%；同时，为氢燃料电池汽车提供补贴（2025 年使其售价与混动车持平），统一标准与国际接轨以促进其海外销售等举措被列为重点实施项目。思迈汽车信息咨询公司预期到 2027 年会有 17 款 FCV 上市，包括几家欧洲汽车制造商的产品，但是对 FCV 的整体预测是年销量仅达 7 万辆，不足市场份额的 0.1%。

2.2.2 电池箱体应用现状及轻量化

2.2.2.1 电池箱体的国内外应用现状

电池箱体作为动力电池的承载体，对动力电池的安全工作和防护起着关键作用，主要用于防止动力电池在受到外界碰撞和挤压时损坏而产生汽车性能及安全问题[47]。

电池箱体一般由上箱体和下箱体两部分组成，如图 2-7 所示。

上箱体主要是起防护和密封的作用，受力较小，一般采用一体成型技术，在制造过程中通过工装严格控制上箱体上表面的平面度。下箱体起固定电池组并承

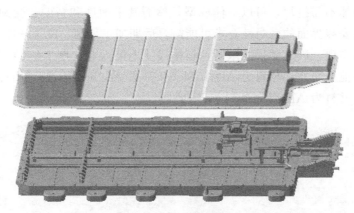

图 2-7 电池箱体结构

受载荷的作用,所以一般采用框架结构,即底框和边框使用型材焊接,同时在型材外面进行单面或双面蒙皮焊接,从而保证电池箱体的承载能力。电池箱体因为需要承载电池模块,所以箱体内部需要设计合适的嵌槽和挡板等结构来限制电池模块的自由移动,避免其对侧壁和上箱体造成冲击,从而影响电池箱体的使用寿命。此外,在电池箱体内部设计电池信息采集板的固定座以及维修开关的固定架也是极其重要的,这样可以确保在复杂的工况下各部件牢固可靠,防止部件发生松动对整个电路造成威胁[48]。

传统的电池箱体的材料一般采用钢板冲压而成。钢制电池箱体具有强度高和刚度高等优点,但是它也存在一定的缺点,如质量大、加工工艺复杂、热导率低、密封性差和防腐能力差,所以钢制电池箱体一般都需进行表面防腐处理,使其在长期高温条件下仍具有较好的防腐效果[49]。

随着制造材料的发展,为了提高新能源汽车的电池箱体轻量化效果,铝合金材料、复合材料(玻璃纤维复合材料、碳纤维复合材料等)受到整车企业和电池厂家的关注。特别是铝合金材料,由于其轻量化效果突出,性能较好,且价格远低于碳纤维复合材料等,是目前电池箱体轻量化的主要材料。

2.2.2.2 电池箱体的轻量化

(1) 铝合金电池箱体

铝合金在质量方面较钢优势明显,密度仅为钢的 1/3,且因为具有易加工成型、高温耐腐蚀、良好的传热性和导电性等特点成为一种理想的电池箱体材料。国外高端电动车的电池箱体,主要采用铝合金材料(或铝合金与复合材料的混合结构),如宝马 i3、特斯拉 Model S 等纯电动车。近几年,随着轻量化技术的发展,国内的北汽、广汽、众泰、奇瑞、蔚来等整车企业也均开发了铝合金材料或铝合金与复合材料的混合结构的电池箱体。

目前常用的铝合金电池箱体主要分为压铸铝电池箱体和挤压铝电池箱体。压铸铝电池箱体不需拼焊，可以一体成型，然而其平面度和精度会受到一定影响，特别是针对安装界面的密封性要求可能需要后期加工处理。由于一体成型需要大吨位压铸机实现，因此受尺寸限制，箱体尺寸不能太大。图2-8(a)为某车型的高压铸铝电池下箱体，材料为AlSi10MgMn，图2-8(b)为某车型的低压铸铝电池下箱体，材料为AlSi7Mg。

(a) 高压铸铝电池下箱体　　　　　　　(b) 低压铸铝电池下箱体

图2-8　不同压力下压铸铝电池箱体

图2-9　某车型挤压铝电池箱体

虽然压铸工艺可以一体成型，零件尺寸稳定，实现铝电池箱体结构多样化，但模具昂贵，目前国内的铝电池箱体主要采用挤压铝材焊接而成。挤压铝电池箱体成本低，工艺简单，且可以制作较大尺寸的箱体。此外，挤压铝板可以比压铸铝材壁厚做得更薄，因此还可以实现轻量化。图2-9为某车型设计方案时尝试的压铸铝下箱体结构，经评估能较钢材减重11kg，在进一步减重研究中采用挤压铝型材结构，铝型材本身具有更好的比强度和比刚度，且其优越的弯曲性能得到充分体现，经分析减重效果比压铸铝进一步减重8kg左右。

（2）复合材料电池箱体

采用复合材料制作电池箱体可以提高电池的绝缘安全性能，同时起到缓冲吸振的作用；另外，复合材料的保温效果更好，有利于电池热管理的有效性，便于电池温度一致性的控制。电池下箱体承载了整个电池组的质量，是主要的结构件，而上箱体仅作为覆盖件，为电池提供防护和密封，对强度和刚度的要求低，因此目前整车企业主要采用复合材料替换金属上箱体实现电池箱体轻量化。

SMC复合材料因具有减重和防腐蚀等优势，已应用到电池上箱体的制造中。

目前许多整车企业均已使用SMC电池箱上盖,如众泰、长安、北汽新能源、江铃、海马和长城汽车,部分整车企业电池上箱体零件见图2-10。以众泰某车型为例,采用SMC材料(弹性模量13.2GPa)替代DC01时,可以实现减重7.8kg左右。北汽C30电池上箱体,原使用金属材料,重25.5kg,通过使用SMC替代金属后,减重约50%,质量减轻12.5kg。

(a) 广汽A3X   (b) 北汽C30

图2-10 部分整车企业SMC电池上箱体零件

LFT-D(long fiber reinforced thermoplastics,direct,长纤维增强热塑性材料)是以长玻璃纤维为增强材料,以热塑性树脂为基体的复合材料。它的加工工艺和SMC类似,LFT-D是片材加热后在模具中冷压,SMC是冷片材放入模具后热压成型。LFT-D工艺属于绿色制造工艺,无污染、可回收,可提高整车回收率。LFT-D适用于大批量部件生产,生产效率高,成本低,综合性能优越。奇瑞已有车型成功应用LFT-D做电池上箱体。

2.2.2.3 电池箱体轻量化的发展趋势

表2-5展示了电池箱体目前主要的用材及成型工艺。

表2-5 电池箱体主要用材及成型工艺

材料	工艺	应用
钢	冲压焊接	上/下箱体
铝合金	冲压焊接/挤压型材	上/下箱体
SMC(热固)	模压	上箱体
LFT-D	注塑或模压	上箱体
玻璃纤维/碳纤维混合复合材料	模压	上/下箱体

由表2-5可知,就目前发展来看,采用铝合金下箱体和复合材料上箱体的轻量化方案具有较好的应用前景。下箱体采用挤压铝型材,综合应用成本低,性能满足要求,且可实现水冷电池的循环水道的集成;上箱体采用复合材料,主要用到PP/GF+LFT-D模压工艺,可以提高生产效率且可满足火焰燃烧和密封性能

要求，并且具有模具成本较低的优势。

未来，随着技术的不断进步以及规模化生产，碳纤维复合材料电池箱体的成本有望降低，并获得应用。碳纤维复合材料具有优异的性能，如比模量高、对酸碱盐等化学物质的耐腐蚀能力较强、抗冲击吸振能力好、遇到撞击时的能量吸收率是钢的 3~5 倍，因此安全性更高。而且碳纤维复合材料比强度高，其密度只有 1.7g/cm³，是钢的五分之一，抗拉强度却在 1700MPa 以上，能达到钢的数倍，与铝合金相比也能减重达 20% 以上。此外，近年来泡沫铝轻质材料在电池箱体上的研发与应用也逐步开展，国外还出现了由铝板、泡沫铝芯和环形纤维增强热缩层构成的电池箱体[50]。

在电池包箱体方面，轻量化材料以及总成的结构优化是轻量化聚焦的方向。电池包箱体的低密度材料选择、电池箱体结构的拓扑优化以及模组的排布结构优化，都能提高电池系统能量密度，最终帮助实现电池包箱体的轻量化。

2.2.3 储氢容器应用现状及轻量化

2.2.3.1 储氢容器的国内外应用现状

氢燃料电池汽车发展的主要技术之一就是车载储氢技术。在氢燃料电池系统中氢气的安全储存是最为关键的技术，储氢容器也是存在安全隐患最大的装置。常见的可用于移动式储氢的方法有高压储氢、液化储氢、金属氢化物储氢和吸附储氢四种[51]。从技术条件和目前的发展现状看，高压储氢、液化储氢和金属氢化物储氢三种方式更适用于商用要求[52]。

高压储氢技术成熟、方便、成本低、产业化基础好，是目前应用最广泛的一种储氢方式[53]。高压储氢方式的氢气压力高达 35~70MPa[54]，这就要求储氢容器有较高的耐压能力。为了提高质量储氢密度，美国通用汽车、日本汽车研究所（JARI）FCEV 中心、日本丰田等国外公司或机构已经开发出并掌握了储存 70MPa 压力的高压储氢气瓶的技术，丰田汽车 2015 年推出的 Mirai 续航里程可达 502.1km，其车内的两个储氢瓶可承受 70MPa 的压强，此外本田 Clarity Fuel Cell、现代 ix35 FCEV、荣威 950 等汽车均采用高压储氢技术。我国 70MPa 储氢气瓶也已开发成功并在小范围内应用[54]。液化储氢的质量最小，储罐体积也比高压储氢容器小得多，从质量和体积上考虑，液化储氢是一种较为理想的储氢方式。美国通用、福特和德国宝马等汽车公司都已推出使用车载液氢储罐的 FC 概念车，但由于氢气液化成本高、耗能大以及液氢的蒸发安全问题，液化储氢技术实现商品化还有很大难度。金属氢化物储氢因较高的体积储氢密度和较高的安全性成为近年来研究的重点，但是由于储氢容器质量大且金属氢化物对杂质较为敏感、氢气吸脱附困难等问题，限制了其在汽车上的应用。三种储氢技术的质量储氢密度及优缺点对比见表 2-6[55]。

表 2-6 三种储氢技术的质量储氢密度及优缺点对比

储氢技术	质量储氢密度/%	优点	缺点
高压储氢	4.0~5.7	技术成熟,成本低	质量储氢密度低
液化储氢	>5.7	质量储氢密度高	易挥发,成本高
金属氢化物储氢	2~4.5	安全,操作条件易实现	成本高,质量储氢密度低

2.2.3.2 储氢容器的轻量化

衡量储氢技术性能的主要参数是体积储氢密度、质量储氢密度、充放氢的可逆性、充放氢速率、可循环使用寿命及安全性等[56]。高压储氢是目前较为成熟的车载储氢技术,但其质量储氢密度还很小,未达到美国能源部制定的发展目标,还需向着轻量化、高压化、低成本、质量稳定的方向发展[55]。

铝内衬高压储氢容器主要由内衬、加强层、保护层、阀座等结构组成,如图 2-11 所示。内衬、加强层及保护层三种结构的材料选择是储氢容器能够承受足够的内部压力及外部冲击破坏的关键因素,因此选择合适的材料以及将不同种材料巧妙地结合在一起,对高压储氢容器的质量及安全性起着决定性的作用。

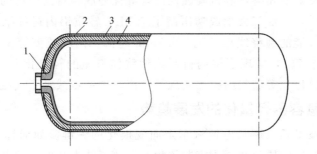

图 2-11 铝内衬高压储氢容器结构

1—阀座;2—玻璃纤维复合材料保护层;3—碳纤维复合材料加强层;4—内衬

根据材料组成和结构形式可将高压气瓶分为Ⅰ型(全金属气瓶)、Ⅱ型(金属内胆纤维环向缠绕气瓶)、Ⅲ型(金属内胆纤维全缠绕气瓶)及Ⅳ型(非金属内胆纤维全缠绕气瓶)四种。Ⅰ型和Ⅱ型气瓶重容比较大,难以满足质量储氢密度要求,用于车载供氢系统并不理想[57]。Ⅲ型、Ⅳ型气瓶由内胆、碳纤维复合材料加强层和玻璃纤维复合材料保护层组成,显著减轻了气瓶质量,提高了质量储氢密度,因此,大多车载储氢气瓶使用Ⅲ型和Ⅳ型。Ⅲ型气瓶以锻压铝合金为内胆,外面包覆碳纤维,使用压力主要有 35MPa 和 70MPa 两种。中国车载储氢气瓶主要使用 35MPa 的Ⅲ型气瓶,美国 Quantum 公司、Hexagon Lincoln 公司、通用汽车、日本丰田汽车等国外企业,已成功研制出多种规格的Ⅳ型高压气瓶,其高压气瓶设计制造技术处于世界领先水平[58]，Ⅳ型气瓶使用压力主要为70MPa。

高压气瓶的内衬与氢气直接接触，主要起到储存氢气及密封的功能，因此内衬材料必须对氢气有很好的抗渗透性；又鉴于气瓶使用过程中要不断的充放气，气瓶内部压力循环变化，这就要求内衬材料要有很好的抗疲劳性能。因同时受到内压及外部纤维张力的作用，内衬只承担很小一部分来自内部的压力载荷，但在纤维缠绕成型时承担了成型过程中产生的纤维挤压力，同时出于减重考虑，一般选择铝合金作为内衬材料。

碳纤维复合材料加强层由多层不同铺设角度的单向纤维复合材料组成，覆盖在内衬外侧，主要作用为保证容器在较高的内压作用下具有足够的强度、刚度和稳定性。碳纤维复合材料具有较高的比强度和比模量，又具有低密度、高强度、耐疲劳等特点，是目前储氢容器加强层应用最多的材料。保护层覆盖在加强层外表面用来抵抗外部冲击保护储氢容器，保护层材料要有比加强层材料高的耐冲击性，主要采用玻璃纤维或芳纶纤维作为增强材料通过缠绕成型工艺覆盖在加强层外表面。

高压气瓶的轻量化主要是内衬的轻量化。铝合金材料因具有低密度、高比强度、与氢气有良好的相容性和抗腐蚀性能好等优势成为目前内衬的普遍用材。为了减轻气瓶的质量，浙江大学成功研制了70MPa轻质铝内衬纤维缠绕气瓶，解决了高抗疲劳性能的缠绕线形匹配、0.5mm超薄铝内胆成型等关键技术，其质量储氢密度达5.7%，实现了铝内衬纤维缠绕储氢瓶的轻量化[59]。日本丰田等国外公司开发出尼龙等塑料内衬并实现了量产，进一步减轻了气瓶的质量。

2.2.3.3 储氢容器轻量化的发展趋势

车载储氢技术是氢燃料电池汽车走向规模化的关键。如何提高体积储氢密度、减轻储氢容器的质量和减小容器体积，是储氢技术开发的难点和重点。开发新型轻量化内衬材料及高强度加强层用纤维材料是减轻高压储氢容器整体质量和提高其安全性的有效途径。

2.3
电机系统的应用现状及轻量化

新能源汽车驱动原理的核心是用电机替代发动机实现动力驱动。本节主要讲述的是新能源汽车三大核心部件之一的电机。

电机系统的驱动特性决定了汽车行驶的主要性能，若电机系统质量偏大将引入较大的非簧载质量，恶化汽车的行驶平顺性和操纵稳定性[60,61]。电机的基本要求是体积小、质量轻、转矩大、效率高及功率大。小型轻量化是电机的发展趋势,衡量其轻量化水平的相对指标为功率密度,这就需要电机向高功率和小尺寸方向发展。目前最理想的电机轻量化技术是优良的结构设计以及电机总成的有效集成技术[62]。

2.3.1 电机系统的国内外应用现状

新能源汽车应用的电机主要包括交流感应电机、永磁同步电机、开关磁阻电机三种。其中开关磁阻电机振动和噪声较大,主要应用在大型客车上,新能源乘用车主要使用的是交流感应电机和永磁同步电机[63-65],两者特点对比见图2-12。永磁同步电机具有功率密度大、能量转换效率高(约90%～95%)、能耗较低等优势,但是需要使用昂贵的系统永磁材料;交流感应电机成本较低,劣势主要是转速区间小,效率低,需要性能更高的调速器匹配。

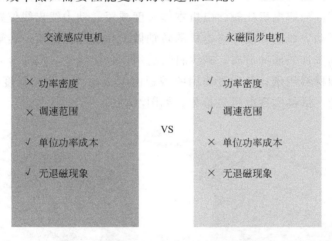

图2-12 交流感应电机与永磁同步电机特点比较

日韩车系目前多采用永磁同步电机,欧美车系则多采用交流感应电机。特斯拉Model S和Model X上均采用的是自行设计的交流感应电机,但在全新车型Model 3上已经改用了永磁同步电机。我国稀土资源丰富,因此电动乘用车多采用功率高、体积较小的永磁同步电机。2017年我国新能源汽车电机装机车辆中,永磁同步电机装机占比78.4%,主要应用在乘用车领域。

2.3.2 电机系统的轻量化

电动汽车的电机是电机系统的核心,电机的性能、效率直接影响电动汽车的性能,而电机的尺寸、质量会影响到汽车的整体效率。选用轻质小型的高效电机,结构上可以减少整车布置空间,增加电池的数量,等于提高了电池的整体容量,对电动汽车行驶里程的提升显得尤为重要。不同结构形式的电机转矩质量比区别很大。电机的轻量化主要从电机结构优化、高功率电机、新型集成化电机三个方面来考虑[66-68]。

(1) 结构优化

通过结构布置形式上的变化，如通过对永磁结构的改进，使永磁电机更适合高速运行，达到提高车用电机转矩质量比的目的。如将磁钢嵌入转子，省去了加固磁钢的部分，从而使气隙减小，当电机低速运行时，可获得更大的转矩。另外，对于方波驱动的无刷直流电机来说，多相化可以进一步提高电机出力。C. C. Chan等人开发的五相方波无刷电机中采用了多极少槽结构，提高了电机的能量密度[69]。

以某电机轻量化设计为例，主要是结合整车装配结构尺寸，对原电机的结构进行优化，包括前端盖、后端盖、机壳（接线盒）和各类盖板，在结构强度满足要求的前提下，电机质量整体减轻 3.2kg。通过结构优化实现轻量化主要表现在以下几个方面：与原电机比较，电机本体长度减短，动力线出线位置和方式进行优化，减短了动力线的长度；对电机的转轴做了相应优化减短，转轴质量也随之减轻；增加端盖加强筋的分布，减少材料的用量；接线盒与机壳合并在一起，减少零件数量和材料用量；各位置使用的盖板由钢板材调整为高强度铝合金板材，减轻零件质量，最终实现电机轻量化，如图 2-13。

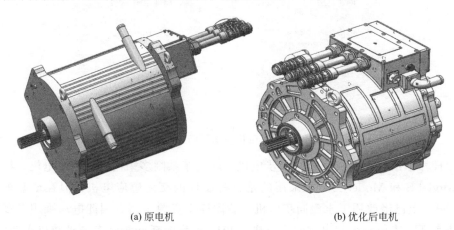

(a) 原电机　　　　　　　　　　(b) 优化后电机

图 2-13　电机轻量化前后结构图

(2) 高功率电机

一方面，汽车所需求的电机输出功率和能量回收功率不断提高，以满足不同工况不同车型的需求；另一方面，新型机电一体的传动系统尺寸受到车内空间的限制，大功率密度电机成为电动汽车电机的必然选择。高功率和小尺寸的电机是电机轻量化的发展方向。但要想进一步提高电机功率密度，需要克服一些技术困难。

① 增大功率密度将导致供电频率增大，电机铁耗将大幅增加；

② 增大功率密度，电机单位体积的损耗增大，温度升高，对永磁体耐热性和电机散热性能提出了挑战；

③ 增大功率密度将使得电机转子的最高转速增大，转子材料及结构的机械强度需要得到保证，以保证电机转子在承受较大离心力的情况下能够正常运行。

(3) 新型集成化电机

电动汽车未来5~10年的动力总成系统轻量化工作主要围绕系统化、集成化展开。通过电机与减速器集成，电机与控制器集成，或者电机、减速器和控制器三者集成的方式，优化结构和工艺，实现动力总成轻量化，如图2-14。电机材料选型上采用高磁能积、高矫顽力的永磁体材料；减速器材料选型上采用高强度的合金或者复合材料；PDU、PEU壳体采用铝合金类材料，大幅提升电机功率密度和效率。同等技术性能要求下，到2020年，动力总成系统可实现减重30%以上，到2025年轻量化指标力争达到减重40%。

电机+控制器集成方案

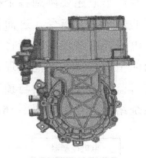

图2-14 动力总成集成化方案

图2-15中的轮毂电机也可通过电驱传动总成集成化来实现轻量化，轮毂电机将动力、传动、制动功能整合于轮毂内，底盘结构大幅简化，节省车内空间，提高汽车空间利用率，减轻30%的自身质量。未来大功率密度轮毂电机的使用将使电驱传动总成的轻量化水平大幅提高[70,71]。

2.3.3 电机系统轻量化的发展趋势

与电池系统不同，电机系统对于原材料的要求相对简单，主要包括钕铁硼等稀土永磁材料（永磁体）、钢材（铁芯叠片、驱动轴体）、铜（绕组）、铝合金（绕组、机壳）等金属材料，其原材料成本和加工成本占据电机系统成本中的绝大部分。

图2-15 轮毂电机

电机系统在三电系统中占有较大比重，因此电动汽车电驱传动总成的轻量化显得十分必要。结构优化、采用高功率电机和电机系统的集成化是电机轻量化的主要发展趋势，其中电机系统的集成化是指通过电机、逆变器、减速齿轮等部件一体化，从而实现轻量化，同时实现高效、小型化和低成本。

2.4 电控系统的应用现状及轻量化

2.4.1 电控系统的国内外应用现状

狭义上的电控指整车控制器，但是新能源汽车的电控系统包含内容较多，还有电机控制器与电池管理系统等，这些控制器通过CAN网络来通信。整车控制器主要是采集油门、制动踏板等发出的各种信号，并作出相应判断并给出指令，在新能源汽车上还要协调各个控制器的通信。电机控制器的作用主要是接收整车控制器的转矩报文指令，进而控制电机的转速与转动方向，另外，在能量回收过程中，电机控制器还要负责将电机副转矩产生的交流电进行整流回充给电池。相比前面两个控制器，电池管理系统相对比较"年轻"，其主要功能包括电池物理参数实时监测、在线诊断与预警、充放电与预充控制、均衡管理和热管理等[72]。电控系统结构示意图见图2-16。

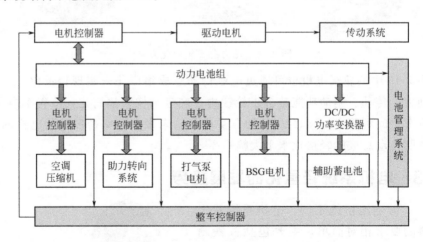

图 2-16 电控系统结构示意图

电控系统作为新能源汽车的重要一环，其技术、制造水平直接影响整车的性能和成本。目前，国内在电控系统领域的自主化程度仍远落后于电池系统，仅有少数整车企业和零部件企业具备系统、完整的知识产权。

2.4.2 电控系统的轻量化

(1) 通过集成实现轻量化

早期的直流电机一般采用脉宽调制（PWM）斩波控制的方式进行控制，控制手段相对单一，应用也有局限性。随着感应电机和永磁电机的大量使用，电控系统的复杂程度迅速上升；随着电动乘用车的普及，人们对于电机和电控系统的集成程度要求也越来越高。可以预见的是，未来电机与电控企业的业务交叉程度将逐步提高，提供电机电控一体化动力总成产品将有助于整车企业进一步减轻车重和降低成本，从而具有更大的竞争力。

目前，部分"多合一"的电控产品已经在电动汽车中投入应用，它可以同时集成传统汽车分离的空调压缩机、转向助力泵电机、气泵电机控制器，以及混合动力车型中采用的 BSG/ISG 电机等。随着微芯片在整车及总成控制中的应用逐步广泛，"多合一"电控产品的成本有望进一步下降，单一控制器将逐步被集成化"车辆中央控制器"所取代。

(2) 电控系统散热器轻量化

电机控制器在设计时，必须充分考虑结构、散热等方面的问题。控制器中的散热器通常要占整个控制器体积的 1/3～1/2，由此可见实现散热器的轻量化设计对减轻电机控制器的整体质量具有重要意义[73]。丰田的第三代电控系统在控制器的散热方面采用了很多汽车散热器技术，开发出了一套高性能的散热系统，从而提高了集成性和减重效果。北京理工大学刘婷等人通过选取散热效率较高、密度较小的铝合金材料，借助大型流体分析软件对散热系统中复杂的流场与温度场进行了三维可视化研究，改进后的散热器质量比之前减重 0.3kg[74]。

(3) 通过 SiC 功率元件实现逆变器的小型化

不论是将电机、减速箱、逆变器 3 个部件同时安装到车轮内，还是将逆变器安装在车体侧面的场合，逆变器的尺寸都会过大，因此对逆变器小型化的需求很强烈。SiC（碳化硅）功率器件因损耗小，发热量少等特点引起了广泛的关注。与现有车载逆变器中使用的 Si 功率器件相比，SiC 功率器件的功率损耗可以显著降低到一半以下。SiC 功率器件由于损耗小，适合小型化。

能够发挥 SiC 功率器件优势的逆变器和电机系统的相关研究和开发正在蓬勃发展。例如，芝浦工业大学电气工程学科的赤津观教授的团队专门研究电机技术与机电一体化技术，他们试做了用于逆变器的小型 SiC 功率模块。上述模块中，半桥电路由 SiC MOSFET 与 SiC 肖特基势垒二极管（schottky barrier diode，SBD）组成。

2.4.3 电控系统轻量化的发展趋势

由于电控系统的核心在于软件，因此其轻量化效果在自身的体现较少，主要的发展集中于三电系统软件技术的提升。但目前也有欧洲的科研院所研究通过改进材料使 ECU（electronic control unit，电子控制单元）元件材料具有导电性能，节省电线用量，从而进一步减轻 ECU 重量。

2.5 其他部件应用现状及轻量化

三电系统的其他部件中线束质量占比较大，对轻量化有重要影响。新能源汽车中低压线束与燃油汽车线束区别不大，主要区别在于高压线束。由于电池的应用以及驱动方式的变化，高压线束的应用数量大幅增加，相比于传统车发电机的高压线束，电动汽车使用的高压线束从线束材料、生产工艺和设备等方面都发生了较大变化。高压线束是高压电气系统的关键部件，为电动汽车的可靠运行和安全提供了保障。高压线束数量的增加使得对其进行轻量化设计具有重要意义。

2.5.1 高压线束的应用现状

电动车高压线束是电动车中最重要的线束之一，包括动力快充高压线束、电池-高压分线盒高压线束、高压分线盒-电机控制器高压线束、高压电流变换线束、高压地板线束等，如图 2-17 所示。

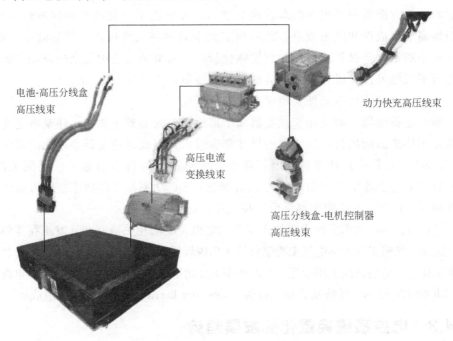

图 2-17 电动车高压线束示意图

由于连接电池、逆变器和电机，高压线束需要传输大电流，大电流传输的结果导致高功耗和组件的温升，因此电动车高压线束需要承受较高的温度。根据整车内的位置，整车温度可分为不同等级，对高压线束耐高温等级的要求也是不一样的。车辆的线束中电缆长期允许工作温度不超过125℃。如果电缆的工作环境温度超过了电缆允许的工作温度，可采取增大电缆截面积的方法，使环境温度满足电缆的工作温度[75]。

电动车高压线束绝缘层在满足高压大电流、抗电磁干扰的同时，还要满足耐磨、阻燃等性能，目前电动车高压线束绝缘层主要采用VMQ材料、导电线芯主要采用金属铜。电动车高压线束护套可选用的材料较多，如TPV、PVC、TPC、TPU、XLPE、VMQ等。从轻量化、价格等多方面考虑，选择TPV材料比较适合。在护套外面，一般还有一个波纹管或热塑管进行保护，波纹管或热塑管一般采用PP或PA（PA6或PA66）材料。

2.5.2 高压线束的轻量化

新能源汽车的高压线束作为不可或缺的部件同样面临着轻量化的需求。目前高压线束使用的材料以铜为主，所以在轻量化方面除缩小截面积外，主要是采用更轻的材料替代铜材料来实现轻量化。

采用密度更低的铝为线束导电芯线（导线），是高压线束轻量化的主要趋势。铝导线特性与铜比较接近，质量比铜轻很多，所以铝导线已经普遍应用于2.5～50mm的铜合金导线的替代上[76]。相同电导率的情况下，铝制导线横截面积增加60%，但是相比铜制导线总重可减轻40%。另外，铝的价格较铜便宜，一旦铝导线能在新能源汽车高压线束中得到广泛应用，不仅能实现轻量化，还能有效提升性价比[77]。

但是在铝导线高压线束的轻量化方案中，铝导线易在空气中氧化、热胀系数大、温升高、使用寿命短，影响安全性能。此外，铜铝直接连接，会发生电化学反应。针对上述问题，目前常用解决方案是通过温压（将金属粉末加温、压制、烧结而制得粉末冶金零件的技术）多金属共晶结合工艺在铝导线上覆铜，可解决腐蚀以及温升的问题，实现导线的轻量化，如图2-18。经过试验验证，覆铜工艺的导线抗腐蚀性良好，在腐蚀试验前后温升都较为稳定；基材与覆铜之间在腐蚀试验后，没有明显增厚，不会发生电化学反应。根据国家标准GB/T 9286—1998进行百格测试来评定铜层的附着力。标准指出，对于一般

图2-18 温压多金属共晶结合工艺（覆铜）

性用途，前三级即 0/1/2 级是令人满意的。而实验结果表明，样品处于 1 级水准，可靠性出色。相同尺寸的条件下，通入 150A 以及 200A 电流，铝制 Busbar（母排）直接连接，稳态温升分别约为铜制 Busbar 的 350% 及 310%；连接处覆铜后，稳态温升约为铝制 Busbar 的 43% 及 47%；试验表明，覆铜工艺能有效降低铝制 Busbar 通电后的温升。同样地也验证了覆铜与镀镍产品的差异，应用温压多金属共晶结合工艺的导线温升比应用镀镍工艺导线的温升低且变化稳定，抗腐蚀能力也优于应用镀镍工艺的导线。因此应用温压多金属共晶结合工艺的导线安全性能更高、耐久性能更好、载流能力更强，在满足性能需求的前提下能够大大减轻线束质量。

2.5.3　高压线束轻量化发展趋势

由于整车线束质量占整车质量的 5% 左右，线束的轻量化是未来整车轻量化的重要方向。当前汽车线束使用的材料以铜为主，为节省纯电动汽车高压线束用铜量，未来趋势是采用比铜芯线轻 40% 的铝芯线或采用铜包铝芯线，这样能够降低成本也能够减轻质量，提高性价比[78]。

参 考 文 献

[1] 张丽丽. 永磁交流牵引电动机弱磁特性研究及其设计 [D]. 沈阳：沈阳工业大学，2007.
[2] 高鹏. 电动汽车用永磁轮毂电机的设计研究 [D]. 天津：天津大学，2015.
[3] 中国汽车工程学会. 节能与新能源汽车技术路线图 [M]. 北京：机械工业出版社，2017.
[4] LUKIC S M, CAO J, BANSAL R C, et al. Energy storage systems for automotive applications [J]. IEEE Transactions on Industrial Electronics, 2008 (55)：2258-2267.
[5] 柴树松. 铅酸蓄电池制造技术 [M]. 北京：机械工业出版社，2017.
[6] 赵瑞瑞，任安福，陈红雨. 中国铅酸电池产业存在的问题与展望 [J]. 电池，2009 (6)：333-334.
[7] Tarascon J M, Armand M. Issues and challenges facing rechargeable lithium batteries [J]. Nature, 2001 (414)：359-367.
[8] Yang J C, Park Y S, Seo S H, et al. Development of a 50 kW PAFC power generation system [J]. Journal of Power Sources, 2002, 106 (1/2)：68-75.
[9] Ahn J, Park S H, Lee S, et al. Molten carbonate fuel cell (MCFC)-based hybrid propulsion systems for a liquefied hydrogen tanker [J]. International Journal of Hydrogen Energy, 2018.
[10] Peighambardoust S J, Rowshanzamir S, Amjadi M. Review of the proton exchange membranes for fuel cell applications [J]. International Journal of Hydrogen Energy, 2010, 35 (17)：9349-9384.
[11] Ellen Ivers-Tiffée, André Weber, Herbstritt D. Materials and technologies for SOFC-components [J]. Journal of the European Ceramic Society, 2001, 21 (10/11)：1805-1811.
[12] 衣宝廉. 燃料电池的原理、技术状态与展望 [J]. 电池工业，2003 (1)：16-22.
[13] 王吉华，居钰生，易正根，等. 燃料电池技术发展及应用现状综述：上 [J]. 现代车用动力，2018，2：7-13.
[14] 杨俊，胡晨，汪浩，等. 铅酸电池失效模式和机理分析研究进展 [J]. 电源技术，2018 (3)：

459-462.

[15] 刘波, 张鹏, 赵金宝. 锂离子动力电池及其关键材料的发展趋势 [J]. 中国科学: 化学, 2018 (1): 18-30.

[16] Zhao E, Chen M, Hu Z, et al. Improved cycle stability of high-capacity Ni-rich $LiNi_{0.8}Mn_{0.1}Co_{0.1}O_2$ at high cut-off voltage by Li_2SiO_3 coating [J]. Journal of Power Sources, 2017 (343): 345-353.

[17] Bi Y, Yang W, Du R, et al. Correlation of oxygen non-stoichiometry to the instabilities and electrochemical performance of $LiNi_{0.8}Co_{0.1}Mn_{0.1}O_2$ utilized in lithium ion battery [J]. Journal of Power Sources, 2015 (283): 211-218.

[18] Liang M, Song D, Zhang H, et al. Improved performances of $LiNi_{0.8}Co_{0.15}Al_{0.05}O_2$ material employing $NaAlO_2$ as a new aluminum source [J]. ACS Applied Materials & Interfaces, 2017 (9): 38567-38574.

[19] 黄学杰. 电动汽车动力电池技术研究进展 [J]. 科技导报, 2016 (6): 28-31.

[20] 莫子璇. 2017年国内三元材料行业概况 [J]. 2018 (16): 64-65.

[21] 马璨, 吕迎春, 李泓. 锂离子电池基础科学问题（VII）: 正极材料 [J]. 储能科学与技术, 2014, 3 (1): 53-65.

[22] 吴宝珍, 吴复忠, 金会心, 等. 硅基锂离子电池负极材料研究进展 [J]. 稀有金属材料与工程, 2018 (8): 2600-2604.

[23] 郑典模, 陈昕, 郭红祥, 等. 锂离子电池硅碳负极材料的制备及电化学性能研究 [J]. 现代化工, 2018 (4): 118-122.

[24] Kang J, Atashin S, Jayaram S, et al. Frequency and temperature dependent electrochemical characteristics of carbon-based electrodes made of commercialized activated carbon, graphene and single-walled carbon nanotube [J]. Carbon, 2017 (111): 338-349.

[25] Ozanam F, Rosso M. Silicon as anode material for Li-ion batteries [J]. Material Science and Engineering B, 2016 (213): 2-11.

[26] Yi R, Dai F, Gordin M L, et al. Micro-sized Si-C Composite with Interconnected Nanoscale Building Blocks as High-Performance Anodes for Practical Application in Lithium-Ion Batteries [J]. Advanced Energy Material, 2013 (3): 295-300.

[27] Yang Z, Guo J, Xu S, et al. Interdispersed silicon-carbon nanocomposites and their application as anode materials for lithium-ion batteries [J]. Electrochemical Communication, 2013 (28): 40-43.

[28] 何鹏, 黄友元, 李胜, 等. 一种锂离子电池硅碳负极材料及其制备方法 [P]. 2013-10-23.

[29] Wang J, Du N, Zhang H, et al. Cu-Si1-x Gex core-shell nanowire arrays as three-dimensional electrodes for high-rate capability lithium-ion batteries [J]. Journal of Power Sources, 2012 (208): 434-439.

[30] Zhu M, Yang J, Yu Z. Novel hybrid Si nanocrystals embedded in a conductive SiO_x@C matrix from one single precursor as a high performance anode material for lithium-ion batteries [J]. Journal of Material Chemistry A, 2017 (5): 7026-7034.

[31] 张照旭. 锂离子电池硅基负极材料研究现状与发展趋势的分析 [J]. 科技与创新, 2018 (4): 65-66.

[32] Li Cheng, Lan Qing, Yang Yifu, et al. Flexible Artificial Solid Electrolyte Interphase Formed by 1,3-Dioxolane Oxidation and Polymerization for Metallic Lithium Anodes [J]. ACS Applied Material Interfaces, 2019 (2): 2479-2489.

[33] Shi Peng, Li Tao, Zhang Rui, et al. Lithiophilic LiC$_6$ Layers on Carbon Hosts Enabling Stable Li Metal Anode in Working Batteries [J]. Advanced materials, 2019 (2).

[34] Lang Jialiang, Long Yuanzheng, Qu Jiale. One-pot solution coating of high quality LiF layer to stabilize Li metal anode [J]. Energy Storage Materials, 2019 (2): 85-90.

[35] Wang Longlong, Chen Bingbing, Ma Jun, et al. Reviving lithium cobalt oxide-based lithium secondary batteries-toward a higher energy density [J]. Chemical Society Reviews, 2018 (47): 6505-6602.

[36] Ravi N J, Francesca C, Arefeh K. Room temperature ionic liquid (RTIL)-based electrolyte cocktails for safe, high working potential Li-based polymer batteries [J]. Journal of Power Sources, 2019 (412): 398-407.

[37] Duan Hui, Fan Min, Chen Wanping. Extended Electrochemical Window of Solid Electrolytes via Heterogeneous Multilayered Structure for High-Voltage Lithium Metal Batteries [J]. Advanced materials, 2019 (2).

[38] 刘焱, 胡清平, 陶芝勇, 等. 锂离子动力电池技术现状及发展趋势. 中国高新科技, 2018 (7): 58-64.

[39] 任璐. 动力电池性能提升途径及发展展望 [J]. 科技创新与应用, 2019, 4: 50-51.

[40] 冯叶飞, 高峰. 软包锂电池铝塑复合膜制作工艺途径 [J]. 塑料包装, 2014 (6): 7-9.

[41] 史本鹏. 浅析纯电动汽车的动力电池包轻量化 [J]. 制造研究, 2018 (11): 101-102.

[42] 徐善红. 汽车动力电池热管理系统分析与设计 [J]. 科技视界, 2013.

[43] Park J W, Jeong J H, Yoon W L, et al. Selective oxidation of carbon monoxide in hydrogen-rich stream over Cu-Ce/γ-Al$_2$O$_3$, catalysts promoted with cobalt in a fuel processor for proton exchange membrane fuel cells [J]. Journal of Power Sources, 2004, 132 (1): 18-28.

[44] 何广利, 宏新, 信伟. PEMFC 金属双极板 [J]. 化工装备技术, 2003, 4 (3): 3.

[45] Mccalla E, Abakumov A M, Saubanère M, et al. Visualization of O-O Peroxo-Like Dimers in High-Capacity Layered Oxides for Li-Ion Batteries [J]. Science, 2015 (350): 1516-1521.

[46] Yu H, Zhou H. High-Energy Cathode Materials (Li$_2$MnO$_3$-LiMO$_2$) for Lithium-Ion Batteries [J]. The Journal of Physical Chemistry Letters, 2013 (8): 1268-1280.

[47] 万钢. 如何解决燃料电池汽车发展的七大问题 [J]. 汽车纵横, 2018 (08): 20-22.

[48] 姜高松. 某纯电动汽车电池箱结构设计分析及优化 [D]. 长沙: 湖南大学, 2016.

[49] 李仲奎. 电动汽车动力电池箱体的设计研究 [J]. 上海汽车, 2016 (3): 3-6.

[50] Baumeister J, Weise J, Hirtz E, et al. Applications of aluminum hybrid foam sandwiches in battery housings for electric vehicles [J]. Procedia Materials Science, 2014, 4: 317-321.

[51] 侯少静. 铝内衬碳纤维增强复合材料储氢气瓶多尺度失效性能分析 [D]. 杭州: 浙江大学, 2012.

[52] Eberle U, Felderhoff M, Schueth F. Chemical and physical solutions for hydrogen storage [J]. Angewandte Chemie International Edition, 2009, 48 (36): 6608-6630.

[53] 张雪枫, 朱斌. 轻质复合材料高压容器的研究和结构设计 [J]. 化工装备技术, 2007, 28 (1): 9-13.

[54] 张志芸, 张国强. 车载储氢技术研究现状及发展方向 [J], 油气储运, 2018, 37 (11): 1207-1212.

[55] 张志芸, 张国强, 刘艳秋, 等. 车载储氢技术研究现状及发展方向 [J]. 油气储运, 2018, 37 (11): 1207-1212.

[56] 高金良, 袁泽明. 氢储存技术及其储能应用研究进展 [J]. 金属功能材料, 2016, 23 (1): 1-11.

[57] 郑津洋, 别海燕. 车用纤维全缠绕高压储氢气瓶标准研究 [J]. 压力容器, 2007, 24 (11): 48-56.

[58] 张媛媛, 赵静, 鲁锡兰, 等. 有机液体储氢材料的研究进展 [J]. 化工进展, 2016, 35 (9): 2869-2874.

[59] 陈虹港. 70MPa 复合材料氢气瓶液压疲劳试验装置及压力和温度控制方法研究 [D]. 杭州: 浙江大学, 2014: 5-14.

[60] Hrovat D. Influence of Unsprung Weight on Vehicle Ride Quality [J]. Journal of Sound and Vibration, 1998, 124 (3): 497-516.

[61] Purdy J D. A Brief Investigation into the Effect on Suspension Motions of High Unsprung Mass [J]. Journal of Battlefield Technology, 2004, 7 (1): 15-20.

[62] 陈辛波, 杭鹏, 王叶枫, 等. 电动汽车轻量化技术研究现状与发展趋势 [J]. 汽车工程师, 2015 (11): 23-28.

[63] 孙悦超. 电动汽车驱动方式及未来发展 [J]. 电机与控制应用, 2016, 43 (11): 98-102.

[64] 贡俊, 张舟云. 车用驱动电机产业发展动态 [R]. 北京: 中国汽车技术研究中心, 2017.

[65] 节能与新能源汽车技术路线战略咨询委员会, 中国汽车工程学会. 节能与新能源汽车技术路线图 [M]. 北京: 机械工业出版社, 2016.

[66] 苏楚奇. 电动汽车轻量化技术研究 [J]. 北京汽车, 2004 (1): 18-22.

[67] 王艳杰, 安维轻. 电动汽车轻量化技术 [J]. 城市建设理论研究 (电子版), 2016, 6 (8): 3572.

[68] 白俊涛. 电动汽车轻量化技术 [J]. 南方农机, 2015 (12).

[69] Chan C C, Jiang J Z. A Novel Polyphase Multipole Square-Wave Permanent Magnet Motor Drive for Electric Vehicles. Appl, 1994, 30 (5): 1258-1265.

[70] 马海峰. 轮毂式电动汽车的研究与开发 [D]. 武汉: 武汉理工大学, 2009.

[71] 马士然, 龚国庆, 陈勇, 等. 电动汽车轮毂电机驱动转向稳定性控制 [J]. 计算机仿真, 2018, 35 (10): 209-213.

[72] 俞开元. 基于嵌入式操作系统的新能源汽车整车控制器软件集成 [J]. 上海汽车, 2011.

[73] 史瑞祥. 电动汽车用电机及其控制器测试系统研究 [J]. 汽车电器, 2014.

[74] 刘婷. 电动汽车电机控制器散热器轻量化研究 [D]. 北京: 北京理工大学, 2009.

[75] 王钲强. 纯电动汽车的设计与开发 [J]. 汽车技术, 2013.

[76] 刘英莉, 张旭, 程斌. 汽车线束轻量化的发展趋势研究 [J]. 汽车实用技术, 2016 (01): 1-3.

[77] 施一敏. 轻量化在汽车线束技术中的应用 [J]. 交通技术, 2013, 2 (3): 190-194.

[78] 郑孟. 电动汽车的发展趋势分析 [J]. 科技资讯, 2013.

第3章
车身零部件材料轻量化

【导读】 车身是新能源汽车主要的部分之一,其质量占到整车质量的1/4~1/3。近年来,轻量化材料的开发快速推进了车身的轻量化,全铝车身、碳纤维复合材料车身、全塑覆盖件等已经量产,高强钢、铝合金、镁合金、钛合金、塑料和复合材料在车身零部件上的应用逐渐增加。虽然新材料的应用面临着巨大的挑战,但同时也拥有着从未有过的机遇。令人欣慰的是汽车制造商为了能把新材料用到车上,对新技术的开发更加重视。在新材料应用上,各国之间汽车行业水平差距不是很大,这是中国从未有过的机遇。

汽车车身一般分为白车身和车身附件。白车身(body in white)是指由车身本体、开启件及其他可拆卸结构件组成的总成[1]。车身本体主要由车身骨架及其外覆盖件组成,开启件主要是四门、前舱盖和行李舱盖(两厢车和SUV亦称为后尾门)。典型的白车身结构见图3-1。

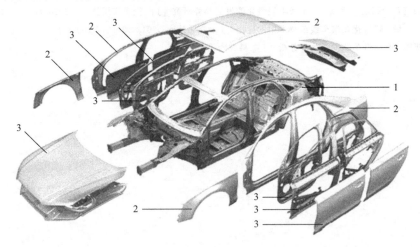

图3-1 白车身结构示意图
1—车身骨架;2—外覆盖件;3—四门两盖

车身附件（body accessories）指安装于车身本体，提供辅助功能装置的零部件总和。不同车型的车身附件范围各有不同，一般包括门锁、铰链、玻璃升降器、车身用各种胶黏剂和水性涂料等。

本章的第一节介绍车身主要零部件材料轻量化的发展趋势。第二节对各种常用的轻量化技术进行详细分析，着重介绍了车身骨架、四门、两盖、翼子板、前端框架、防撞横梁、充电/加油口盖板、车身用结构胶等零部件的轻量化材料应用。

3.1
车身轻量化材料的发展趋势

整车轻量化是提高新能源汽车续航里程的有效途径。车身质量占整车质量的1/4~1/3，其轻量化对整车的轻量化有极其重要的影响，也是新能源汽车开发的关键技术。车身轻量化并非是简单地将车身质量减轻，而是在保证车身的强度和安全性能的前提下，尽可能地减轻汽车车身质量，同时还要将汽车车身的制造成本控制在合理范围内。

目前车身的轻量化材料包括高强钢、铝合金、镁合金、碳纤维复合材料和塑料等，轻量化材料的用量逐渐增加，德国、美国、日本轻量化材料应用的趋势见表3-1。各种轻量化材料的应用之间呈现出一定的竞争关系，同时也呈现出相互促进、混合使用的发展趋势。

表3-1 德国、美国和日本轻量化材料应用的趋势

材料种类	材料占比					
	德国		美国		日本	
	2015年	2020年(预测)	2015年	2020年(预测)	2015年	2020年(预测)
高强钢	35%	45%	35%	40%	30%	35%
铝合金	15%	21%	11%	15%	7%	15%
碳纤维复合材料	8%	12%	3%	4%	2%	4%

我国车用轻量化材料的应用跟随欧美、日本的应用趋势，高强钢、铝镁合金的应用持续高增长，碳纤维复合材料初步实现规模应用。根据《中国汽车轻量化发展：战略与路径》[2]的预测，到2020年车用高强钢的使用比例达到36%，铝合金达15%，跟美国、日本相当，碳纤维复合材料使用量较低，只有1%左右，发展水平与欧美、日本差距较大。图3-2为我国车身轻量化材料应用趋势图。

高强钢具有成本和工艺延续性等方面的优势，是目前市场上最受欢迎的轻量化材料。图3-2是中国汽车工程学会发布的《节能与新能源汽车技术路线图》中对我国汽车用轻量化材料的应用现状及未来趋势的分析，从图中可以看出，目前

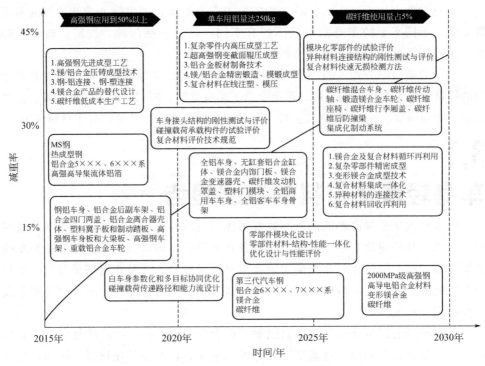

图 3-2 我国车身轻量化材料应用趋势

汽车轻量化材料的应用仍以高强钢为主。高强钢在碰撞性能、制造成本方面较铝、镁合金具有明显的优势，能够在实现轻量化的同时不大幅度提高造车成本。高强钢和钢连接、各种处理工艺可以直接沿用之前的工艺，对现有生产线的改动不多，相对其他轻量化材料来说没有太多的投入。在工艺方面，不等厚钢板通过激光焊接可以实现减重。为了应对汽车轻量化的趋势，国际钢铁企业联合投入了大量资金，开展了超轻质钢铁车身（ULSAB）、超轻质钢铁覆盖件（ULSAC）和超轻质钢铁车身-先进汽车概念（ULSAB-AVC）等多个项目，研发应用新型高强钢和超高强钢材料的汽车。

目前车身轻量化材料有以下发展趋势。

(1) 高强钢的应用比例逐年提高

高强钢的分类和定义国内外尚无统一的标准。国内一般按照强度划分，通常将屈服强度小于 210MPa、抗拉强度小于 270MPa 的钢称为低强钢；屈服强度在 210～510MPa、抗拉强度在 270～700MPa 的钢称为高强钢；屈服强度高于 510MPa、抗拉强度高于 700MPa 的钢称为超高强钢。也有以抗拉强度 340MPa、780MPa 为传统软钢、高强钢和先进高强钢的分界点（见图 3-3）。欧洲车身会议对汽车用钢板的分类是按照冶金学的组织类型来分类的，将钢种分为传统低碳钢、高强钢、先进高强钢、超高强钢和热成型钢等，见表 3-2[3]。

表 3-2 欧洲车身会议钢板分类

钢板分类	缩写代号	包括的种类
传统低碳钢	MS 或 LSS	低碳钢、IF 钢
高强钢	HSS	高强 IF-HS 钢、IS 钢、BH 钢、HSLA 钢
先进高强钢	AHSS	DP 钢、FB 钢、QP 钢、TRIP 钢、TWIP 钢
超高强钢	UHSS	CP 钢、MS 钢
热成型钢	PHS	热成型钢

高强钢替代传统低碳钢，钢板的厚度可减薄 20%～30%，还可以提升车辆的安全性。作为轻量化材料，它最大的优势是与传统低碳钢材料使用相同的焊接方法，通用性强。

纯电动车特斯拉 Model 3 采用钢铝混合的车身结构，其车身纵梁、A 柱、B 柱、车顶纵梁以及底板梁等位置均使用超高强钢。

近几年国内自主车型的车身用高强钢发展迅速，部分车型高强钢用量已达较高水平，国产新能源混动车型的高强钢用量最高达 70%，有效地减轻了质量，提高了安全性。

（2）车身用高强钢等级逐渐提升

高强钢强度的提高可以减薄钢板厚度，在满足车身性能的前提下，进一步实现减重。超高强钢强度可以达到 1500MPa、1700MPa，远远超过普通高强钢。随着强度的不断提高，零部件在壁厚选择、结构设计时有更大的优化空间，从而达到轻量化的效果。

按照工程材料学理论，钢材强度高使成型性能下降，科学工作者对材料技术和产品成型技术进行综合研究，开发了第二代高强钢和第三代高强钢，强塑积成为衡量汽车钢性能的重要指标。按照强塑积的大小，分为第一代高强钢、第二代高强钢和第三代高强钢，三代高强钢的强度和塑性分布见图 3-3。

第二代高强钢是以奥氏体为基体的高合金钢，其有极高的强塑积（50～70GPa），远高于第一代高强钢（<15GPa），但合金含量高及生产工艺控制困难导致了钢板成本较高。第三代高强钢的强塑积（15～50GPa）介于第一代和第二代之间。第三代高强钢中只需添加适量的合金元素，无须添加贵重的金属元素，主要是通过组织强化、细晶强化、晶界强化等手段提高其综合性能，因此成本远低于第二代高强钢。第三代高强钢的主要种类有 QP 钢、中锰钢等。一汽在 2013 年首次使用 QP 钢之后，QP 钢在国内就成为车身用高强钢的热点，如最新的荣威 i6，在地板及门槛等零件上大量采用 QP 钢，总质量达 31.5kg，占车身总质量的 12% 左右。由于在性能与成本之间有较好的平衡，第三代高强钢成为近几年车身钢板的发展趋势。

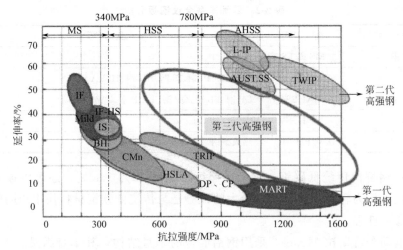

IF—无间隙原子钢；Mild—传统软钢；BH—烘烤硬化钢；IF-HS—高强度无间隙原子钢；
IS—各向同性钢；CMn—CMn 合金钢；HSLA—低合金高强钢；DP、CP—双相钢、复相钢；
MART—马氏体钢；L-IP—诱导塑性轻钢；TWIP—孪晶诱导塑性钢；
TRIP—相变诱导塑性钢；AUST.SS—奥氏体不锈钢

图 3-3　三代高强钢的强度和塑性分布

(3) 铝合金零部件替代传统钢制零部件的数量逐年增加

铝合金车身零部件开发是近几年轻量化最火热的技术之一，一些车企相继开展全铝车身、钢铝混合车身的研究以实现轻量化。不论是一些传统的豪华车型（奥迪，奔驰，路虎），还是近几年新上市的电动车型（如特斯拉 Model S、蔚来 ES8、奇瑞 eQ1 等），均采用全铝车身或钢铝混合车身，其中蔚来 ES8 车身铝材的使用率高达 96.4%。

欧洲铝业协会（Aluminum Association）旗下的铝运输集团（ATG）以及达科市场咨询公司（Ducker Worldwide）通过数据证实了铝仍然是汽车轻量化材料中使用量增长最快的材料，并进入了前所未有的增长阶段。根据 Ducker Worldwide 的研究预测，未来十年，汽车中的铝含量将增加 30%。这一增长主要来自轧制和挤压产品，其中汽车车身板材铝含量增长幅度最大，预计同比增长 110%。

用于汽车车身的主要有 5 系和 6 系铝合金板材。一般来说，外覆盖件的内板采用具有较好塑性的非热处理强化的 5 系铝合金板材。该类合金中的 Mg 原子固溶于铝中形成固溶强化效应，其成型性能和抗腐蚀性能较好，一般在退火状态下使用，强度较低有良好的塑性变形能力，但因吕德斯线和橘皮效应（在成型过程中容易出现拉伸应变痕），主要用于形状复杂、强度要求不高、不注重外观质量的外覆盖件内板及结构件，典型牌号有 5052、5182、5754。外覆盖件的外板一般采用 6 系铝合金板材，6 系铝合金属于可热处理强化铝合金。为了使其具有优良的冲压成型性能，要求板材制造商提供的 6 系铝合金板材是 T4（固溶处理＋时效强化）状态，在固溶淬火以后具有较低的屈服强度。板材在经过冲压成型后，喷漆烘烤可实现人工时效强化，获得更高的强度（时效作用可将其屈服强度提高近 100%）。并且 6 系铝合金板材在冲压成型时无滑移线产生，所以适用于外板等强度、刚度要求高的部位。目前使用较多的 6 系铝合金板材主要有 6111、6022（北美车企使用），6014、6016、6451（欧洲车企使用），6016、6022、6111（日本车企使用）。国内在铝合金板材的应用上开发较晚，外板应用较多的是 6016，内板多选用 5182。

国内车用铝合金板材自 20 世纪 80 年代就开始应用，但受制于价格和技术因素，发展较为缓慢。近年来随着新能源汽车的发展，通过上下游产业的密切合作，在汽车轻量化铝合金板材上取得了长足发展。未来我国车用铝合金零部件的开发，将从技术、成本、设计、工艺等各种因素综合考虑，按替代单个钢制零部件、钢铝混合车身，再到全铝车身的路线进行。

（4）碳纤维复合材料零部件逐步得到量产应用

碳纤维复合材料具有轻质高强的优良性能，是汽车轻量化的理想材料之一。但是目前国内车用碳纤维复合材料刚刚起步，还处于技术探索和积累阶段，原材料成本高及加工效率低，依然阻碍着碳纤维复合材料的推广应用。宝马 i3 以全碳纤维复合材料乘员舱开创了碳纤维复合材料在中级车上应用的先河。虽然目前材料的价格较高，但仍然具有较大的优势，将逐步得到量产应用。随着碳纤维复合材料制备工艺的进步和规模效应不断凸显，有望打破技术及成本壁垒，迎来行业拐点。碳纤维复合材料的特点为：

① 轻质高强：碳纤维复合材料密度为 $1.45\sim1.60g/cm^3$，只有普通钢的 1/5 左右，比铝合金还要轻 1/3 左右，其抗拉强度是传统钢材的 3～4 倍，刚度为传统钢材的 2～3 倍，使用碳纤维复合材料制成的车身零件在满足整车性能要求的前提下可实现质量比钣金零件轻 50%～70%，比铝合金零件轻 30% 以上的轻量化效果。

② 可设计性：碳纤维复合材料具有各向异性的特点，可以根据不同的用途要求及零件的受力分布情况，选择合适的基体树脂和合理的排列叠层形式，并通过分析、优化结构及叠层顺序达到预期的强度和承载能力，实现节约材料和减轻质量的目的。

③ 便于集成化设计：为了提高生产效率及降低成本，汽车零件向着模块化、整体化的趋势发展。碳纤维复合材料可通过合理的结构及模具设计，把不同厚度的零件、凸起、筋等一体成型，将多个钣金件集成优化为一个复合材料零件，从而减少车身零件数量，缩短装配线及提高生产效率，同时降低设备投入及运行成本。如宝马 i3 乘员舱的全碳纤维复合材料高度集成化设计使车身零件的总数缩

减到传统钢制车使用零件总量的三分之一。

④ 耐腐蚀性好：碳纤维复合材料制造的零部件具有良好的耐酸性、耐碱性、耐海水性和耐有机溶剂等耐腐蚀性能，其零件自身不存在传统金属材料的生锈和腐蚀问题。因此，碳纤维复合材料汽车零件的使用寿命较长，使用的维修费用较少。

⑤ 在一定条件下具有综合成本优势：与钣金冲压件所需要的 4～5 套模具相比，碳纤维复合材料成型仅需预成型及成型两套模具，且钣金件模具较复合材料模具质量要求高，因而相同零件仅模具的投入，钣金件较复合材料就高出 2 倍以上。据统计，在车型生命周期内产量低于 1 万台套的碳纤维复合材料相对钣金件有较好的成本竞争力，说明了小批量生产时碳纤维复合材料更具有经济优势。

(5) 新能源汽车塑料零部件逐渐增加

塑料材料由于密度低，比强度高，在轻量化方面具有较大的优势。德国车用塑料已经占到整个汽车材料的 22.5%；日本占比 10% 左右；中国大约是单车 90～110kg，占 8%。为有效地减轻整车的质量，国内外都有进行全塑车身的研究。专门针对电动车全塑车身，北京化工大学等进行了研究[4-6]。2018 年日本推出首款 90% 零部件用各种塑料制成的汽车，整车质量减轻 40% 左右。车用塑料的优势为：

① 减轻车体的质量：从 20 世纪 70 年代至今，塑料材料在汽车上占比从 5% 逐渐上升到 15%～20%。塑料在汽车中的应用逐年递增，塑料在轻量化方面的贡献，也逐步显露。同一制件，应用高性能塑料在质量上普遍比运用钢材减轻 30%～50%。如塑料前端模块相比于传统的金属组件减重 50% 左右，具备相当明显的轻量化优势。高功能塑料在汽车中正得到越来越多的应用，而使用传统的材料如钢和玻璃很难达到的轻量化效果，可以用塑料替代，如前灯透镜用聚碳酸酯材料替代玻璃。

② 集成度高，降低成本：开发塑料代替传统的钢制材料还可降低成本。塑料可提高汽车制造商设计的灵活性，在汽车中的成功应用更使汽车成本得以降低，一个简单的注模塑料部件可实现许多金属部件焊接在一起的功能，塑料可模铸成比钢组合件更为复杂的形状，可减少集成过程中所用的部件数。例如仪表台用钢板加工，往往需要先加工成型各个零件，再分别用连接件装配或焊接而成，工序较多，而使用塑料可以一次成型，加工时间短。

③ 提高舒适性，增强缓冲作用：塑料具备较好的弹性，前后保险杠、车身装饰条都采用塑料材料，能减小车外物体对车身的冲击力，同时能起到对行人的保护作用。另外，塑料还具有衰减振动和吸收噪声的作用，可以提高乘坐的舒适性。

④ 塑料耐腐蚀性强，局部受损不会腐蚀：钢材制件一旦漆面受损或者先期

防腐做得不好就容易生锈腐蚀。塑料对酸、碱、盐等的抗腐蚀能力优于钢板，如果用塑料做车身覆盖件，十分适宜在污染较大的区域使用。

⑤ 低碳环保：环境保护正在推动汽车生产商采用基于塑料的汽车原料。应用开发信息表明，用聚碳酸酯（PC）替代玻璃的环境效益包括质量、安全和设计。1kg 的 PC 原料可替代 2.2kg 的玻璃，对于 15 万公里使用寿命的汽车（以美国轿车平均消费计），可节约 200~300MJ 的能量和减少 14~22kg 二氧化碳排放。

⑥ 注模塑料部件具有美学效果：坐垫和靠背采用柔软的聚氨酯泡沫塑料，可以通过添加剂做不同颜色，省去喷漆的麻烦。有些塑料件还可以电镀，如 ABS 塑料具有很好的电镀性能，可用于制作装饰条、标牌、开关旋钮、车轮装饰罩等。

⑦ 提升行驶安全性：整车轻量化，可以让车辆的牵引负荷调整到更加良好的负荷，能有效缩短瞬间加速的时间和制动的距离，有利于驾驶的稳定性和安全性。有试验表明，汽车减重 10%，制动距离缩短 5%，加速时间减少 8%，转向力减小 6%，轮胎寿命提高 7%，材料疲劳寿命提高 10%。

目前国内运用比较成熟的车身塑料零部件是前端框架，吉利、长城、江淮、众泰等自主车型的塑料前端框架都已在全系车型应用。另外，塑料后尾门、塑料前引擎盖、塑料车门、塑料顶盖、塑料备胎舱等，在国内都有相应的量产运用，不过目前由于塑料本身的强度相对较低、结构设计复杂、成本相对较贵等因素，还难以实现大批量应用。未来的 3~5 年，这些都是车身塑料使用的增长点。

3.2
车身主要零部件材料轻量化

3.2.1 车身骨架

3.2.1.1 车身骨架的用材现状

传统的车身骨架以钢制材料为主，随着人们对整车安全的要求逐渐提高，以及轻量化的发展趋势，车身骨架用的普通低碳钢逐渐被高强钢替代。

新能源汽车由于电池质量的增加，对轻量化的需求更加迫切，为了平衡电池质量的增加，高强钢和轻质材料（铝合金、碳纤维复合材料、塑料等）的应用比例显著提升，从而最大限度的实现轻量化。

以目前最为典型的纯电动车型特斯拉 Model S、Model 3，宝马 i3、i8 为例，前两者采用全铝、钢铝混合车身骨架，后两者则采用碳纤维复合材料车身骨架。国内的蔚来 ES8、奇瑞 eQ1 也均采用全铝车身骨架。

目前国内外车身骨架主要零部件的用材及轻量化效果见表 3-3。

表 3-3 车身骨架的用材及轻量化效果

部件	材料	牌号	轻量化效果	应用关键点
侧围	钢	DC06/B1500HS/HC340/590DP 等	—	—
	铝合金	板材 6014/6016/5182/5754 等	比钢板轻 30%~40%	—
	碳纤维复合材料	T700	比钢板轻 40%~50%	可部分使用碳纤维复合材料,主要起对金属部件的补强作用
防撞梁	钢	HC550/980DP	—	—
	铝合金	板材 6082/6063	比钢板轻 30%~40%	—
	碳纤维复合材料	T700	比钢板轻 40%~50%	—
前减振器座	高强钢	QSTE420TM	—	—
	铝合金	高压铸造 AlSi10Mg	比高强钢轻 30%~40%	需在生产线增加铆接设备与工位
地板	钢	HC340/590DP/WHT1500HF/HC220Y	—	—
	铝合金	板材 5754/型材 6111	比钢板轻 30%~40%	—
	碳纤维复合材料	T700	比钢板轻 40%~50%	—

3.2.1.2 车身骨架轻量化应用

(1) 高强钢车身骨架

高强钢最大的优势:提高材料的强度,在所要求的性能不变或略有提高的前提下,可以减薄板材的厚度,从而减轻零部件质量。粗略估算,当钢板厚度减薄 0.05mm 时,车身减重 6%[7]。

为提高车身强度,同时实现轻量化,国际主流乘用车的车身高强钢应用比例已普遍达到 60%,日韩系在 50%左右,欧美系部分车型甚至超过 70%。

沃尔沃 XC90 混合动力新能源汽车是高强钢应用的经典车型之一。沃尔沃历来以安全著称,其车身的高强钢用量及高强钢的等级,领先于汽车行业。其车身骨架中,只有少数轮罩等零件采用低碳钢,其余均采用超高强钢、先进高强钢等。沃尔沃 XC90 高强钢占比约 62%,其中最主要的是高强热成型钢的应用,其用量占比达 30%,超过奥迪 A3 的 21.7%,成为全球高强热成型钢单车用量最高的车型[8]。沃尔沃 XC90 白车身用钢分布见图 3-4。

图 3-5 是沃尔沃 XC90 相对于上一代车型车身轻量化方案及其对质量减轻的分析比较,从图中可以看出,第二代 XC90 为了提升安全性能质量增加了 15kg,

为了改善 NVH 性能质量增加了 14kg，另外由于尺寸的增加，质量增加约 9kg。总体来说，为了性能等方面的提升，第二代沃尔沃 XC90 需增重 38kg，但通过大量的高强钢的使用以及相关的结构优化，综合起来比第一代 XC90 减重 22kg。

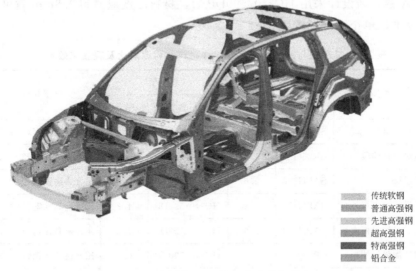

图 3-4 沃尔沃 XC90 白车身用钢分布

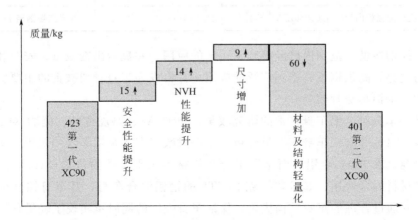

图 3-5 XC90 相对于上一代车型车身轻量化及对质量减轻的分析比较

国内车型的车身骨架在高强钢方面的应用，近几年也有显著的提升，其用量基本超过 50%，新开发的车型基本在 60% 左右[9]。以某二代车型车身为例，该车型车身大量采用高强钢，应用比例在 60% 以上，较上一代车型减重 50kg，其中 A、B 柱等区域使用抗拉强度 1500MPa 的热成型钢板，比例达 5%；其他车身结构件大量应用 500~600MPa 的高强钢，比例达 40%。该车型还以超高强钢 DP800 和 DP600 材料的安全件组成主骨架"笼"式车身结构，由于充分应用了高强钢，其零部件的厚度都得到了明显的减薄。

以国内某车型承载式车身为例，该车型与前代车型同类零件的材料、料厚对比及轻量化效果见表3-4。以门槛加强板外板为例，前代车型采用1.2mm厚的CR260LA钢，新设计采用HC340/590DP后，材料厚度减薄到0.8mm就可以满足设计要求，单个零件减重达33.3%[10]。

表3-4 某车型与前代车型部分零件材料、料厚对比及轻量化效果

序号	零件	前代车型		新车型		轻量化效果
		材料	料厚/mm	材料	料厚/mm	
1	底板横梁	SAPH440	1.6	HC340/590DP	1.4	比普通高强钢轻12.5%
2	前纵梁延伸段	CR260LA	1.8	HC340/590DP	1.6	比普通高强钢轻11.1%
3	前横梁	SAPH440	2.0	HC340/590DP	1.6	比普通高强钢轻20%
4	前纵梁加强板外板	SAPH370	1.4	HC340/590DP	1.2	比普通高强钢轻14.3%
5	前纵梁加强板内板	SAPH370	1.6	HC340/590DP	1.2	比普通高强钢轻25%
6	门槛加强板外板	CR260LA	1.2	HC340/590DP	0.8	比普通高强钢轻33.3%
7	B柱加强板	CR340LA	2.0	HC340/590DP	1.8	比普通高强钢轻10%
8	门槛加强板内板	CR340LA	1.4	HC340/590DP	1.2	比普通高强钢轻14.3%

高强钢在世界范围内已经得到了一定的应用，并显示出在减重、安全和环保方面的优势。高强钢板将得到广泛的应用，并将成为车身骨架减重的主要材料。

(2) 全铝车身骨架

国外车企对全铝车身技术的研究较早，奥迪A8、路虎揽胜、捷豹XFL、特斯拉Model S等全铝车身车型早已量产。经过数代车型全铝车身的应用，车身已不再单纯追求100%全铝，而是秉承合适的材料用于合适的位置设计理念，铝、钢等多材料混合使用。如凯迪拉克的CT6的钢铝混合车身，其车身铝合金占比64%，并通过合理的车身结构优化，保证车身强度的同时也实现了轻量化[11]。

国内自主品牌在量产车型上已有全铝车身技术应用。2017年上市的奇瑞eQ1，采用了全铝车身结构、复合材料车身覆盖件，整备质量仅为855kg。2018年上市的蔚来汽车ES8，车身铝材的使用率高达96.4%，轴距超过3m，但白车身质量仅为335kg。吉利汽车2018年底上市的TX5项目也应用了全铝车身技术。

在全铝车身的应用车型中，既有燃油汽车，也有新能源汽车。燃油汽车中的典型代表有路虎新揽胜。路虎新揽胜车身采用了全铝车身的设计，比钢制车身轻39%，减重180kg。其白车身用铝占比达96%，仅前后防撞梁使用了钢材件，前

减震塔与后纵梁采用了高压铸铝,其余位置主要使用铝板冲压。路虎新揽胜铝合金车身用材如图 3-6 所示。

图 3-6　路虎新揽胜铝合金车身用材

新能源汽车中的铝合金车身骨架典型代表有特斯拉 Model S,其白车身用铝占比达 90%,仅前后防撞梁及 A、B 柱使用了钢材,前减震塔、前纵梁后段、后纵梁采用铸铝,下车身所有横梁与纵梁采用铝合金型材,其余位置使用铝合金板材冲压。特斯拉 Model S 铝合金车身见图 3-7。

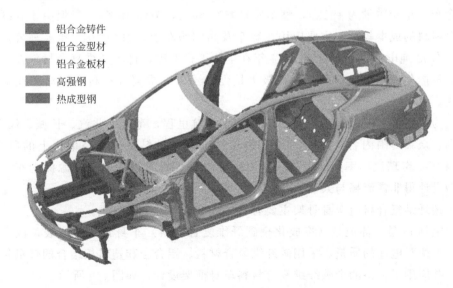

图 3-7　特斯拉 Model S 铝合金车身

奇瑞 eQ1 也是铝合金车身骨架的代表，与传统的铝合金板材冲压车身不同，奇瑞 eQ1 的车身骨架采用的是铝合金型材为主，铝合金板材冲压为辅，再通过 3D 空间精密弯曲、激光组合焊接等连接而成。奇瑞 eQ1 车身骨架铝合金（包括镁合金）材料占比约为 93%，通过大量的铝合金材料的应用，使得奇瑞 eQ1 车身骨架仅重 116kg，与传统钢板车身的 197kg 相比，减重 81kg。图 3-8 为奇瑞 eQ1 铝合金车身骨架。

图 3-8 奇瑞 eQ1 铝合金车身骨架

（3）碳纤维复合材料车身骨架

1969 年美国福特公司首次在赛车 GT40 中应用碳纤维复合材料（CFRP），自此开启了碳纤维复合材料在汽车零部件上的应用。1979 年美国福特公司发表了用碳纤维复合材料制作轻型实验车的新构想，使用碳纤维复合材料约 300kg，减少燃油费约 35%[12]。1992 年，通用汽车展出了由碳纤维复合材料制成的超轻概念车，车身质量为 191kg，整车质量减轻 68%，节油 40%[13]。但由于碳纤维复合材料的成本较高，主要应用在赛车及高端跑车上，直到 2011 年宝马公司首次发布 i3 纯电动概念车并于 2014 年在全球正式上市，将碳纤维复合材料在汽车上的量产化应用推向新的高度，极大地促进了碳纤维复合材料在汽车工业上的应用。

为了更好地减轻车身质量，提高整车续航里程，奇瑞、北汽、长城、江淮、吉利、众泰等国内各大车企纷纷开展碳纤维复合材料在汽车轻量化上的研究。2014 年，奇瑞汽车率先推出了一款由碳纤维复合材料构成的新能源概念车，其车型设计得非常流畅与人性化。

碳纤维复合材料车身骨架主要有一体成型式和"碳芯"式。

宝马 i3 是一体成型（集成化全碳纤维复合材料）车身骨架的代表，该车型为了平衡蓄电池的质量，采用碳纤维复合材料、铝合金和塑料相结合的轻量化结构，并应用了独特的全碳纤维复合材料车身框架设计，如图 3-9 所示。

宝马 i3 车身骨架采用全碳纤维复合材料，由 34 个碳纤维复合材料零件组成,且 13 个零件采用整体成型(48 个预成型体),实现了高度的集成化。碳纤维复合材料车身在保证强度的同时,车身的零件数量相比传统钢质车身减少 2/3。该车身骨架的质量仅有 148kg,较对应的钢制车身可减重 57.6%。

集成化全碳纤维复合材料的车身骨架结构以及采用胶接连接为主的方式可大大缩短装配生产线,节省设备、人工及减少能源消耗。

图 3-9　宝马 i3 Life-Drive(生活-驱动)轻量化结构

宝马新 7 系是"碳芯"式车身骨架的代表,该车型车身应用的 16 个碳纤维复合材料部件主要分布在 A、B、C 柱,顶梁,门槛,行李舱隔板及中央通道等位置,打造的"碳芯"式钢铝碳混合车身,使车身骨架减重约 40kg,同时强化了车身的抗弯性和扭转刚度。碳纤维复合材料部件在车身上的分布见图 3-10[14]。

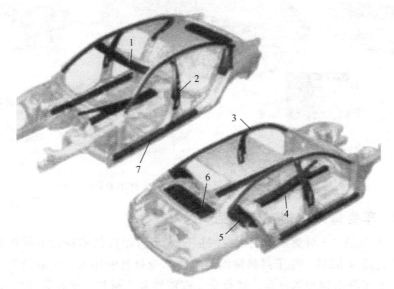

图 3-10　宝马新 7 系车身碳纤维复合材料部件分布

1—车顶框架；2—B 柱加强筋；3—侧框架加强件；4—变速器通道加强件；
5—C 柱加强件；6—车门槛加强件；7—车门加强件

除宝马 i3、宝马新 7 系外，宝马 i8、Z-9、Z22、M3 以及大众 2L 等车型的车身骨架，也采用了碳纤维复合材料。

国产汽车领域的碳纤维复合材料应用还处于起步阶段，且基本以外覆盖件为主。奇瑞、北汽等车企已开始将碳纤维复合材料应用在新能源电动汽车上：2014 年奇瑞公司和中科院合作推出的插电式混合动力车艾瑞泽 7，将碳纤维复合材料应用在车身上，外壳减轻了 10％的质量，降低 7％能耗，车身总体减轻 40％～60％的质量；2017 年，北汽集团与康得复材签订了中国首个碳纤维复合材料汽车部件量产订单；2017 年北汽集团生产的电动汽车 ARCFOX-1 用了康得复材设计开发的整体成型碳纤维复合材料上车体。

国内部分车企也开展了碳纤维复合材料车身结构件的研究，如众泰汽车开发了 B 柱中部支撑板、门槛外板、顶盖前顶梁、中央通道加强板、天窗加强板及前纵梁后延伸梁等碳纤维复合材料总成件，白车身扭转刚度提升 25％以上，大大提高了整车性能，零件示意图如图 3-11 所示。

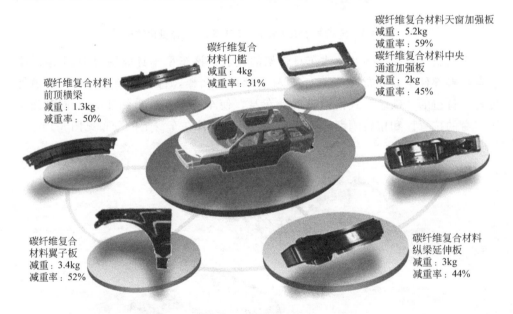

图 3-11　碳纤维复合材料车身零件示意图

3.2.1.3　车身骨架选材发展趋势

2017 年奥迪 A8 对奥迪的全铝空间框架式车身结构技术进行了革新和升级，铝合金占比降至 58％，除了高强钢以外，在车身材料中加入了更多的复合材料。未来的汽车车身由钢和铝合金、镁合金、碳纤维复合材料、塑料等轻质材料共同制造，即混合材料车身，如图 3-12 所示。混合材料车身结构的理念能较好地兼顾各方面的要求，寻求轻量化效果、工艺性、安全性和成本等总体上的最优化，代表了今后汽车车身结构发展的最新趋势。

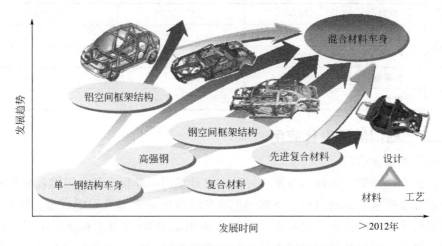

图 3-12 单一钢结构到混合材料的车身结构的演化

3.2.2 四门

3.2.2.1 四门的用材现状

目前，汽车四门用钢选材多为低碳钢。其中，汽车车门外板作为外观件应具有很好的成型性和抗凹性，因此多用烘烤硬化钢，以减薄厚度，保证抗凹性；汽车车门内板由于形状较外板更为复杂、拉延量更高，要求车门内板用材应具有更高的成型性和深冲性能，因此多用冲压成型性和深冲性能优良的低碳钢。随着轻量化设计的推进，车门用材逐渐向着轻质方向发展，如铝合金、复合材料等。铝合金材料由于其减重效果明显已在车门上得到应用，通过"以铝代钢"技术的使用，可实现四门减重30%～50%，"铝合金车门"及"铝合金外板＋钢制内板"钢铝混合车门已有量产应用。复合材料车门外板一般采用改性PP材料。目前复合材料车门已在宝马、北汽、吉利等部分车型上得到应用。

目前国内汽车四门主要用材及轻量化效果见表3-5。

表 3-5 四门主要用材及轻量化效果

部件	材料	牌号	轻量化效果	应用关键点
门外板	烘烤硬化钢	HC180B/HC220B	—	—
	铝合金	6014/6016	比钢板轻20%～30%	—
	塑料	PP＋EPDM-T30	比钢板轻30%～40%	塑料门外板抗凹性差一些，多用于较小的车型
加强板	烘烤硬化钢	HC340LA	—	—
	双相钢	B280/440DP 等	比钢板轻10%～20%	—

续表

部件	材料	牌号	轻量化效果	应用关键点
结构件	碳素结构钢	16MnAl/1524M	—	—
	热成型钢	B1500HS	比钢板轻0%~20%	—
门内板	低碳钢	DC04/DC06	—	—
	铝合金	5182/5754	比钢板轻20%~30%	—

3.2.2.2 四门的轻量化应用

（1）铝合金四门

目前有两种铝合金四门方案：一种方案是车门内外板全部采用铝合金，另一种是铝合金外板＋钢制内板。奥迪A8的车门内外板全部采用铝合金。捷豹XF通过铝合金车门的使用实现减重约20kg。本田讴歌RLX首次在量产车型上应用由钢、铝合金两种材质制造的车门，与全钢制车门相比，它的质量更轻，可以通过四门实现减重11kg（图3-13），同时成本较全铝合金车门相比，可降低约50%。

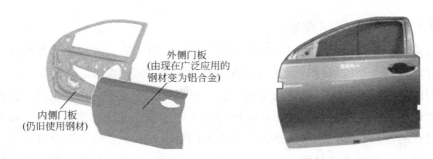

图3-13 车门内外板

（2）复合材料四门

在PP改性材料车门的应用中，宝马i3具有代表性，其外板采用PP＋EPDM-T30，框架采用铝合金材料，为主要承载件（图3-14所示）。

碳纤维复合材料因比强度和比模量高，应用到车门中，轻量化效果显著，因此许多车企都在研发碳纤维复合材料车门。众泰汽车开发出一款碳纤维复合材料混合车身，其中四门内外板均为碳纤维复合材料，采用预浸料模压工艺，可精确控制产品质量。该碳纤维复合材料车门相比传统的钣金车门集成度高，轻量化效果显著，减重约58%，如图3-15所示。

北汽新能源汽车LITE的车门内外板均采用复合材料，其中外板采用PP＋EPDM-T20，内板采用PP-LGF30。吉利新能源最有代表性的TX5英伦出租车均采用SMC材料。

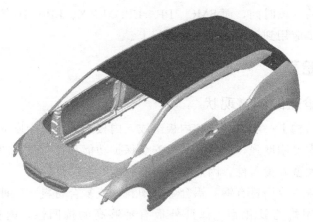

图 3-14　宝马 i3 车门

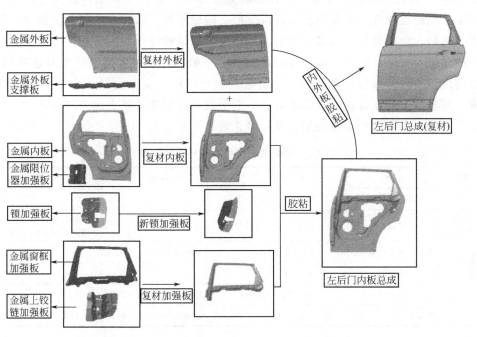

图 3-15　碳纤维复合材料车门设计流程图

3.2.2.3　四门用材发展趋势

当前汽车车门材料以铝合金和高强钢应用比较多，通过采用合理的整车布局、优化车门结构、选择新材料和新的制造技术可以实现车门轻量化，并改善汽车综合性能。在未来，车身四门复合材料化成为一种趋势，这一方面能够有效减轻车身质量、降低油耗，另一方面复合材料相比金属材料，可很好地实现集成化。目前复合材料四门在国内外部分车型已成熟应用，还有部分车企与供应商合作积极开展相关的研究。由于碳纤维复合材料成本较高，其在四门上的大规模应用还需要很长的一段时间，而 SMC、PP+EPDM-TX、PP-LGF 等复合材料在未来几年内会逐步应用到新能源汽车的四门上。

3.2.3 前舱盖

3.2.3.1 前舱盖的用材现状

前舱盖在结构上一般由外板和内板组成，内板起到增强刚度的作用。前舱盖的主要性能要求是刚度强，对行人具有安全保护功能和具有良好的耐久性能。前舱盖总成属于大型外覆盖件，因而要求具有较高的抗凹性。

目前前舱盖主要用材有钢、铝合金和塑料（或复合材料）三种。其中前舱盖用钢时外板采用烘烤硬化钢，保证外板有足够高的抗凹性，内板用低碳钢如 DC04，具有良好的冲压性能；铝合金前舱盖外板一般用 6 系铝合金板材，主要保证外观的美观性，不会出现拉伸应变痕，内板可用 5 系和 6 系铝合金板材，其中 5 系铝合金板材使用较多，因为 5 系铝合金板材的冲压性能更好，成本也更低一些；复合材料前舱盖目前还在开发阶段，一般内外板都采用碳纤维复合材料，以实现显著的轻量化效果。铝合金前舱盖相对钢前舱盖可实现 20%～50%的减重，而塑料（或复合材料）前舱盖相对钢前舱盖轻量化效果更加明显。

目前国内外前舱盖主要用材及轻量化效果见表 3-6。

表 3-6　前舱盖主要材料及轻量化效果

部件	材料	牌号	轻量化效果	应用关键点
前舱盖外板	烘烤硬化钢	HC180B/HC220B	—	
	铝合金	6014/6016/6451	比钢板轻 20%～50%	铝板多为进口，国产板材仍需验证
	塑料（或复合材料）	PP+EPDM-T20	比钢板轻 20%～65%	—
前舱盖内板	低碳钢	DC04	—	
	铝合金	5182/5754/6014	比钢板轻 20%～50%	
	塑料（或复合材料）	PP+EPDM-T20 或 PP-LGF	比钢板轻 20%～65%	可用玻纤部分代替

3.2.3.2 前舱盖的轻量化应用

（1）铝合金前舱盖

铝合金化是目前前舱盖轻量化的主要趋势，除了合资品牌车的全铝车身中普遍采用铝合金前舱盖外，部分自主品牌汽车也开始采用铝合金前舱盖，以众泰汽车某 SUV 为例，其开发的铝合金前舱盖实现减重 44%，性能完全满足要求，图 3-16 为该 SUV 铝合金前舱盖的内外板。

铝合金前舱盖相对于钢前舱盖来说，其开发难度更大，诸如包边、冲压等工艺都需要在设计中进行相应的调整。例如前舱盖外板与内板在包边后内间隙保持

图 3-16 SUV 铝合金前舱盖内外板

在 2mm，铝合金前舱盖内板涂胶位置平顺过渡，并与外板之间保证 3mm 间隙，保证包边不会出现开裂；由于材料延展性差，铝合金样件要求模具拔模角度≥25°，R 角≥6mm；表面要增加镀铬或 TD 表面处理，铝板表面涂固态油处理等。

（2）塑料（或复合材料）前舱盖

传统的燃油汽车前舱由于需要布置发动机，因此空间较大，前舱盖主要采用力学性能较好的金属材料，纯电动车前舱由于不需要布置发动机，因此空间较小，前舱盖主要是装饰作用，对力学性能要求相对较低，部分车型开始采用密度更低的塑料（或复合材料）前舱盖，以此实现轻量化。

图 3-17 为众泰及奇瑞的塑料前舱盖，其中奇瑞 eQ1 前舱盖内板为 PP-LGF 材料，外板为改性 PP 材料。众泰 E200 前舱盖内外板均为 PP＋EPDM-T20 材料。宝马 i3 不仅前舱盖，其车门外板、挡泥板等也均采用 PP＋EPDM-TV30 材料。

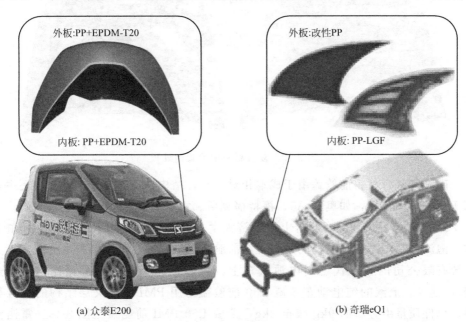

(a) 众泰E200   (b) 奇瑞eQ1

图 3-17 众泰 E200 及奇瑞 eQ1 塑料前舱盖

某纯电动车前舱盖内外板均采用SMC材料，表3-7为SMC前舱盖与钢板前舱盖质量对比，从表中可以看出，相比传统钢板前舱盖，SMC前舱盖可实现减重1.7kg左右，减重23%左右[15]。传统燃油车型中，菲亚特Coupe、道奇SRT-10等车型，均采用SMC前舱盖。

表 3-7 SMC前舱盖与钢板前舱盖质量对比

材料	密度/(g/cm)	分零件	料厚/mm	质量/kg	质量/kg	减重/kg	减重率
钢板	7.85	里板	0.7	3.40	7.42	1.72	23%
		外板	0.6	2.92			
		涂胶/加强板	—	1.10			
SMC	1.9	里板	2.5	2.94	5.70		
		外板	2.0	2.36			
		涂胶/加强板		0.40			

Continental Structural Plastic公司开发的一款前舱盖，外板采用SMC材料，内板采用碳纤维复合材料，该前舱盖内外板见图3-18，其减重效果在35%左右[16]。2018年上市的前途K50纯电动跑车，不仅前舱盖采用碳纤维复合材料，全车除前后保险杠、侧裙之外的其他29个覆盖件均为CFRP材料，总重仅46.7kg，比传统钢板材料减重40%以上[17]。

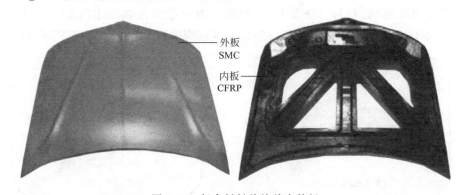

图 3-18 复合材料前舱盖内外板

碳纤维复合材料前舱盖由于成本相对较高，结构设计难度较大，目前还主要用于一些豪华车型，如奥迪A5、福特福克斯、雷克萨斯LFA、前途K50等。

2006年，赢创德固赛联合上海同济大学一起研发的PMI（聚甲基丙烯酰亚胺）泡沫夹芯帽型筋条结构的复合材料前舱盖，被安装在上海燃料电池汽车动力系统有限公司的新一代燃料电池汽车上，与传统的金属前舱盖相比，减重达37.7%[18]。上汽的纯电动车荣威E50前舱盖采用PMI泡沫夹层结构的复合材料，单件质量由金属的9kg减至3kg，荣威E50 PMI前舱盖见图3-19。雷诺汽车成功地在Espace第三代汽车的前舱盖上应用了PMI复合材料[19]。

PMI 作为航空航天上成熟应用的轻量化材料，具有密度低、力学性能好、耐高温等优点，近几年成为轻量化的热点材料，但价格相对较贵，目前 PMI 前舱盖量产应用的案例相对较少。

3.2.3.3 前舱盖选材发展趋势

随着轻量化设计和制造工艺的发展，前舱盖内外板材料向着轻质材料方向发展，例如铝合金及碳纤维等材料。

图 3-19　荣威 E50 PMI 前舱盖

较多中高端车型已经开始应用铝合金材料，部分豪华品牌已应用碳纤维材料。我国自主品牌如众泰、长城、蔚来等都已经开始少量车型应用铝合金及碳纤维等材料，预计几年内就会在轻量化需求较大的电动车上普及使用。对于纯电动车型，在传统燃油汽车基础上改进的车型，其前舱盖目前还主要以钢制材料为主，而对于全新开发的车型，则主要以铝合金或塑料（包括复合材料）为主。由于纯电动车型的前舱盖主要是装饰作用，未来还是以价格相对便宜、密度相对更低的塑料（包括复合材料）为主要材料。

3.2.4　后尾门

3.2.4.1　后尾门的用材现状

后尾门主要是指 SUV 或两厢轿车尾部后背上的车门，一般由尾门本体、尾门附件及尾门内外饰件三大部分组成（图 3-20）。尾门本体是各种附件、内外饰件的载体，是后尾门最主要的部分，本节主要介绍尾门本体的轻量化。

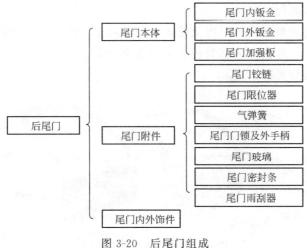

图 3-20　后尾门组成

传统的尾门本体由金属钢板冷冲压后包边连接而成,后尾门轮廓多不规则,外形复杂。尾门内板一般采用成型性能比较好的DC04、DC06等钢板一体化冲压成型;外板由上下两部分钢板冲压焊接而成,常用高级精整表面的BH钢(B180H1等)、高强度IF钢(HC180Y、HC220Y等)。

目前国内外后尾门的选材及轻量化效果见表3-8。

表3-8 后尾门的选材及轻量化效果

部件	材料	牌号	轻量化效果	应用关键点
尾门外板	钢	HC180Y/HC220Y/DC04/DC06	—	—
	塑料	PP+EPDM-T30	比钢板轻40%	—
	碳纤维复合材料	T300	比钢板轻40%~60%	—
尾门内板	低碳钢	DC04/DC06	—	—
	塑料	PP-LGF40	比钢板轻30%	目前应用不多,整体和局部刚度仍然需加强
	复合材料	SMC	比钢板轻15%~20%	应用较成熟,不环保
	碳纤维复合材料	T700	比钢板轻40%~50%	—

由于轻量化等方面的需求,国内外也有一些车型开始采用塑料材料尾门本体。其中雪铁龙BX在1983年率先采用全热固性塑料后尾门,开启了塑料后尾门在汽车上的应用先河。国产新奇骏于2014年量产塑料后尾门,开启了塑料后尾门在国内汽车上的应用先河。另外,还有一些车型采用铝合金尾门本体、碳纤维复合材料尾门本体等,相对于传统的钢制尾门本体,均具有极佳的轻量化效果。

3.2.4.2 后尾门的轻量化应用

(1) 塑料后尾门

塑料后尾门是最近几年国内比较火热的轻量化部件之一。塑料后尾门主要是指后尾门的内板、外板(包括扰流板)是塑料的,如图3-21所示,而传统的后尾门内外板都是金属的。

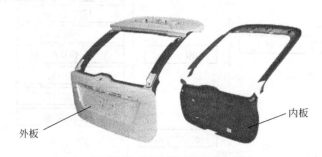

图3-21 塑料后尾门示意图

按照塑料后尾门的发展历史，大体可以分为三代（或三个阶段）：全热固性塑料后尾门、热固性塑料内板＋热塑性塑料外板后尾门、全热塑性塑料后尾门[20]。

表 3-9　塑料后尾门的发展阶段和种类

阶段	第一代塑料后尾门 2003 年以前	第二代塑料后尾门 2004 年开始	第三代塑料后尾门 2012 年至今
后尾门 类别	全热固性塑料 后尾门	热固性塑料内板＋ 热塑性塑料外板后尾门	全热塑性塑料 后尾门
典型材料	内外板：SMC、BMC	内板：SMC 外板：改性 PP	内板：长纤增强 PP 外板：改性 PP
工艺	内外板：模压	内板：模压；外板：注塑	内外板：注塑
典型车型	2002 年：雷诺梅甘娜	2012 年：路虎极光	2014 年：新奇骏
首款车型	1982 年：雪铁龙 BX①	2004 年：雷诺 Modus	2012：雷诺新 Clio
其他应用 车型	1993 年： 土星旅行轿车 1996 年： 雷诺 Espace	2007 年：马自达 5 2011 年：标致 508 2012 年：荣威 E50 2013 年：路虎揽胜、标致 C4 毕加索、 　　　大发 Tanto、马自达 3 2014 年雪铁龙 DS6、众泰云 100	2013 年：标致 308 2014 年：宝马 i3 2016 年：东风 D27 2017 年：奇瑞 eQ1

① 首款应用全热固性塑料后尾门的雪铁龙 BX 车型其内外板均为 BMC，其余车型为 SMC。

相对于金属后尾门而言，塑料后尾门主要有以下优势[21]。

① 轻量化：第一代塑料后尾门减重 20%～30%，第三代塑料后尾门减重可超过 30%；

② 集成化：随着内外饰零件、构成材料等的规整，零件个数随之减少，后尾门成本降低；

③ 造型设计自由度提升，使造型设计更独具匠心；

④ 由于材料本身性能，轻微撞伤有可复原的能力，能降低使用成本。

第三代塑料后尾门目前内板主要采用的长纤增强 PP 有 PP-LGF30 和 PP-LGF40，外板主要采用的改性 PP 为 PP＋EPDM-T20 和 PP＋EPDM-T30。某车型塑料后尾门见图 3-22。

该塑料后尾门集成了尾门锁扣、线束、尾门玻璃、上下装饰板总成等 13 个分零件于一体，简化了零件之间的连接结构，提高了装配效率。

塑料后尾门内板的主要作用是提供强度与刚度支持。目前塑料后尾门内板材料的选择方案主要有两种，其中 PP-LGF40 与 PP-LGF30 相比刚度强，在实现可塑性的同时，能够提供高强度的性能，且成功应用案例较多，故新开发车型后尾门内板选用 PP-LGF40 材料居多。

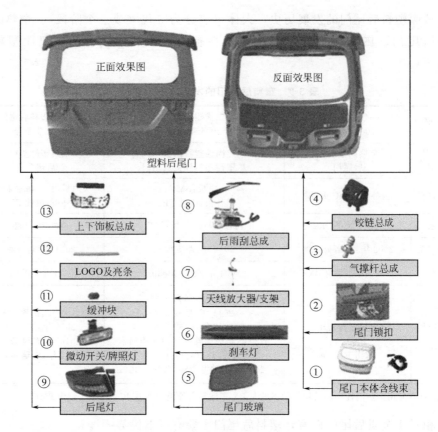

图 3-22 某车型塑料后尾门

塑料后尾门外板的主要作用是实现外观造型，改性聚丙烯材料的高流动性可以实现很多钣金不能实现的形状和结构，给造型提供极大的设计自由度。通过对市场上外板采用改性聚丙烯材料的车型的塑料后尾门用材情况进行调研发现，因 PP+EPDM-T30 材料与 PP+EPDM-T20 相比，刚度强、尺寸稳定性好，故新开发车型后尾门外板选用 PP+EPDM-T30 材料居多，调研结果见表 3-10。

表 3-10 部分车型塑料后尾门用材情况

车型	外板		内板		胶水	
	材料	供应商(牌号)	材料	供应商(牌号)	牌号	是否底涂
奇瑞 eQ1	PP+EPDM-T30	道达尔(EBP-830/9 C16)	PP-LGF40	SABIC(STAMAXTM 40YM240)	6023	否
QX50	PP+EPDM-T20	聚凌燕(CA610)	PP-LGF30	捷必福(LR23W)	ZU811-1	是
新奇骏	PP+EPDM-T20	聚凌燕(CA610)	PP-LGF30	捷必福(LR23W)	ZU811-1	是
i3	PP+EPDM-T30	道达尔(EBP-830/9 C16)	PP-LGF40	不详	7570L05	否

续表

车型	外板		内板		胶水	
	材料	供应商(牌号)	材料	供应商(牌号)	牌号	是否底涂
Rogue	PP+EPDM-T30	Basell (Hifax TYC1175)	PP-LGF30	Advanced Composites Inc.(不详)	不详	不详
308S	PP+EPDM-T30	道达尔 (EBP-830/9 C16)	PP-LGF40	SABIC(40YM240)	6023	否
D27	PP+EPDM-T30	道达尔 (EBP-830/9 C16)	PP-LGF40	SABIC(40YM240)	不详	不详
C330	PP+EPDM-T30	道达尔 (EBP-830/9 C16)	PP-LGF40	SABIC(40YM240)	6023	否
长安某车型	PP+EPDM-T30	道达尔 (EBP-830/9 C16)	PP-LGF40	不详	6023	否

(2) 碳纤维复合材料后尾门

丰田2017款Prius 1.8PHV的后尾门[22]，其内侧的骨架部分采用了碳纤维复合材料，如图3-23所示。相对于上一代的铝合金后尾门相比，减重3kg左右。改款碳纤维复合材料后尾门采用RTM成型工艺，其中片状中间材料是从其他树脂厂商处采购的，RTM成型由丰田完成。

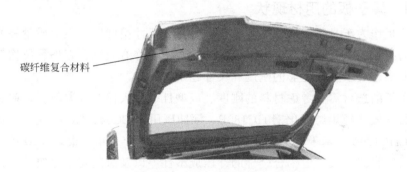

图3-23 丰田2017款Prius 1.8PHV碳纤维复合材料后尾门

2017款Prius 1.8PHV加长了后悬挂，因此后尾门的形状比上一代后尾门要大，虽然尺寸增大，但由于采用了更轻量化的碳纤维复合材料，所以实际质量与上一代后尾门相比基本相同。

3.2.4.3 后尾门的选材发展趋势

塑料后尾门是为数不多的预计在未来几年内就可以大批量应用的、轻量化效果明显的、以塑代钢的后尾门，目前在国外及合资车型上已成熟应用，国产企业如北汽、长安、上汽、吉利、众泰、奇瑞等都已经开展相关的研究，预计几年内就会在轻量化需求较大的电动车上大量使用。图3-24为近几年后尾门本体的选材情况，从中可以看出，塑料后尾门的占比呈上升的趋势[23]。

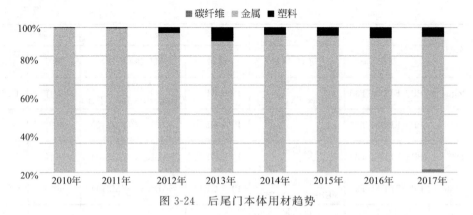

图 3-24 后尾门本体用材趋势

碳纤维复合材料是比塑料性能更好、强度更高的新型材料。虽然碳纤维复合材料生产工艺复杂、成本高昂，但是随着科技的发展和工艺水平的进步，碳纤维复合材料在汽车零部件上的应用越来越多，显示出越来越强大的生命力。预计在未来的几年，国内也会加大碳纤维复合材料后尾门的研究。

3.2.5 翼子板

3.2.5.1 翼子板的用材现状

翼子板作为车身覆盖件的一个重要组件，在尺寸精度以及表面质量等方面都有严格的要求，如要求表面平滑、棱线清晰，不允许有皱纹、划伤、拉伤等表面缺陷，此外还要求具有足够的刚度和尺寸稳定性。

翼子板的选材需要考虑材料的刚度、成型性、行人保护等方面。目前翼子板用的钢板一般选择烘烤硬化钢 HC180B，深冲压用钢 DC04、DC06 或者加磷高强度 IF 钢 HC180Y。基于轻量化和节能减排考虑，近十来年，很多车型开始采用铝合金或塑料翼子板。但铝合金件的冲压成型性差以及涂装要求比较高，价格较贵，总体经济效益较差。相对于铝合金，塑料的成型工艺简单，轻量化明显，价格也便宜[24]。

目前国内外翼子板主要用材及轻量化效果见表 3-11。

表 3-11 翼子板主要用材及轻量化效果

部件	材料	牌号	轻量化效果	应用关键点
翼子板	烘烤硬化钢	HC180B	—	—
	铝合金	6016	比钢板轻 30%～40%	—
	塑料	PP+EPDM-T20/PA/PPO	比钢板轻 40%	塑料翼子板需重点关注色差问题；PP+EPDM-T20 只能用于离线喷涂，PA/PPO 可用于在线喷涂

3.2.5.2 翼子板的轻量化应用

（1）钢制翼子板

钢制翼子板轻量化主要从高强化和薄壁化两方面着手。如提高现有烘烤硬化钢的强度级别，采用 HC220B 替代 HC180B、采用抗拉强度 450MPa 级别以上的双相钢等。此外，在强度提升的同时进一步减薄壁厚，可以从 0.7~0.8mm 减薄到 0.6~0.65mm。

（2）铝合金翼子板

相比于钢制翼子板，铝合金翼子板减重明显，一般选用的材料牌号为 6016-T6，厚度在 1.0mm 左右。但铝合金翼子板成本及前期投资较大，除一些高端的全铝车身车型外，单独使用的车型相对较少。钢质车身的传统车型中，使用铝合金翼子板的车型有奔驰 E 级、奥迪 A3、三菱 Lancer Evo 等（如图 3-25）。国内目前还没有相关应用，制约铝合金翼子板在国内车型上应用的最主要因素是成本较高。

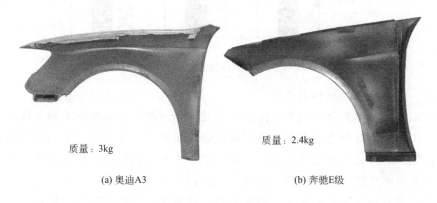

质量：3kg　　　　　　　　　质量：2.4kg

(a) 奥迪A3　　　　　　　　　(b) 奔驰E级

图 3-25　铝合金翼子板

（3）塑料翼子板

塑料翼子板在带来减重效果的同时还具有更好的行人保护性能。目前塑料翼子板的主要材料有 PPE+PA 类、ABS 类、PP 类、SMC 等。总体来说，塑料翼子板减重效果最为明显，相对低碳钢，减重效果达 45% 以上。除此之外，塑料翼子板还有以下优点：

① 装配精度要求更低，互换性和协调性更好。

② 与钣金类的冲压模具相比，成型模具的制造成本低。

③ 成型容易。

④ 耐腐蚀性能比金属好，油漆刮擦后不会发生生锈等腐蚀。

⑤ 弹性较好，在低速膨胀时不易发生变形，维护成本低。

塑料翼子板由于成本有一定的增加，所以主要应用在价格相对较高的车型和轻量化需求较大的电动车上。B 级车如宝马 X5/X6、大众辉腾/途锐等，电动车如 BYD E6、众泰 Z200、北汽 C10、北汽 LITE 等。另外，标致车型基本平台化采用塑料翼子板，如 RSA Clio Ⅱ/Clio Ⅲ/Megane Ⅱ/Laguna Ⅱ/307/807/C4 等。

从零件质量、投资以及成本三方面，将钢、铝和塑料材质的翼子板进行比对（以低碳钢翼子板为基准），结果如图 3-26（按年产 10 万台、生命周期为 5 年计算）。显然，塑料翼子板的综合优势比较明显[24]。

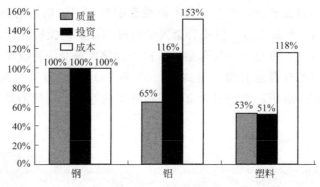

图 3-26　不同材料翼子板的比对

(4) 碳纤维复合材料翼子板

除铝合金和塑料翼子板外，随着最近几年碳纤维复合材料技术的发展，原本主要应用在全碳纤维跑车车身的碳纤维复合材料翼子板在乘用车上的研发也逐渐增多，但大部分还停留在研究阶段，如王雪争等从结构设计、仿真分析、车型应用等角度对碳纤维复合材料翼子板进行了分析[25-27]。

近年也有整车企业率先在乘用车车型上开发了搭载碳纤维复合材料翼子板的预研车型，如众泰汽车的某大型 SUV 项目，设计并开发了具有碳纤维纹理表面的翼子板总成（见图 3-27）并实测了翼子板的抗凹试验，结果满足性能及减重要求，总成较钣金件减重 3.44kg，减重 52%。选取多个典型位置进行抗凹性能

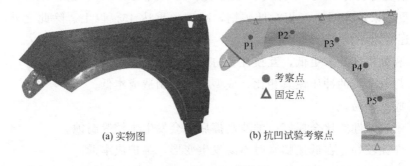

图 3-27　众泰汽车开发的碳纤维复合材料翼子板

测试,结果均较钣金零件有一倍以上的提升,平均提升量达到137%,表3-12为试验结果对比。

表3-12 钣金与碳纤维复合材料翼子板典型位置抗凹试验结果对比

考察点	加载力/N	钢制件测试值	碳纤维复合材料测试值	差异
P1	150	48.86	137.52	↑181.46%
P2	150	59.57	138.90	↑133.17%
P3	150	50.99	108.71	↑113.20%
P4	150	32.13	82.88	↑157.95%
P5	150	43.43	87.71	↑101.96%

碳纤维复合材料翼子板在设计过程中要结合材料类型选择合适的成型和涂装工艺,还应当考虑尺寸精度和与车身连接时的装配问题。尽管与传统的金属材料翼子板和塑料翼子板相比,碳纤维复合材料翼子板的机械强度和安全性能优势更加明显,但其工艺和材料成本较高,零件综合成本通常为金属零件的5倍以上,因此制约了其在乘用车市场上的应用。随着汽车工业对轻量化的要求不断提高,以及碳纤维复合材料技术的发展,其在汽车翼子板上的应用也会逐渐增多。

3.2.5.3 翼子板选材发展趋势

总体来说,由于传统钢制翼子板价格相对便宜,在未来较长的一段时间内,市场上还是主要以钢制翼子板为主,但由于轻量化的发展趋势,铝合金/塑料翼子板的用量会逐渐增多,特别是高端车型,成本的压力相对较小,是未来铝合金/塑料翼子板的重要增长点。电动车由于轻量化的压力更大,预计塑料翼子板将会得到大批量应用。

在未来的几年内,碳纤维复合材料翼子板会逐渐成为研究热点。碳纤维复合材料翼子板是高科技的象征,因此其应用的动力目前主要是高科技,给车型、企业带来亮点。

3.2.6 前端框架

3.2.6.1 前端框架的用材现状

汽车前端框架是指汽车前端水箱横梁、散热器、大灯支架等零部件的总成。传统的前端框架主要采用多种金属板焊接结构,具有零件多、质量重、工序多、成本高等缺点。最近几年的车型则多采用塑料前端框架,这主要是由于塑料前端框架采用注塑一体式结构,具有零件少、质量轻、工序少、成本低等优点[28]。

塑料前端框架在国内自主车型已广泛应用,部分应用情况如表3-13。

表 3-13 部分国内自主车型塑料前端框架应用情况

序号	1	2	3	4
车型	广汽 GS4	吉利 GS	吉利博瑞	哈弗 H6
实物图				
材料	PP-LGF30	PP-LGF30	PA66-GF30（金属嵌入）	PP-LGF35
质量	4.1kg	4.6kg	5.1kg	3.6kg
序号	5	6	7	8
车型	长城 VV5	江淮 S5	荣威 RX5 EV400	汉腾 M11
实物图				
材料	PA66-GF40	PA66-GF30（金属嵌入）	PP-LGF35	PP-LGF30
质量	5kg	6kg	3.4kg	4.9kg

另外，在一些高端车型上，也有使用价格较高、密度较低的镁合金前端框架，如福特的 F150、蔚来 ES8、奔驰 AMGGT、路虎揽胜新发现等。

3.2.6.2 前端框架的轻量化应用

(1) 塑料前端框架

前端框架是汽车上诸多零部件的定位点和组装平台，需满足一系列力学、尺寸、安装、环境等方面的要求。前端框架需具备良好的结构强度，良好的尺寸稳定性和低的尺寸误差，简易紧固的集成，有限空间内尽可能高的刚度，好的耐热和耐化学物质性能，轻量化，低成本等条件[29]。

前端框架对材料的性能要求比较高，材料的本身性能对产品性能影响较大，如比强度、比刚度、热膨胀系数、耐环境性能、可加工性等。另外，选材时还要考虑生产费用，如材料价格、用料量、加工成本、设备投入等。

常用的塑料前端框架塑料材料有玻纤增强 PA、增强 PP（玻纤增强和长纤增强）、GMT、SMC、PBT 等，其中最近几年主要以玻纤增强 PA、长纤增强 PP 为主。从轻量化的角度看，长纤增强 PP 密度低，减重效果更佳。

塑料前端框架是通过结构优化和材料替代实现零件轻量化的典型案例之一。该设计集成了水箱上下横梁、水箱横梁立柱、散热器支架、大灯臂、保险杠支架、喇叭支架等几十个零部件。相比于金属钣金件，塑料前端框架减重25%～50%，并且能降低成本。

以某款车型全塑前端框架为例，材料为PP-LFT40，通过集成设计，将原来的28个金属零件集成为一个部件，具体见图3-28。

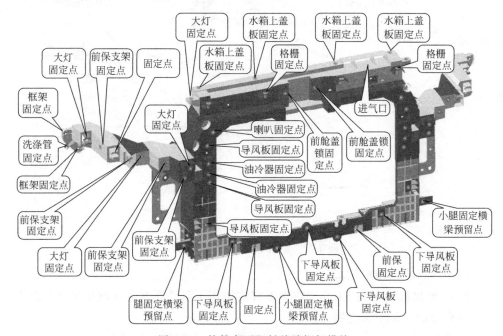

图3-28 某款车型塑料前端框架模块

金属前端框架与塑料前端框架对比结果如图3-29。相比于金属方案，塑料前端框架减重约54%。另外零件减少，工序减少，提高了工艺效率；零件的减少还能降低使用模具的费用。

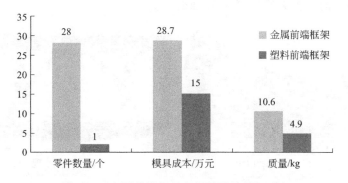

图3-29 金属前端框架与塑料前端框架对比

塑料前端框架是一个比较成熟的轻量化部件，国内自主车型也大量应用。塑料前端框架的发展趋势见图3-30。

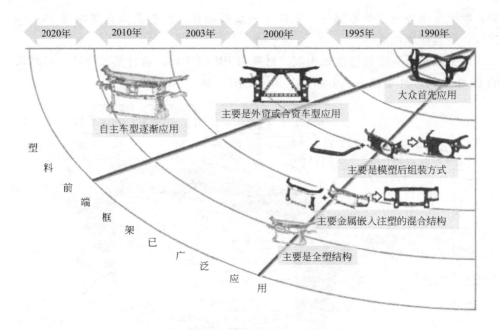

图 3-30　塑料前端框架发展趋势

(2) 镁合金前端框架

2003年福特公司在F150型汽车上首次使用了压铸镁合金前端框架，从此开启了镁合金的前端框架之路。

该镁合金前端框架质量为6.0kg，支撑多个零部件，包括散热器、前照灯、发动机罩锁、前碰撞传感器、喇叭和线束等，见图3-31(a)，整合了原来的12块冲压钢制零部件。镁合金前端框架不仅减少了零件个数，而且减轻了零件质量，实现减重12kg[30]。图3-31(b)为路虎新发现的前端框架，材料为镁合金AM60B，整个前端框架质量仅为5.7kg。

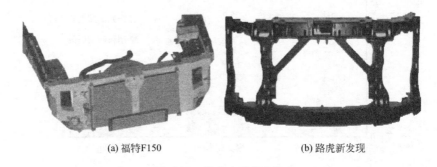

(a) 福特F150　　　　　　　　(b) 路虎新发现

图 3-31　镁合金前端框架

相对于国内已经成熟应用的塑料前端框架而言，镁合金前端框架虽然轻量化效果明显，减重在50%以上，但价格较贵，目前在国内（甚至在国际上）还只是少数车型在应用,也没有形成开发热度。预计镁合金前端框架在新能源汽车上实现成熟应用,还有一段较长的路要走。

3.2.6.3 未来的发展趋势

总体来说,传统的钢制前端框架组件,将逐渐被一体化的塑料前端框架替代。镁合金前端框架由于价格相对较贵,目前还仅限于高端车型使用。

鉴于塑料前端框架在国内技术成熟,且轻量化效果明显、成本更低,因此塑料将是国内前端框架材料的首选。未来塑料前端框架有以下趋势:

① 逐渐作为平台化零件,在各车型中普及。国内自主车型塑料前端框架的开发,虽然是近十几年才开始,但发展迅速,基本所有的传统自主车企都有相应的车型采用塑料前端框架。由于塑料前端框架在轻量化、成本、效率等方面均有较大的优势,未来的几年将是塑料前端框架平台化推广的重要阶段。

② 前期开发的塑料前端框架使用的材料主要是从国外进口,随着国内塑料前端框架技术的成熟、国内材料技术的发展,后期将主要采用国内原材料,以降低成本。

3.2.7 防撞横梁

3.2.7.1 防撞横梁的用材现状

防撞横梁,顾名思义,其主要作用是防撞。在车辆发生碰撞的时候,有效地吸收碰撞能量,尽可能减小撞击力对车身纵梁的损害,从而起到保护车辆的作用。防撞横梁是汽车前、后保护装置的重要组成部分,在汽车发生低速碰撞时,防撞横梁可以将部分碰撞能量及时传递至左右吸能部件,充分吸收碰撞能量,降低车辆低速碰撞受损程度,起到保护车辆前后端车灯、锁体、冷却系统等主要部件的作用[31]。

传统的防撞横梁本体主要采用普通钢材冷冲压拼焊而成,该工艺保持了与车身其他钣金相同的制造工艺,不需要单独的生产线,而且材料价格便宜,采购方便,模具要求低,一般车企冲压线都能制造。

冷冲压拼焊的主要不足在于截面尺寸过大,零件重,一般需要与发泡塑料配合来实现行人保护功能。在全球节能减排以及汽车轻量化的趋势下,国内外对防撞横梁的研究主要集中在保证其碰撞性能的基础上实现轻量化。目前防撞横梁轻量化主要通过轻量化材料、结构优化和先进成型工艺得以实现。以下主要介绍相对于传统普通钢材冷冲压防撞横梁而言有轻量化效果的几种防撞横梁[32-34]。

3.2.7.2 防撞横梁的轻量化应用

(1) 高强钢防撞横梁

相对于普通钢材防撞横梁,高强钢防撞横梁在结构和外形保持一致的情况下，能通过零件的薄壁化实现轻量化。如图3-32所示，内外板采用B410LA/DC01的防撞横梁，在采用高强钢DP780/DP590后，防撞横梁的内外板均减薄约0.2mm。最终总成质量由5.79kg变为5.22kg，减重约为10%。

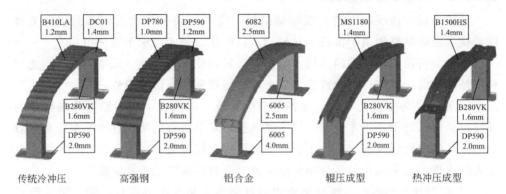

图 3-32　不同材料/工艺的防撞横梁

(2) 热冲压成型钢防撞横梁

热冲压成型的横梁本体，需要一条专门的热成型加工线，模具需要专用冷却流道，非镀层钢板的零件还需要喷丸处理，以消除表面氧化层，其综合成本要比冷冲压或辊压高2倍以上。但此技术能有效地减轻零件质量、提高碰撞性能，同时不需要发泡塑料，就能实现行人保护功能。热冲压成型防撞横梁本体在欧美汽车行业大量使用，国内车企奇瑞、东风、吉利也有使用。

(3) 铝合金防撞横梁

铝合金防撞横梁一般采用6005、6061、6082型材，奥迪车型还采用了7005铝合金型材。新能源车型中，蔚来ES8、腾势EV、众泰E200、奇瑞eQ1等均采用了铝合金防撞横梁。铝合金防撞横梁具有以下优点：

① 质量更轻；

② 低速碰撞时对前后端高成本易损部件保护效果更好；

③ 高速碰撞时前段尽可能多吸收碰撞能量，乘员舱侵入量较小；

④ 行人保护效果更好。

铝合金防撞横梁主要由横梁、吸能盒、安装基板、拖钩套筒及支架等部分组成，见图3-33。

众泰汽车在某车型上开发了铝合金前防撞横梁，基于轻量化考虑，将横梁的双相钢替换为强度高、塑性好的6082-T6铝合金材料，吸能盒采用吸能效果好的6063-T6铝合金材料。铝合金前防撞横梁在轻量化方面有明显的效果，开发的横梁重3.25kg，与钢制前防撞横梁相比减重50.7%。

通过对自由、约束模态的对比分析（表3-14、表3-15，图3-34、图3-35）发现：采用铝合金材料的防撞横梁的频率均高于高强钢。

第3章 车身零部件材料轻量化

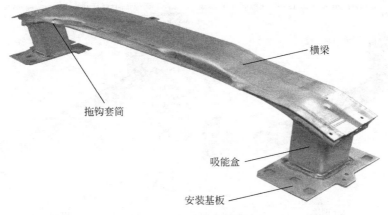

图 3-33 铝合金防撞横梁

表 3-14 高强钢与铝合金自由模态对比数据

自由模态振型	高强钢防撞横梁频率/Hz	铝合金防撞横梁频率/Hz
一阶弯曲模态	99.28	99.48
一阶扭转模态	158.9	228.4

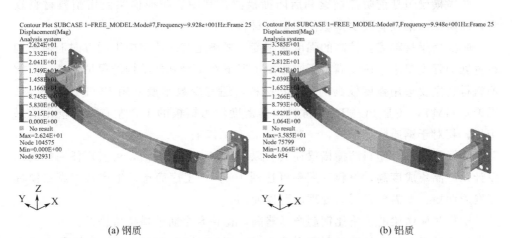

(a) 钢质　　　　　　　　　　　　　　(b) 铝质

图 3-34 一阶弯曲模态（自由模态）

表 3-15 高强钢与铝合金约束模态对比数据

约束模态振型	高强钢防撞横梁频率/Hz	铝合金防撞横梁频率/Hz
上下摆弯曲模态	56.98	131.8
左右摆弯曲模态	111.9	156.5
前后摆弯曲模态	147.9	200.6
上下扭转模态	176.4	285.9

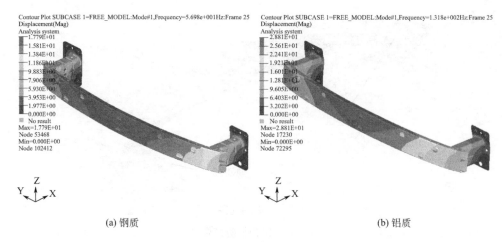

(a) 钢质 (b) 铝质

图 3-35　上下摆弯曲模态（约束模态）

针对防撞横梁上安装的拖钩三种工况下的强度分析，采用铝合金的防撞横梁加载最大变形与卸载残余变形均小于钢质材料，能够给设计提供更大的空间。

（4）塑料防撞横梁

防撞横梁包括前防撞横梁和后防撞横梁，其中后防撞横梁使用塑料材料较多，前防撞横梁仅有较少车型使用塑料材料。

防撞横梁材料需要较高的强度和刚度，要满足实际使用中不同方向上拖车钩布置处的强度要求，还要满足不同碰撞工况下对车身其他结构的保护要求。目前塑料材料主要选用强度较高的 GMT 材料，还有少数车型采用 PC+PBT 材料。无论是 GMT，还是 PC+PBT 材料，其密度均为钢板的 1/6 左右，轻量化效果明显，相对于钢质防撞横梁，一般能减重 30% 以上。

除轻量化外，塑料防撞横梁还具有以下优点：结构灵活，可实现任何截面的设计；产品集成度高，材料利用率可达到 100%；工序简单，生产效率高；模具开发周期短；不需要进行后处理就可以使用。

塑料防撞横梁的价格比钢制产品略高，比铝合金防撞横梁价格低。

目前韩系车型塑料防撞横梁使用较多，主要使用塑料防撞横梁的车型如表 3-16。

表 3-16　部分使用塑料防撞横梁车型

序号	车型	零件	材料	质量
1	雪佛兰赛欧	前防撞横梁	GMT(＞PP-GF45＜)	—
2	起亚 K4	前防撞横梁	GMT(＞PP-GF40＜)	2.5kg
3	起亚 K4	后防撞横梁	GMT(＞PP-GF40＜)	2.2kg
4	起亚 K2	后防撞横梁	GMT(＞PP-UD45＜)	2.2kg

续表

序号	车型	零件	材料	质量
5	现代 ix25	后防撞横梁	GMT(>PP-GF45<)	1.5kg
6	现代悦动	后防撞横梁	GMT(>PP-GF45<)	1.4kg
7	现代 VERNA	后防撞横梁	GMT(>PP-GF45<)	1.4kg
8	吉利 GS	后防撞横梁	PC+PBT	1.7kg
9	吉利博越	后防撞横梁	GMT(>PP-GF45<)	1.9kg
10	北汽 B40	后防撞横梁	LFT-D	—

（5）辊压成型防撞横梁

与传统冲压工艺相比，辊压成型能实现复杂的截面设计，能有效提高零件的强度。因此，在同等强度的情况下，可以通过减薄壁厚实现轻量化。特别是高强钢的辊压成型，更能有效地减薄壁厚。

除轻量化外，辊压成型还有如下优点：生产效率高；产品尺寸精度高；辊压成型线可以集成其他加工工艺；截面形状丰富；设计自由度高；生产噪声小；无环境污染等。

表 3-17 是在同等抗冲击能量下的冲压成型和辊压成型防撞横梁比较。

表 3-17 冲压成型和辊压成型防撞横梁比较

工艺	冲压成型防撞横梁	辊压成型防撞横梁
材料	DOCOL 500DP	DOCOL 1000DP
示意图		
材料强度	500MPa	1000MPa
壁厚	1.8mm	1.0mm
质量	13kg	6.5kg
减重	50%	

目前辊压成型已广泛应用于汽车防撞横梁，国内自主车型前防撞横梁采用辊压成型的有广汽 CS4、长安 CX70、长城 VV5、哈弗 H2、宝骏 730 等。

3.2.7.3 防撞横梁的材料发展趋势

钢制防撞横梁由于价格相对便宜，目前大部分车型还主要以传统的钢制防撞横梁为主。

铝合金防撞横梁发展迅速，特别是近几年铝合金车身的火热，也带动了铝合金相关零件的大量应用，预计在未来5～10年的新车设计中，铝合金防撞横梁将逐渐占据主流位置。

塑料防撞横梁也有极佳的减重效果，减重率和铝合金相当。但塑料模具价格较贵，而铝合金型材的防撞横梁在前期模具投入成本较低。比较高的前期开发投入和综合产品成本，是制约塑料防撞横梁发展的主要原因。

总体来说，防撞横梁的工艺及材料发展趋势如图3-36所示。

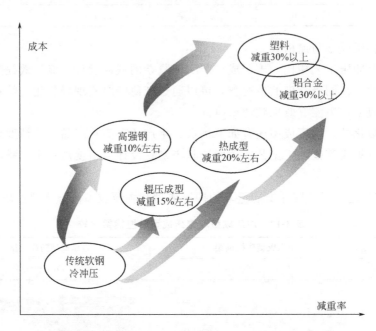

图3-36 防撞横梁的工艺及材料发展趋势

3.2.8 充电/加油口盖板

3.2.8.1 充电/加油口盖板的用材现状

汽车加油口一般有两个盖，分别称为油箱盖和车身加油口盖板，前者紧固在油箱加油管颈上，有保证油箱密封、调节油箱内汽油压力的作用，后者固定在车身上可以翻转打开，用来遮盖油箱盖。近几年随着纯电动车的兴起，加油口盖逐渐转变为充电口盖[35]（图3-37）。

传统汽车的加油口盖以金属冲压成型为主，近几年随着轻量化等技术的发展，塑料充电/加油口盖板逐渐被各整车企业所接受。

3.2.8.2 充电/加油口盖板的轻量化应用

以往传统的加油口盖板为金属钣金件，金属盖板主要优点：价格便宜；通过

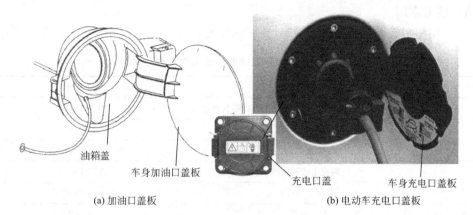

(a) 加油口盖板　　　　　　　　　　(b) 电动车充电口盖板

图 3-37　充电/加油口盖板

和车身一起电泳喷涂，颜色和车身一致，没有色差。相对于金属盖板，塑料盖板不仅具有耐腐蚀、造型自由度大等优点，还能实现轻量化，正因为如此，目前国内外已经有大量车型采用塑料盖板。

对金属和塑料盖板比较如表 3-18[36]。

表 3-18　金属和塑料盖板比较

序号	项目	金属盖板	塑料盖板
1	材料	普通钢板/镀锌板	PPE+PA/PC+PBT/PC+ABS 等
2	成型工艺	冲压成型	注塑成型
3	涂装工艺	在线喷涂	在线/离线喷涂
4	装配工艺	焊接(相对复杂)	组装(相对简单)
5	装配精度	装配精度低；焊接工艺要求高，每道焊接工序都存在一定的误差，累计误差更大	装配精度高：一次注塑成型，装配工艺只需组装；装配工艺简化，装配精度更高
6	质量	金属密度 $7.8g/cm^3$；比较重	塑料密度 $1.08g/cm^3$；轻量化 60% 以上
7	成本	成本低：材料价格低，模具成本低	成本高：材料及模具成本高
8	外形	外形相对简单	造型自由度大，可以制作复杂的形面
9	表面平整度	相对差	相对好
10	废品率	低	相对高
11	色差风险	基本无；采用与车身同步喷涂	离线喷涂存在色差风险
12	与侧围间隙	容易调节：可通过摇臂进行调节	不易调节；摇臂不可调节
13	与侧围面差	容易调节：可通过摇臂进行调节	不易调节；摇臂不可调节

塑料盖板轻量化效果明显，减重效果 60% 以上，目前开发的车型基本以塑料盖板为主。塑料盖板主要材料为聚苯醚（日本简称 PPE，美国简称 PPO）或其改性材料、PC+ABS、PC+PBT、耐高温尼龙等，其中以改性 PPE（PPE+

PA）最为常用。

使用塑料盖板的部分国内车型及材料如表3-19。

表3-19　使用塑料盖板的部分国内车型及材料

序号	车型	材料规格
1	众泰T700，长安CS75，吉利帝豪EV300，吉利博瑞等	PPE+PA
2	大迈X7	PC+PBT
3	奥迪Q5	PA6T-XT-MD30
4	别克LaCrosse	PC+PBT
5	雪佛兰Aveo	PC+PBT-MD7
6	大众速腾	PA6T-MPMD
7	大众迈腾	PC+PBT-MD12
8	BYD E6，众泰芝麻	PC+ABS

加油/充电口盖板属于外观件，随着汽车造型结构的不断变化，其外观形面日益复杂，制造难度也越来越高。为了确保造型和外观要求，加油口盖的材质也逐渐由金属钣金向塑料材料转变。另外，轻量化、工艺的简单化等原因，也是促进塑料加油口盖板快速发展的重要原因。

3.2.8.3　充电/加油口盖板用材发展趋势

塑料充电/加油口盖板已是比较成熟的轻量化零件，基本国内各传统整车企业都有量产应用。随着轻量化等技术的进一步发展，塑料充电/加油口盖板将最终完全取代传统金属盖板。

3.2.9　车身用结构胶

3.2.9.1　国内外行业的应用现状

采用结构胶可以改善零件结构设计和减薄零件厚度，但零件厚度减薄势必会影响车身的安全性能，这就需要对车身的刚度和模态进行局部提升。使用结构胶，不仅可以起到密封、连接异种材料的作用，还可以有效提升车身刚度和模态。在不改变车身结构的情况下，仅使用结构胶，车身扭转刚度可以实现15%左右的提升。

目前结构胶在国内外主流合资车型上均有应用，如大众POLO等中低级车型结构胶使用长度一般为10～40m，奔驰S级等豪华车结构胶使用长度达80～120m。国内自主车型近几年也大量开展结构胶的应用研究，也有成功的应用，但每款车的用量相对较少[37]。结构胶在部分汽车上的应用情况见表3-20。

表 3-20 结构胶在部分汽车上的应用情况

	结构胶使用长度/m	车身骨架重量/kg	车身轻量化系数 L
宝马 i3	173	138	1.26
路虎揽胜	160	288	1.22
奔驰 B 级	123	300	2.79
奥迪 A6	108	318	2.56
奥迪 A3	78	247	2.41
现代 i40	71	318	2.09

目前结构胶在车身上的应用，主要以补强为主，即提高车身的刚度和强度，国内外相关的研究及报道比较多[38,39]。

3.2.9.2 结构胶的轻量化应用及未来发展趋势

近几年很多车企开展车身轻量化的研究，即在车身刚度不变的情况下，通过增加结构胶、减薄车身钢板，实现车身的减重[40,41]。

结构胶的应用范围比较广，基本上所有车身板件的连接，都可以通过结构胶的辅助连接提高其强度和刚度，图 3-38 为车身可用结构胶的区域示意图。具体哪些部位可以通过增加结构胶，减薄钣金厚度来实现轻量化，需要 CAE 分析、试验分析等一系列的验证，从而确保最终的刚度和强度满足要求。

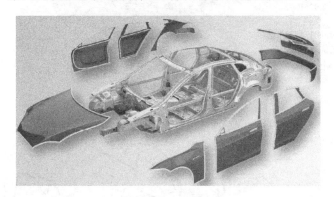

图 3-38 车身可用结构胶的区域示意图

以某车型为例，为充分发挥车身结构胶的作用，从以下几个方面进行轻量化结构分析，设计阶段考虑使用结构胶，初步规划涂胶位置，如图 3-39(a)；从现有车身设计中减重，先减重，再增强，并通过 CAE 分析验证，如图 3-39(b)；确定最终的涂胶位置，如图 3-39(c)。

该车型初定涂胶长度为 120m，后经 CAE 优化分析，确定能实现轻量化的有效涂胶长度为 45m。最终在满足车身刚度的前提下，通过结构胶的增强和钢板减厚，减重 17kg。

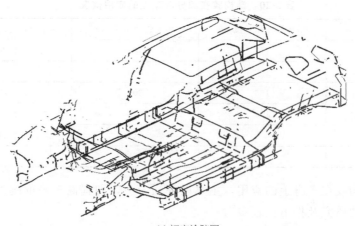

(a) 初定涂胶图

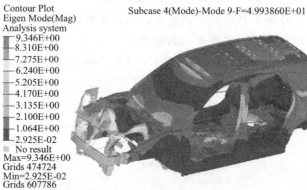

(b) CAE分析

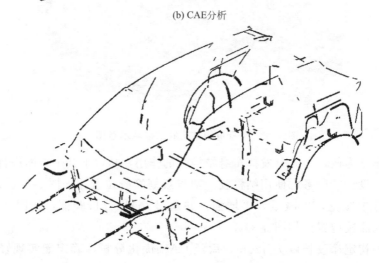

(c) 有效涂胶图

图 3-39　车身结构胶开发示意图

3.2.9.3 未来的发展趋势

结构胶的应用在国内汽车行业中正处于成长阶段，由于其作用较多，不仅能实现轻量化，还能起到密封、连接、隔音、降噪等作用，同时还能实现降低成本，因此国内主流车企均在加大对其的开发和应用。一些自主品牌，已经成功地应用结构胶，如长城魏派结构胶用量已达到70m。随着国内自主车型对舒适性、轻量化等的要求越来越高，预计结构胶在新能源汽车上的应用也将越来越多。

3.2.10 其他轻量化技术

3.2.10.1 车身用水性阻尼材料

随着国家对环境保护的重视，研发应用水性、低污染的环保型材料和工艺已成为企业可持续发展和建设的重要发展战略。水性阻尼材料是一种以高分子树脂聚合物（主要有聚丙烯酸、橡胶、PVC等）为主要成分，以水为分散介质，辅以阻燃剂、填料、助剂等，用于车内地板、门板等位置的阻尼材料。与其他阻尼材料不同，水性阻尼材料主要通过将振动机械能转化成热能消散振动，从根源上实现阻尼降噪的作用[42]。

相对于传统的沥青阻尼材料，水性阻尼材料具有以下优点[43]：

① 不含有机溶剂，可减少工艺车间的VOC（挥发性有机化合物）排放和颗粒；

② 密度低，替代传统的沥青阻尼板，一般可实现单车减重2~3kg；

③ 阻尼效果好，水性阻尼材料进行阻尼因子测试，结果阻尼因子比传统沥青阻尼板提升近50%；

④ 提升车间的自动化水平，水性阻尼材料采用自动化机器人喷涂，程序化操作，可有效提高车间的自动化水平和生产效率，避免人工装配出现漏装和错装问题；

⑤ 物流方便、存放空间小。

水性阻尼材料无论从性能、环保，还是从生产工艺方面，都优于传统沥青阻尼材料，但同样地也存在一些劣势，如设备投入较大、材料成本较高等问题。施工工艺和设备对水性阻尼材料的应用有着重要的影响。产品应用时需提前对施工现场进行确认和对设备进行安装调试，根据产品定义和车身数据，完成机器人喷涂路径和速度（厚度）的轨迹编程。因为属于水性产品，对施工设备防腐、保温和对喷枪的要求较高。

水性阻尼材料和沥青阻尼材料（传统）差异分析见表3-21。

表 3-21 水性阻尼材料和沥青阻尼材料（传统）差异分析

项目	水性阻尼材料	沥青阻尼材料（传统）	备注
主要成分	水性丙烯酸	沥青	—
密度	1.0~1.2g/cm³	1.4~1.7g/cm³	水性阻尼材料密度更低
外观	膏状	固态	—
自动化	机器人	手动施工	—
产品存储	基本不占空间	必须存放在生产线旁；占用大量空间	水性阻尼材料节约储存、运输和在线存放的管理成本
施工区的灵活性	可施工在垂直表面、背面等全车需阻尼位置	垂直面和背面需要使用磁性阻尼材料	—
零件号	一个零件号	每车型有 10~20 个零件号	节约管理成本
改变形状	程序调整	需模具裁剪零件	—
环保性	无 VOC 排放	有挥发物质	提升整车 VOC 性能
人员	不需人力	2~4 人	节约人工成本

由于其突出的绿色、环保、轻量化优势，正好迎合当今社会安全、节能、环保的发展主题，所以水性阻尼材料最近几年发展十分迅速。因国外市场对环保材料关注早于国内，水性阻尼材料在国外很多整车企业，如通用、福特、沃尔沃、奥迪、宝马等普遍得到使用；国内汽车行业虽然研究和应用起步晚于国外，但近年来随着对环保材料的关注增加，发展迅速，沃尔沃成都工厂、上汽通用、奇瑞捷豹、长城、吉利、威马等整车企业的多数车型已实现水性阻尼材料的批量应用。预计在 5~10 年内，水性阻尼材料将替代沥青材料成为市场主流产品。以某车型为例（图 3-40），采用水性阻尼材料替代原有的沥青阻尼材料，使用沥青阻尼材料，单车质量 5.75kg，使用水性阻尼材料单车质量仅有 3.0kg，单车用量减少 2.75kg。

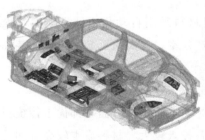 

(a) 水性阻尼材料应用区域　　(b) 水性阻尼材料局部喷涂效果图

图 3-40　水性阻尼材料应用区域及局部喷涂示意

3.2.10.2　车身底部防护用低密度抗石击涂料

抗石击涂料又叫车身底部防护胶，主要用在车身底部，车轮罩或挡泥板等部位，起到避免砂石对车身的撞击、防腐、隔音和降噪等作用。在汽车生产所用到的数十种胶黏剂中，它是用量最大的一种，几乎占到汽车胶黏剂用量的一半。抗石击涂料主要有聚丙烯酸酯型、PVC（聚氯乙烯）塑溶胶型、聚氨酯型和沥青型。20世纪80年代以前，主要采用沥青型，目前使用的材料主要是以PVC糊树脂为主体材料的热固化型塑溶胶。近几年随着轻量化技术和抗石击涂料材料技术的发展，该材料逐渐向轻型化，即低密度化发展[44]。

降低抗石击涂料密度的方法有很多，如在普通抗石击涂料中添加无机中空填料（如中空玻璃球、硅藻土中空球、中空碳酸钙等）、添加发泡剂等。其中无机中空填料在受到外力冲击时容易破碎，故涂膜整体耐冲击性能较差，难以适应汽车底部多冲击的环境，所以暂未得到大范围应用[45]。

目前主要应用的低密度抗石击涂料，是在普通抗石击涂料中增加发泡剂，发泡剂受热后产生气体膨胀，使固化成膜的抗石击涂料具有一定的膨胀率。由于塑料中空体的密度非常低（$0.02\sim0.05g/cm^3$），可使涂膜密度大大降低，进而达到轻量化的目的。

除此之外，发泡型抗石击涂料回弹性好，在受到外部冲击时缓冲强度高，不易破碎、损坏等。每辆汽车抗石击涂料用量一般为5kg左右，在相同施工条件下，使用发泡型抗石击涂料，单车可实现30%左右的减重目标，不仅实现减重，还可以通过减薄喷涂厚度减少产品的使用量。

发泡型抗石击材料由于具有良好的综合性能，目前在国外汽车车企（如丰田、本田）已量产应用，国内车企（如长城、东风柳州）也已经陆续使用。随着消费者对汽车舒适度、NVH性能、轻量化等要求的提高，发泡型抗石击涂料的应用将越来越广泛[46]。

3.2.10.3 集成化超轻新能源汽车

近年来一些业界人士认为，电动化、智能化、轻量化、集成化是新能源汽车发展的趋势。除了电器电控的集成化，车身的集成化也广受关注。

（1）集成化超轻新能源汽车

据报道，集成化超轻新能源汽车的设计思路体现在车身一体化、组件模块化、整体化，其目的是实现细小零部件的高度集成，从而减少零部件的数量，降低生产的成本，从而达成车身轻量化的目标。目前车身整备质量最轻的新能源汽车质量850kg（包括电池）。这种超轻新能源汽车的具体结构分为驱动电池单元、行驶系统、转向系统、铝质车身框架、复合材料车身、塑化地板等（见图3-41）。

（2）集成化纤维增强热塑性地板

新能源汽车的另一种关键技术是发展集成化纤维增强热塑性地板。这种技术主要使用热塑性材料制成的地板、高强度的塑料车身与铝制框架，然后通过车身上的通孔、孔槽和成型预埋金属件实现高强度材料车身与热塑性材料地板以及铝制框架的连接。这种车身结构是一种封闭式的结构，能使车身及其部件共同传递

图 3-41　集成化超轻新能源汽车

工作载荷，并吸收和传递部分碰撞能量。

超轻新能源汽车的热塑性材料地板如图 3-42 所示。它在满足使用要求的前提下，极大地减轻了汽车的整备质量。目前，制造这种热塑性地板的方法主要是在制造汽车的常用材料中加入纤维增强微分发泡材料，并且在加热时，利用纵向轴和横向轴同时带动模具旋转加热，从而使材料逐渐熔融并均匀涂覆于模具表面，通过空冷或水冷工艺冷却模具，最后开模得到集成化地板。从工程材料知识中可以知道，这种方法得到的材料其晶体更加细小均匀，因而能获得强度更大，质量更轻的地板。

图 3-42　超轻新能源汽车的热塑性地板

（3）一体成型全塑车身

一体成型全塑车身减重 60%，车身主体部分采用的是轻质滚塑材料，即一种塑料。用高分子材料替代钢材，并采用滚塑整体成型工艺制造的车身，由于原材料可以进行调色处理，就不再需要涂漆处理，省略了冲压和喷涂等工序，可以一次成型（如图 3-43 所示）。

滚塑整体成型工艺的一大特点是可以一次性制备出具有复杂曲面的大型或者超大型的中空塑料制品。这正好满足了轿车车身体积大、外观线条流畅、曲面圆

图 3-43　一体成型全塑车身

滑的要求。虽然这项技术还不是很成熟，仍处在起步发展阶段，但仍具备很多优势。这种一次成型技术具有多种模块套件，设计自由度大，可以实现定制生产，提高了车身的个性化程度。由于车身使用了环保型塑料，制备中不会对环境产生污染，车身日常使用不会受到腐蚀，耐久度高。可以通过对原料调色的方法直接获得 A 级表面的车身，与传统涂装工艺相比可以节省磷化、电泳工艺的巨大投入，使得生产过程更加环保、能耗减小。

这类车身结构主要使用在电动轿车中，也是顺应了新能源汽车的发展趋势。以丹麦节能电动车 ECOmove QBEAK 为例，车身尺寸为 3000mm×1750mm×1630mm，整备质量仅为 425kg。而同尺寸的传统轿车车身质量基本在 1000kg 以上，即使是尺寸更小的 Smart，车身尺寸 2695mm×1663mm×1555mm，整备质量也有 920~963kg。

（4）内置钢网结构或者添加强化材料的塑料车身

由于塑料天然的强度缺点，而且容易产生收缩变形，单纯的塑料结构不足以满足车身强度要求。为了解决这一问题，很多一体成型塑料车身会采用内置钢网结构或者添加强化材料如玻璃纤维等，来增强车身的结构强度。以内置钢网结构为例，具体做法是将钢网嵌入模具内部，在滚塑加热过程中使原料包覆钢网，这就好像钢筋混凝土结构一样，钢网抵消了塑料的收缩变形，提高了车身强度。由于一次成型全塑车身对模具的加工精度、开合模速度、制品统一性有更高的要求，工艺难度大，如果单纯地采用纤维增强，无论是预先混合还是后混合都无法使纤维与原料均匀地混合，直接导致了车身制品的力学性能不是很稳定。此外，有的厂商为了进一步加强车身强度，还会在车身内侧增加铝制骨架，虽然质量增加了一部分，但可以有效地保证安装在骨架上面的动力系统的安全。

（5）一体成型碳纤维车身

2017 年德国戴姆勒集团与专精碳纤维复合材料研发与制造的日本东丽公司

合作开发了碳纤维复合材料，在戴姆勒集团旗下量产车系中进行运用，以针对新时代车型的轻量化车体工程，达到革命性的突破进展。奔驰 SLR 先行尝试碳纤维车体，并将朝量产车系普及。事实上以汽车制造商与碳纤维材料供应商的角度来看，戴姆勒与东丽双方的合作目标极为一致。日本碳纤维材料厂商东丽，与戴姆勒 AG 联手开发车用碳纤维材料，将推动碳纤维材料朝车辆产业的普及，一体成型碳纤维车身如图 3-44 所示。

图 3-44 一体成型碳纤维车身

除以上常用的车身系统轻量化应用技术外，还有大量其他的轻量化方案，由于篇幅有限，不能将所有的轻量化应用技术逐一介绍，如静音钢板前围板[47]、塑料备胎舱[48]（如大众迈腾）、塑料车顶顶盖等的轻量化应用。

参 考 文 献

[1] 国家质量技术监督局. 汽车车身术语：GB/T 4780—2000 [S]. 北京：中国标准出版社，2000.
[2] 中国汽车工程学会. 中国汽车轻量化发展：战略与路径 [M]. 北京：北京理工大学出版社，2015.
[3] 李军，路洪洲，易红亮，等. 乘用车轻量化及微合金化钢板的应用 [M]. 北京：北京理工大学出版社，2018.
[4] 倪剑. 从 CCV 概念车看当今汽车车身设计的特点和趋势 [J]. 世界汽车，1999（03）：1-2.
[5] 敖昕峰. 新能源汽车全塑车身设计及制造技术研究 [J]. 南方农机，2018，49（16）：100.
[6] 秦柳，肖勇，丁玉梅，等. 新能源汽车全塑车身先进制造技术 [J]. 中国塑料，2014，28（12）：99-103.
[7] 刘超，王磊，刘杨. 汽车用先进高强钢的发展及其在车身设计中的应用 [J]. 特钢技术，2012，18（02）：149.
[8] 中国汽车材料网. 深度解析 VolvoXC90 车身用材：2014 Euro Car Body [J/OL]. 汽车材料快讯，2014. http：//www.qichecailiao.com/journal/list-3462.html.
[9] 矫春虹. 高强度钢在汽车上应用比例将提升. 《中国汽车报》网，2015. http：//www.cnautonews.com/qclbj/l_hy/201502/t20150209_345584.htm.
[10] 乔晓勇. 从 SGMW 某轿车车身设计看先进高强钢的应用 [J]. 企业科技与发展，2010（14）：16-19.
[11] Hester T，Saje R，Parlow P. CADILLACCT-6 [R]. EUROCARBODY，2015.
[12] 竺铝涛. 汽车用碳纤维复合材料的发展历程及应用 [J]. 上海汽车，2013（11）：52-55.

[13] 张靠民, 李敏, 顾轶卓, 等. 先进复合材料从飞机转向汽车应用的关键技术 [J]. 中国材料进展, 2013, 32 (11): 685-695.

[14] 冯永忠, 康永禄. 宝马新7系车身概览上 [J]. 汽车维修与保养, 2016 (03): 75-77.

[15] 李燕龙, 李峥, 樊树军, 等. SMC材料在某电动汽车发动机罩盖上的应用 [J]. 汽车科技, 2015 (01): 71-75.

[16] 徐娟. 碳纤维复合材料发动机罩轻量化设计研究 [D]. 上海: 上海交通大学机械与动力工程学院, 2014.

[17] 张静. 前途能否有前途? [J]. 汽车观察, 2016 (06): 116-117.

[18] 李文晓. 复合材料泡沫夹层结构在汽车外饰轻量化中的应用和拓扑优化 [A]// 中国汽车工程学会. 2009中国汽车工程学会年会论文集. 中国汽车工程学会, 2009: 4.

[19] 陈青香, 刘未隆, 王鹏, 等. 聚甲基丙烯酰亚胺泡沫塑料研究进展 [J]. 工程塑料应用, 2013, 41 (07): 105-109.

[20] 沈长海, 宋海泉. 汽车全塑后背门开发应用解析 [J]. 汽车工艺师, 2018 (2): 40-42.

[21] 邵萌, 王燕文. 长玻纤增强材料在汽车塑料尾门中的应用 [J]. 汽车零部件, 2016 (5): 86-89.

[22] 丰田新款普锐斯PHV混动汽车采用碳纤维材料尾门结构 [J]. 高科技纤维与应用, 2017, 42 (02): 56-57.

[23] 中国汽车材料网. 一文读懂: 汽车后尾门选材及发展趋势 [J/OL]. (2018-7-25). https://wenku.baidu.com/view/d8e6920f68eae009581b6bd97f1922791788be62.html.

[24] 刘祖委. 塑料翼子板的发展与应用 [J]. 汽车工艺与材料, 2008 (9): 61-65.

[25] 王雪争, 代德才, 门立忠, 等. 碳纤维复合材料翼子板在某车型上的应用 [J]. 汽车实用技术, 2018 (6).

[26] 程章, 朱平, 冯奇, 等. 碳纤维复合材料汽车翼子板优化设计研究 [J]. 汽车工程学报, 2015, 5 (5): 367-374.

[27] 杨金玉, 田丰福. 汽车塑料翼子板的发展及其关键技术探析 [J]. 塑料工业, 2017 (12): 70-73.

[28] 宋小宁, 钱钧, 刘江波. 一款乘用车塑料前端骨架设计分析 [J]. 农业装备与车辆工程, 2015, 53 (7): 76-79.

[29] 赵高明. 前端支架的模块化发展 [J]. 汽车与配件, 2010 (z1): 35-39.

[30] Siwands G, Tcn M T. 镁合金在汽车行业中的应用 [J]. 2007年中国汽车摩托车用镁国际研讨会文集, 2007: 124-125.

[31] 宋小宁, 钱钧, 王耘, 等. 浅谈汽车铝合金防撞梁设计应用 [J]. 科技创新与应用, 2017 (32): 131.

[32] 杨国勇, 潘俊, 蔡汉琛, 等. 轿车前防撞梁设计 [C]. "广汽部件杯"广东省汽车行业第六期学术论文集2011, 2011.

[33] 张敬文, 范体强, 赵清江, 等. 不同轻量化方式防撞梁的碰撞性能对比和选用 [C]. 第十一届IN-FATS国际汽车交通安全学术会议论文集, 2014.

[34] 刘继英, 李强. 辊压成形在汽车轻量化中应用的关键技术及发展 [J]. 汽车工艺与材料, 2010 (2): 18-21.

[35] 李永兵, 马运五, 楼铭, 等. 轻量化多材料汽车车身连接技术进展 [J]. 机械工程学报, 2016, 52 (24): 1-23.

[36] 孙海涛, 乔淑萍. 轿车车身加油口盖零件设计分析 [J]. 汽车与配件, 2009 (40): 33-35.

[37] 郭跃宁, 闫会杰. 结构胶在汽车白车身上的应用 [J]. 山东化工, 2015, 44 (12): 73-75.

[38] 吴强. 乘用车白车身金属结构胶的应用 [J]. 汽车实用技术, 2016 (8)：237-239.

[39] 曾俊伟. 结构胶在车身安全与轻量化设计中的应用研究 [D]. 长沙：湖南大学, 2015.

[40] 岳涛, 卢利平. 基于白车身静刚度优化的车身轻量化研究 [J]. 客车技术, 2015 (2)：7-8.

[41] 俞庆华. 陶氏 BETAMATE~(TM) 结构胶系统助力汽车行业轻量化发展 [J]. 汽车零部件, 2016 (12)：62.

[42] 温喜梅, 王伟, 岳长山, 等. 新型水性阻尼涂料在汽车领域中的应用 [J]. 现代涂料与涂装, 2017, 20 (12)：4-6.

[43] 何彬, 肖其弘, 李旋, 等. 新型水性阻尼材料在汽车涂装中的应用 [J]. 涂料工业, 2014, 44 (06)：61-64, 68.

[44] 吕亚真. 密封胶在汽车上的应用 [J]. 建材发展导向, 2013 (18)：88.

[45] 李富强, 张爱平, 李丹彤, 等. 车底抗石击防护胶在汽车上的应用 [J]. 粘接, 2015, 36 (02)：55-58.

[46] 杨磊. 高发泡型汽车车底抗石击涂料应用研究 [J]. 现代涂料与涂装, 2016, 19 (03)：22-24.

[47] 曹伟, 李国林, 李宏华, 等. 静音钢板前围板的轻量化应用及噪音性能研究 [J]. 农业装备与车辆工程, 2011 (02)：20-22.

[48] 武胜军, 李中兵, 史荣波. GMT 材料在汽车备胎舱上的应用研究 [C] //汽车内外饰产品及新材料国际研讨会, 2009.

第4章
内外饰零部件材料轻量化

【导读】 本章的汽车内外饰件包括对车身起保护或装饰作用的非金属及金属零部件。据统计，新能源汽车的塑料及复合材料占比逐年增加，塑料可模铸成比钢组合件更为复杂的形状，减少集成过程中所用的部件数。另外，仪表板横梁传统上采用钢管和钢板冲压件组合焊接制造，目前的发展方向包括塑料、铝合金、镁合金等多个选择；座椅部件轻量化首选镁合金材料等等。随着新能源车型的普及，以及新型轻量化材料的快速发展，新能源汽车内外饰零部件的材料轻量化将带动行业的变革。本章主要介绍了十余种金属及非金属内外饰零部件材料的轻量化应用。

(a) 内饰零部件示意图

(b) 外饰零部件示意图

图 4-1 汽车内外饰零部件示意图

汽车内外饰件主要是指车身内外部对车身起保护或装饰作用的零部件，以及具有独立功能的车身附件。不同的整车厂，内外饰件的范围各有不同。其中内饰件主要指具有一定的装饰性、功能性、安全性以及工程属性的车内零部件，主要有仪表板、副仪表板、座椅、车门、车顶、地板、侧壁的内饰、遮阳板、扶手、车内后视镜等。外饰件主要有前后保险杠、车身防撞装饰条、轮胎挡泥板、门槛压板、玻璃、行李架、密封条、车外后视镜、车灯等（如图 4-1 所示）。

4.1 节介绍内外饰主要零部件材料轻量化的发展趋势。4.2 节对各种常用的轻量化技术进行详细分析。另外，电子电器系统的零部件（如车灯、开关、空调、喇叭、仪表、各种控制面板等）分布在全车各处，使用环境和要求等和内外饰零部件有很多相同之处，广义地说，这些电子电器件也属于内外饰件，其主要零部件的材料轻量化也在本章进行介绍。

4.1 内外饰零部件轻量化发展趋势

内外饰零部件质量约占整车质量的 20%，其中非金属材料占内外饰零部件总质量的一半以上。图 4-2 中（a）图为某款纯电动车各系统的质量占比，（b）图为各类材料在内外饰零部件的用量比例统计。

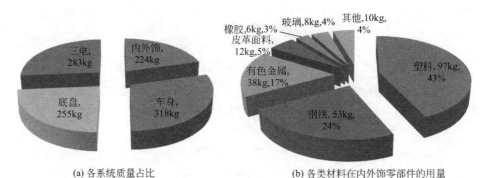

(a) 各系统质量占比　　(b) 各类材料在内外饰零部件的用量

图 4-2　某款纯电动车的各系统的质量及内外饰零部件用材比例

内外饰零部件个数多，而且多以密度较低的非金属材料为主，所以相对来说，轻量化空间相对较小。近几年随着材料、工艺、设备等技术的发展，内外饰也涌现出一系列运用轻量化材料的零部件，如低密度化材料零部件、长纤增强 PP 零部件、塑料玻璃零部件、TPE（热塑性弹性体）零部件等。另外部分传统钢制金属零部件的用材，也逐渐向镁铝合金、复合材料等发展。

内外饰塑料零部件的轻量化，主要围绕 PP 及其长纤增强材料开展，如内饰护板、保险杠、仪表板等的薄壁化、低密度化，主要是以矿粉改性 PP 材料为主；底护板、蓄电池支架、塑料座椅骨架等的轻量化，均以玻纤增强的PP材料为主。PP材料价格便宜，流动性好，是内外饰零部件使用的最主要的材料之一。近几年随着其本身性能及其改性技术的提升，越来越多的零部件用PP材料替代PA等高强材料，由于PP材料密度相对较低，所以PP材料的大量使用，也客观上促进了内外饰零部件的轻量化。

内外饰金属零部件数量虽然不多，但质量却可以占到内外饰零部件质量的40%左右，因此，金属零部件的轻量化，对内外饰零部件的轻量化有着举足轻重的作用。传统的钢制零部件由于密度较大，采用低密度的镁铝合金或增强塑料，都能有效地实现轻量化。如传统的仪表板横梁、座椅骨架等，均是采用钢制材料，而镁铝合金则是最近10来年仪表板横梁、座椅骨架轻量化的理想材料，大量的企业开展了相关的研究，并有部分车型成功量产，轻量化效果在40%左右；部分企业开展塑料仪表板横梁、塑料座椅骨架的研究，并在少数高端车型上应用，相对于钢质原件，减重效果可达40%以上。

另外，TPE替代软质塑料、传统橡胶，透明塑料替代钢化玻璃等，也是内外饰重要的轻量化发展方向。TPE由于其密度较低，替代软质PVC塑料、传统橡胶等，能实现减重20%左右，另外，还能有效地减轻内饰的气味、减少VOC排放。透明塑料替代钢化玻璃，轻量化效果明显，但目前成本较高，另外就是法规要求方面有障碍。

随着智能化、信息化的发展，与智能互联相关的零部件逐渐增多，这也在客观上增加了内外饰零部件的质量。未来的轻量化发展，不再仅仅局限于传统的内外饰装饰件，内外饰电子电器件的轻量化，也是未来重要的研究方向。

4.2 内外饰主要零部件材料轻量化

4.2.1 仪表板横梁

4.2.1.1 仪表板横梁的用材现状

仪表板横梁是支撑汽车仪表板的部件。仪表板横梁一般还集成了安全气囊支架、转向管柱支架，有吸收膨胀时的冲击能量的作用。

仪表板横梁目前主要用钢管及板材焊接成型，随着轻量化技术的发展，铝合金仪表板横梁、镁合金仪表板横梁大量应用。近几年，部分企业开始研究塑料仪表板横梁和半塑仪表板横梁。

4.2.1.2 仪表板横梁的轻量化应用

(1) 铝合金仪表板横梁

铝合金仪表板横梁通常是由一根铝型材横梁和若干型材支架焊接而成，如图4-3所示。

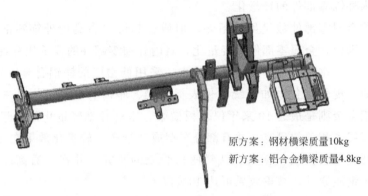

原方案：钢材横梁质量10kg
新方案：铝合金横梁质量4.8kg

图 4-3　铝合金仪表板横梁示意图

铝合金仪表板横梁在开发过程中有以下两个方面的难点。

首先是成型过程中的开裂、回弹问题。在铝合金仪表板横梁的制造过程中，管状横梁可采用挤压或液压工艺，各类支架可采用冲压或挤压工艺，再通过CAE辅助分析，优化其形状、厚度、尺寸等，解决铝合金成型过程中常出现的开裂、回弹等问题，从而获得符合标准要求的铝合金件。

其次是连接过程中的变形等缺陷。铝合金的主横梁与各类支架之间主要通过焊接工艺连接，因铝合金焊接工艺所需能量高，且焊缝熔体有吸氢倾向，所以焊接过程易出现变形大、焊接气孔率高等问题。需要通过严格的工艺控制及质量管控手段，才能得到尺寸合格、性能合格的铝合金仪表板横梁。图4-4为上海通用GL8的铝合金仪表板横梁。

图 4-4　上海通用GL8铝合金仪表板横梁

铝合金由于对工艺的要求比较高，另外轻量化效果比镁合金差，制约了其在仪表板横梁上的大量应用。从目前研究及应用的情况看，铝合金仪表板横梁远不及镁合金仪表板横梁。

（2）镁合金仪表板横梁

镁合金作为目前工业应用上最轻的金属结构材料，具有比强度、比刚度高，导热和切削性能好，电磁屏蔽和抗振降噪能力强，易回收和对环境污染小等优点，被誉为"21世纪绿色金属结构材料"，在电子电器、汽车交通和航空航天等领域具有广泛的应用前景。

为了降低能耗，减小对环境的污染，汽车公司和零部件供应商大力开展轻量化研究，促进了镁合金材料在车身上的应用。北美平均每辆车应用镁合金3.5kg，欧洲平均每辆车应用镁合金14kg，而中国平均每辆车用镁合金仅1.5kg。仪表板横梁作为仪表板饰件及其附件、乘员侧安全气囊、转向管柱和空调箱等零件的支撑，直接与车身相连，承受仪表板总成的载荷，对车辆的安全产生较大影响。

目前，镁合金仪表板横梁主要通过压铸或挤压方式获得。用于压铸仪表板横梁的镁合金一般为AM50、AM60等，用于挤压仪表板横梁的镁合金一般为AZ系列，如AZ80、AZ91等。与钢制仪表板横梁相比，镁合金仪表板横梁减重率超过40%，如吉利帝豪GL、GS车型的镁合金仪表板横梁的质量不超过5kg，长城汽车的WEY系列镁合金仪表板横梁仅重4.9kg。上汽荣威i6的仪表板横梁（压铸镁合金＋钢钣金），其中压铸件的质量仅为3.5kg，在实现轻量化的同时，兼顾了成本（图4-5）。另外北汽LITE、众泰等车型，也均开发了镁合金仪表板横梁。

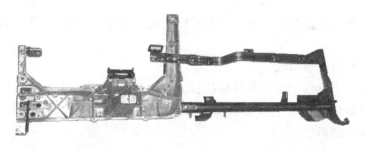

图4-5 上汽荣威i6钢镁混合结构仪表板横梁

（3）塑料仪表板横梁[2]

瑞士EMS-GRIVORY公司的日本分公司EMS-CHEMIEJAPAN在"人与车科技展2016"上，展出了全球首款全树脂仪表板横梁，采用长玻璃纤维增强高温高刚尼龙（PPA）注塑成型。该仪表板横梁是全球首次开发出来的全塑仪表板横梁，其质量由原来的4.7kg减轻至3.3kg，成本降低了50%左右。

与金属仪表板横梁相比，塑料仪表板横梁主要有以下优点：

① 实现产品的轻量化；

② 全塑横梁结构，零件减少；

③ 模块化，制造及装配工艺简化。

以某款车型金属仪表板横梁替换为塑料仪表板横梁为例，原来的 33 个分零件集成到一个零件上，实现了单一产品多结构模块化安装。

金属仪表板横梁与塑料仪表板横梁比较如表 4-1 所示。

表 4-1　金属仪表板横梁与塑料仪表板横梁比较

项目	金属仪表板横梁	塑料仪表板横梁
示意图		
成型工艺	焊接	注塑成型
零件数	33 个	1 个
材质	(1)仪表板横梁管：Q345A、10 钢 (2)其他分零件：SPCC	PPA-LGF60(60%长玻纤增强 PPA)
壁厚	(1)横梁管：1.2mm；(2)板材①：1.5mm	(1)主体：3mm；(2)加强筋：2mm
质量	约 7kg	约 4kg
减重率	43%左右	

① 板材以 1.5mm 厚为主，部分支架厚度有差异。

目前国内自主品牌已经开展了全塑仪表板横梁的开发研究，但还停留在前期预研阶段。

(4) 半塑仪表板横梁

最近几年兴起的塑料、金属熔接技术，也促进了塑料-金属复合仪表板横梁的发展，该塑料-金属复合仪表板横梁的结构见图 4-6，横梁主体部分采用金属，支架部分采用塑料。

相对于传统的金属仪表板横梁，NMT（纳米注塑材料）复合仪表板横梁减重超过 20%。2013 年德国戴姆勒在奔驰 A 级上首次采用，之后奔驰 B 级和奔驰 SLS 级也相继配备，其中金属管梁采用铝合金，注塑支架为玻纤增强 PA6，减重约 20%。

4.2.1.3　未来的发展趋势

由于镁合金仪表板横梁阻尼效果好、减重效果明显，且工艺为压铸成型，集成效果好，尺寸精度高，所以是未来轻量化的发展趋势之一。铝合金仪表板横梁

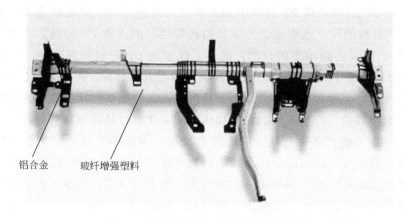

图 4-6 塑料-金属复合仪表板横梁结构

为铝板冲压焊接或铝型材挤压焊接,虽然可以减重,但是累积公差大,精度和集成效果不如镁合金仪表板横梁好,所以没有镁合金仪表板横梁应用得多。无论是全塑,还是金属+塑料复合仪表板横梁,虽然减重效果明显,但成本上升较多,刚度、模态都有待验证,短期内还主要是以车型亮点宣传为主,大量在量产车型上应用还有待时间考验。如果既考虑成本又考虑减重,在驾驶员侧需要集成度高的部位采用镁合金,在副驾驶员侧采用钢也是不错的选择。

4.2.2 内外饰护板

4.2.2.1 内外饰护板的用材现状

内外饰护板主要是指起装饰或保护作用,并且外露可见的塑料件。其中内饰护板包括四门护板、A柱/B柱/C柱护板、行李厢侧饰板、座椅侧护板以及仪表板/副仪表板上的一些饰板等;外饰护板包括前后保险杠、门槛压板、塑料翼子板等。内外饰护板是塑料零部件的主要应用部位之一,据不完全统计,每辆车内外饰一般有塑料护板 100 个以上,质量超过 40kg。

传统的内外饰护板主要采用改性 PP 材料,如 PP、PP/PE、PP-T20、PP+EPDM-T20 等。

4.2.2.2 内外饰护板的轻量化应用

(1) 低密度内外饰护板

当前众多轻量化方案中,低密度材料的应用是主流方案之一。聚丙烯由于具有密度小、性价比高、耐化学腐蚀、耐应力开裂和便于回收利用等特点广泛应用于汽车零部件[3]。由于以往改性技术有限,改性 PP 材料性能相对较低,而为保证零部件强度要求,一般选用矿物填充对 PP 材料进行改性,导致零件整体质量较重,不利于整车轻量化。

低密度 PP 材料是指 PP 材料中加入少量（甚至不加）矿物填充物，且达到高填充 PP 材料的尺寸收缩率、力学及耐热等性能的改性 PP 材料，替代高填充 PP 材料时，可以达到减重的目的。而且，低密度 PP 材料的耐刮性比传统的高填充 PP 材料（如 PP＋EPDM-T20）有明显的提升。传统 PP＋EPDM-T20 材料在刮擦过程中，矿物填料在外力作用下暴露或被拉出基体，从而导致光在材料表面发生折射和散射，产生明显的光泽和明暗的变化，这是导致材料耐刮性差的根本原因[4]；为了改善其耐刮性，一般均会添加不少硅酮、硅氧烷和芥酸酰胺等耐刮擦剂，增加成本的同时，还会影响材料气味性。低密度 PP 材料在相同力的作用下填料被暴露或被拉出基体的比例减少，光在材料表面因发生折射和散射导致的光泽和明暗变化较少，表现出较好的耐刮性能[5]。

低密度 PP 材料的应用目前在国外车型和合资车型中较为普遍，其中，大众、神龙、福特、本田、现代等主要以无填充高性能 PP 材料为主，应用于立柱饰板，而部分门护板选用低填充 PP 材料。

低密度 PP 材料的典型应用案例见图 4-7。

(a) 大众门护板
材料：5%矿物填充PP

(b) 卡罗拉门内护板

(c) 翼虎门内护板

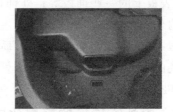
(d) 长城C20R内饰护板

图 4-7　低密度 PP 材料的典型应用案例

低密度 PP 材料在强度方面，因为矿物填充的减少，材料的弯曲模量和弯曲强度会有大幅度的下降，表现在产品上即为产品偏软；因此，在材料的选择上必须要考虑高弯曲强度、高弯曲模量的材料。

韧性方面，对于冲击性能要求较高的零件，必须选用增韧级的低密度 PP 材料，以满足产品性能要求。

收缩率方面，纯PP材料的收缩率一般在1.5%左右，传统矿物填充的改性PP材料收缩率一般可降为1.0%~1.2%，低密度PP材料的选用必须要确保材料的收缩率满足产品的设计要求。

以某内饰低密度PP材料与传统PP材料性能（典型值）对比，材料密度由1.05g/m³降至0.96g/m³，相比PP+EPDM-T20材料减重8.5%，而流动性、弯曲模量、缺口冲击强度均比传统PP材料要高。表4-2为传统PP材料与低密度PP材料性能对比数据。

表4-2 传统PP材料与低密度PP材料性能对比

性能	单位	测试方法	传统PP材料	低密度PP材料
密度	g/cm³	ISO1183	1.05	0.96
熔融指数(230℃,2.16kg)	g/(10min)	ISO1133	15	20
拉伸强度	MPa	ISO527	20	20
弯曲模量	MPa	ISO178	1500	1600
缺口冲击强度(23℃)	kJ/m²	ISO179	20	25

另外，低密度PP材料可在PP+EPDM-T20的模具直接成型，不需更改模具；外观方面，具有耐划伤、低虎皮纹、良好的喷涂性等优点。

低密度PP材料应用过程中，在工艺方面，需警惕制品变形、缩印等问题。由于PP材料在不同部位结晶速率不一样，导致制品产生内应力，从而引起变形、缩印等问题。对模具、注塑工艺等进行优化，可有效改善工艺问题。

（2）薄壁化内外饰护板

汽车整车制件薄壁化一般是指用更薄的壁厚设计取代传统壁厚设计，同时结合模具设计、注塑成型工艺调整以及使用薄壁材料等，在保证制件满足刚度要求和韧性要求的同时，达到减重目的[6]。对于整车厂，汽车制件薄壁化使整车质量减轻，操控性更好，油耗降低；对于一级配套商，汽车制件薄壁化使制件成型周期缩短，生产成本降低，提升市场竞争力。当前薄壁化技术成熟应用在汽车外饰保险杠、内饰门板、立柱护板等部位。其中保险杠是薄壁化最典型的零件，以下以保险杠为例，介绍薄壁化内外饰护板的轻量化。

目前汽车行业量产车型保险杠的壁厚现状，日系主流是2.3~2.5mm，欧美系主流为2.7~3mm，自主系主流为2.3~3mm[7]。在新车型的开发上，自主品牌，如吉利、长安、众泰，目标开发2.0~2.4mm壁厚的保险杠；日系品牌，如马自达、日产，保险杠薄壁化技术步伐走得更远，目标是开发达到1.8~2.0mm壁厚的保险杠；欧美系则较保守，保险杠壁厚保持在2.7~3.0mm。

薄壁化设计对材料性能有较高的要求。首先，为了满足制件减薄后的刚度要求,对材料的刚度比常规材料提出更高要求;其次,为了满足零件碰撞或者模拟碰撞试验的要求,保险杠材料固有的高韧性必须保证;最后,在壁厚减薄的前提下,对材料的加工性能必然提出更高的要求,要能够在保证造型外观的前提下完成材料对模具的充分填充。综合以上,针对材料提出"三高"性能要求:高模量、高韧性、高熔融指数。从材料配方角度,必须使用新的配方体系和润滑体系[8]。

以某公司产品为例,保险杠采用壁厚3.0mm的PP材料,薄壁化设计后壁厚为2.5mm,其材料性能对比见表4-3。

表4-3 传统PP材料与薄壁化改性PP材料性能对比

性能	单位	测试方法	传统PP材料	薄壁化改性PP材料
密度	g/cm^3	ISO1183	1.05	1.05
熔融指数(230℃,2.16kg)	g/(10min)	ISO1133	15	30
拉伸强度	MPa	ISO527	17	18
弯曲模量	MPa	ISO178	1400	1900
缺口冲击强度(23℃)	kJ/m^2	ISO179	25	30

从表4-3中可以看出,薄壁化改性PP材料的韧性、模量、熔融指数均较传统PP材料高。薄壁注塑"三高"材料技术难点:高熔融指数材料,分子量低、韧性差,提高材料冲击强度难度大;材料冲击强度和模量为相互制约的指标,同时提高难度大,材料成本会上升。

薄壁化设计对产品设计方面也有较高的要求。薄壁制品表面容易出现缩痕、波纹、镶块印等外观缺陷。在常规壁厚注塑中,中间芯层流动顺畅,不易引起外观缺陷;而在薄壁注塑材料流经薄壁型腔、制品加强筋或卡扣部位时受到的剪切力大于常规模具,使材料中相容性差的组分发生相分离,从而造成流痕和虎皮纹等缺陷,并且会在喷漆后将注塑缺陷放大。这些可能出现的外观缺陷需要通过壁厚过渡,改变加强筋、螺栓柱、卡扣,并配合合理的翻边与卡扣设计进行优化。

薄壁化设计后,材料密度基本不变,由于壁厚更薄,所以能有效地减轻产品质量。以某车型前保险杠为例,原壁厚为3.0mm,不同的薄壁化设计减重效果见表4-4。

表4-4 不同薄壁化设计减重效果

方案	壁厚	前保险杠单件质量	减重	减重率
原壁厚	3.0mm	4.0kg	—	—
方案1	2.5mm	3.33kg	0.67kg	16.8%
方案2	2.2mm	2.93kg	1.07kg	26.8%
方案3	2.0mm	2.67kg	1.33kg	33.3%

前保险杠壁厚从传统的 2.8～3.0mm 减到 2.2～2.5mm。若原材料密度保持不变，壁厚由 3.0mm 减到 2.5mm，可实现减重 16.8%；从 3.0mm 减到 2.2mm，可实现减重 26.8%；从 3.0mm 减到 2.0mm，可实现减重 33.3%。配合整车轻量化的要求，壁厚持续减薄将是一个大趋势。

保险杠壁厚过薄，制品刚度与强度必然会有一定的下降，从而导致保险杠偏软，挤压或碰撞过程中，破碎概率大。另外，如果工艺控制不稳定，容易出现产品报废率高等问题。因此考虑到产品的性能、材料、设计、工艺设备等因素，最终前保险杠采用 2.5mm 的壁厚，实现轻量化 16.8%。

随着整车轻量化和油耗要求的提高，设计和制造能力日益增强，薄壁化将会是未来保险杠发展的趋势。新材料、新工艺的出现，为保险杠的轻量化、薄壁化提供了机会。高流动高刚度材料将成为未来保险杠用材的主流。

除保险杠外，仪表板、门板、立柱、翼子板、门槛、装饰板等内外饰塑料零部件的薄壁化，大部分整车厂及供应商都开展了相应的研究。

4.2.2.3 未来的发展趋势

低密度 PP 材料虽然是当前汽车内外饰护板的主要轻量化材料，但是并没有在整车零部件上得到大量的推广应用。大多塑料零部件还是采用传统的 PP＋EPDM-T20 材料，主要原因在于低密度 PP 材料价格普遍较高，高性能的低密度 PP 材料价格甚至是传统 PP＋EPDM-T20 材料的两倍，而其减重效果一般也就在 10% 以内，同时，限于材料本身性能，其强度无法满足相关零部件设计要求，因此大大限制了低密度 PP 材料在汽车零部件上的大量应用。

综合成本、性能要求、减重效果等因素分析，单独使用低密度 PP 材料并不是整车轻量化的优选方案，未来低密度 PP 材料的应用还是会受限。但是，如果结合其他轻量化方案，应该是低密度 PP 材料应用的主要趋势，如低密度 PP 材料＋薄壁化设计，材料性能完全能够满足设计要求，且减重效果大大提高（可达 20% 以上），而零部件综合成本并未增加，目前这种方案已有整车厂成功应用[9]。

4.2.3 座椅骨架

4.2.3.1 座椅骨架的用材现状

汽车座椅主要由金属骨架、泡沫、面料、塑胶件等组成，其中金属骨架占座椅质量的 60%～70%，泡沫占 10% 左右，面料占 10% 左右，塑胶件占 5% 左右。座椅骨架在整车座椅中质量占比最大，减轻座椅骨架的质量，可有效地实现整车座椅的轻量化[10,11]。

目前座椅骨架主要采用普通强度的钢材，如 SPCC、DC01 等，采用轻量化材料，如高强钢、铝合金、镁合金、塑料及其复合材料等替代现有材料，是座椅轻量化最有效的方法之一。

4.2.3.2 座椅骨架轻量化应用

(1) 高强钢座椅骨架

2009年丰田率先将超高强钢板（强度超过980MPa）应用在座椅骨架（包括滑轨）上，制造出TB-NR110的轻量化座椅，此座椅成功地应用在丰田Prius车上。

2011年江森自控将双相钢（抗拉强度780MPa）应用于新一代前排座椅骨架平台上，使座椅骨架减重26%。

自2012年以来，博泽已为戴姆勒和宝马的联合项目制造了500万件高强钢座椅骨架。该座椅支撑管和侧板由高强钢制成，而电动座椅调节器的大多数金属部件已由塑料部件代替。整个座椅骨架的质量不足15kg，比同类竞争产品大约轻20%。该座椅骨架示意图见图4-8(a)。

(a) 博泽高强钢座椅骨架　　(b) 安道拓高强钢座椅骨架

图4-8　高强钢座椅骨架

2018年重庆国际汽车零部件展览会上，安道拓展示了高强钢轻量化座椅骨架平台，见图4-8(b)。

别克君威GS全新一代座椅骨架，主要受力路径的钣金件都使用了980MPa的高强钢（如图4-9所示）。通过高强钢的应用，座椅强度有了大幅提高，同时座椅骨架还减重20%左右。

采用高强钢、超高强钢可以有效地减轻座椅骨架的质量，但是由于高强钢延展性、冷成型及加工硬化方面性能稍差，使其应用受限。另外，座椅骨架采用的高强钢、超高强钢的原材料主要从国外公司进口，国内大批量的生产和应用还比

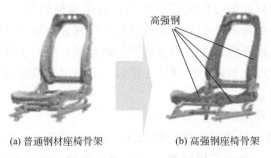

(a) 普通钢材座椅骨架　　(b) 高强钢座椅骨架

图 4-9　别克君威 GS 全新一代座椅骨架示意图

较少，因此，座椅骨架用高强钢、超高强钢价格较贵，这也削弱了其应用过程中的优势。

(2) 镁铝合金座椅骨架

镁铝合金密度低，强度高，是比较理想的轻量化材料，但是由于铝合金焊接性能较差，价格较高等原因，在座椅骨架上的研究及使用较少。镁合金密度比铝合金更低，在 20 世纪 80 年代，一些机构就已经开始了镁合金在汽车座椅骨架上的应用研究。

奔驰公司在 SEL 型敞篷车上率先使用了镁合金座椅骨架，随后福特汽车开发的镁合金座椅骨架，使座椅质量从 4.0kg 减为 1.0kg。丰田公司 2000 年开发的镁合金座椅骨架，可使座椅质量减轻 40%。

目前使用镁合金座椅骨架的车型有通用 IMPECT、奔驰 300/400/500SL、雷克萨斯 LS430 等。国内一汽等公司都有相应的研究，但尚无量产车型应用的案例。

图 4-10(a) 为一汽铸造有限公司 2018 年展示的镁合金座椅骨架；图 4-10(b)

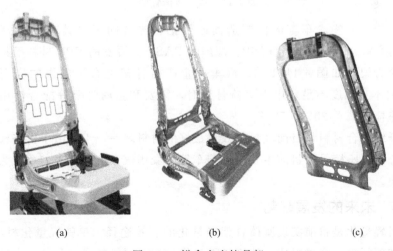

(a)　　　　　　　(b)　　　　　　　(c)

图 4-10　镁合金座椅骨架

为重庆博奥镁铝金属制造有限公司研发的镁合金座椅骨架；图 4-10(c) 为 2018 年重庆国际汽车零部件展览会上，安道拓展示的镁合金座椅骨架。

镁合金虽然在座椅骨架的应用上有广阔的前景，但由于其压铸过程中容易产生缺陷，且抗腐蚀性能较差，和钢铁连接时，容易因电位差而腐蚀，另外价格较贵，使其应用受限。

(3) 塑料座椅骨架

1993 年有人将金属和塑料内嵌物结合，制造出首款塑料座椅骨架。

2014 年江森自控推出了碳纤维与工程塑料混合设计的轻量化汽车座椅靠背骨架，如图 4-11(a)。

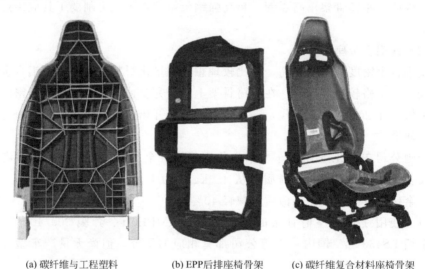

(a) 碳纤维与工程塑料混合座椅靠背骨架　　(b) EPP 后排座椅骨架　　(c) 碳纤维复合材料座椅骨架

图 4-11　塑料座椅骨架

近几年，一些汽车零部件制造商已经把目光转向了更具减重潜力的 EPP（发泡聚丙烯）材料。日本的 JSP、德国的 BASF 等研发的 EPP 材料已经在汽车后排座椅骨架［如图 4-11(b)］、汽车儿童座椅骨架上有了成果的应用。由于 EPP 材料本身强度不足，用于座椅骨架时，需要和金属骨架等配合使用，最终制成的座椅能减重 20%～50%。

碳纤维复合材料是目前轻量化效果最好的材料之一，不过由于价格较贵，碳纤维复合材料座椅骨架目前主要用于跑车等超豪华汽车上，图 4-11(c) 为某超跑座椅骨架。

4.2.3.3　未来的发展趋势

材料轻量化是目前实现座椅骨架轻量化的有效途径。单就轻量化材料而言，镁合金和碳纤维复合材料比传统钢材更具优势，但原材料成本及其带来的工艺变革成本,会成为镁合金和碳纤维复合材料座椅骨架轻量化的主要障碍。根据现状,采用高强钢实现座椅轻量化,更具现实意义。

为满足国家颁布的相关法规规定和标准以及汽车行业标准,采用单一轻量化材料实现座椅骨架的轻量化具有一定的局限性,多种材料的混合设计将成为未来汽车座椅骨架轻量化发展的趋势。

4.2.4 顶棚

4.2.4.1 顶棚的用材现状

顶棚是整车内饰的重要组成部分,它的主要作用是提高车内的装饰性,同时还具有隔热、降低车内噪声、提高吸音性等效果。

汽车顶棚主要由面料以及骨架组成,面料多为针织布、无纺布,其中以针织面料的应用最为广泛。骨架作为汽车使用的顶棚基材,应具有下述性能:在与面料复合时,应易于复合;在往整车上手动安装时,基材应具有足够的刚度;成型后的成品,尺寸稳定性好;优良的吸音性;整车报废时,具有可回收性。

目前顶棚骨架材料主要分为三种:聚氨酯发泡板材、玻璃纤维增强聚丙烯复合板(GMT)、麻纤维板。聚氨酯发泡板材是目前应用最广的汽车顶棚骨架材料;麻纤维板由于气味大、耐高温等性能相对较差,吸水率较高容易发生霉变等原因,在乘用车上已经使用相对较少,而主要在商用车顶棚上使用[12]。

4.2.4.2 顶棚的轻量化应用

(1) 轻质 GMT

轻质 GMT 材料的力学性能较 PU 板材更好,其拉伸强度以及刚性模量大约是 PU 板材的 1.6 倍。因此,可以通过使用面密度更小的 GMT 材料来制作汽车顶棚,这样就可以减轻汽车顶棚的质量[13]。

另外,传统的 GMT 是以尼龙、聚酯等热塑性树脂为基体,以长玻纤或连续玻纤毡为增强材料的片材,而轻质 GMT 是长玻纤增强 PP 树脂制成的热塑性复合片材。轻质 GMT 在烘箱中预热时,PP 熔化使玻纤由卷曲变伸张而引起板材膨胀两倍以上,在模压时,被瞬间压缩冷却,形成的板材中间是蓬松多孔的,使它在成型后内部存在细小的空隙,成为多孔类材料,故而密度较小。图 4-12 为轻质 GMT 板材加热成型前后架构示意图。

传统的 GMT 材料密度为 $1.0 \sim 1.25 g/cm^3$,而轻质 GMT 材料密度是传统 GMT 的 50%~85%,仅为 $0.5 \sim 1.05 g/cm^3$。轻质 GMT 应用于顶棚材料时单位面积质量轻,面密度约 $800 \sim 1300 g/m^2$,能更好地减轻顶棚的质量。硬质聚氨酯发泡板材的面密度为 $1100 \sim 1500 g/m^2$,比轻质 GMT 面密度要高[14]。

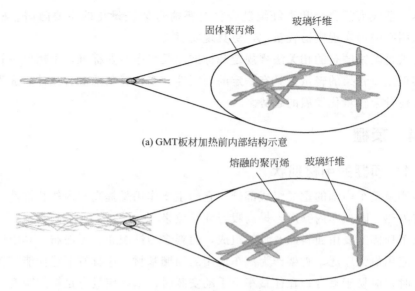

图 4-12　轻质 GMT 板材加热成型前后架构示意图

目前采用轻质 GMT 材料在汽车顶棚上应用的主要车型见表 4-5。

表 4-5　轻质 GMT 材料在汽车顶棚上的应用

序号	厂家	车型	单位面积质量/(g/m²)
1	丰田	ARISTO	700
2	丰田	HIACE	850
3	丰田	LANDCRUISER	700
4	本田	CR-V	830
5	铃木	ESCUDO	830
6	铃木	WAGON-R	650

（2）湿法成型工艺

张拓等人认为，顶棚的成型工艺也与轻量化有一定的关系。顶棚目前的成型工艺主要有干法和湿法。与干法工艺相比，湿法工艺成型的顶棚（PU板材）的轻量化优势明显。以基材选用 PU 玻纤板为例，为达到相同的刚度性能要求，干法工艺的基材单位面积质量需要较湿法工艺多 300~500g/m²，也就是说一款中型轿车顶棚（面积约 3.56m²），湿法工艺的顶棚质量相对可以减轻 1.07~1.78kg。由此，对于 PU 基材的顶棚而言，选用湿法工艺是内饰零部件轻量化趋势下的最佳选择[15,16]。

4.2.4.3　未来的发展趋势

GMT 材料作为一种绿色环保可回收的材料，具有优异的力学性能、声学性能以及加工成型性，更容易实现汽车零部件的模块化成型，而且能够实现汽车零部件的轻量化。日韩系车型上大量使用 GMT 材料顶棚，GMT 材料的生产技术在国外已经相对比较成熟。近几年，国内很多零部件厂家也进行了 GMT 材料的自主开发，已经具备生产条件，轻质 GMT 材料的诸多优势，使得其在汽车上的应用越来越广泛，不仅仅针对汽车顶棚，未来汽车一定还有更多的零部件使用 GMT 材料。使用 GMT 材料能提高零部件的性能、减轻零部件的质量、改善零部件的不足，而以轻质 GMT 材料为骨架的汽车顶棚，也必然会被越来越多的整车厂商所应用。

除顶棚外，轻质 GMT 材料还可以在顶棚门护板、门内饰板、备胎盖板衣帽架与行李厢地板等上使用（见图 4-13），从而实现零部件的轻量化。

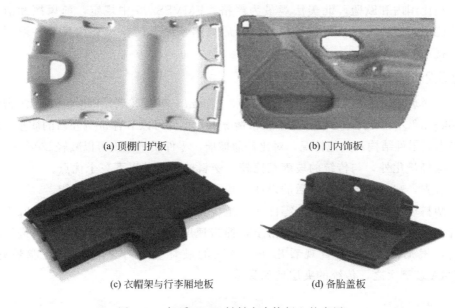

(a) 顶棚门护板　　　　　　　　(b) 门内饰板

(c) 衣帽架与行李厢地板　　　　　(d) 备胎盖板

图 4-13　轻质 GMT 材料在内饰板上的应用

4.2.5　玻璃

4.2.5.1　玻璃的用材现状

汽车玻璃是汽车车身附件的重要组成部分，承担着挡风、遮雨和采光的基本功能，而且也对汽车的外观和安全性起着重要的作用。汽车传统车窗玻璃主要有夹层玻璃和钢化玻璃两种，前风挡玻璃普遍使用夹层玻璃，其他玻璃一般使用钢化玻璃。随着现代汽车工业技术的不断提升与发展，车窗技术得到了飞速的发展，汽车玻璃面临着新的机遇和挑战。车窗玻璃塑料化现已成为当今各大汽车生产厂家关注的焦点，目前报道的车窗用塑料玻璃主要有聚碳酸酯（PC）玻璃[17]

和聚丙烯酸甲酯（PMMA）玻璃。

我国 GB 7258—2012《机动车运行安全技术条件》中规定，汽车前风挡玻璃应采用夹层玻璃或玻塑复合材料（玻塑复合材料是指由一层或多层玻璃与一层或多层塑料材料复合而成的玻璃，安装后其面向乘客的一面为塑料层），即明确规定前风挡玻璃不能采用塑料玻璃。2019 版的《机动车运行安全技术条件》取消了该限制。

在欧盟依照 ECE R43《Uniform provisions concerning the approval of safety glazing materials and their installation on vehicles》的规定，前风挡有双折射现象要求，前车门车窗有逃生要求，这两者不可以使用塑料玻璃，后风挡和天窗可以使用，后车门窗没有相关文件限制使用，视情况而定。

相比国内和欧盟，北美法规最为严格。FMVSS205 中规定，前风挡和前车门不能使用塑料玻璃，天窗可以使用，后风挡、后车门窗没有相关文件限制使用，视情况而定。

4.2.5.2 玻璃的轻量化应用

普通玻璃，密度 2500kg/m³，厚度 3～5mm，塑料玻璃，PC 及 PMMA 密度 1200kg/m³ 左右，厚度 3～5mm。正常情况下，零件可以节省 50% 左右的质量，但是考虑到零件结构和其他情况，对比普通玻璃，零件质量至少可以减轻 20%。

除轻量化外，与传统的玻璃相比较，塑料玻璃有着以下三个优点。

首先，塑料玻璃具有灵活的设计、减重优势、优越的耐冲击性能。

塑料玻璃对比普通玻璃，零件质量至少可以减轻 20%。当质量为 13kg，直径为 20mm 的落锤从高度 6m 处落下，撞击速度 5m/s，对不同材料玻璃进行冲击时，根据图 4-14 可直观看出 PC 玻璃的破坏性最小，耐冲击性能最好，PMMA 玻璃次之，传统的夹层玻璃最差。

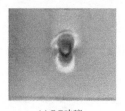 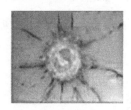 

(a) PC玻璃　　　　　(b) 夹层玻璃　　　　　(c) PMMA玻璃

图 4-14　不同材料的玻璃被冲击破坏示意图

其次，塑料玻璃具有低热导率、慢起雾、厌水性好等优点。

PC 及 PMMA 玻璃的热导率为 0.14～0.19，传统玻璃为 0.75 左右，塑料玻璃的热导率仅为传统玻璃的 1/5～1/4，可以减轻 HVAC（供暖通风与空气调节）负荷，起到节能作用，见图 4-15。慢起雾、厌水性好的塑料玻璃起雾所需的空气相对湿度远大于传统玻璃，当车内湿度到约 53.4% 时才产生雾气，而传统玻璃在约 43% 时起雾。因此塑料玻璃具有更清晰的视野，增加安全性。PC 玻璃有类似于荷叶的厌水性，尤其对于表面硬化处理的 PC 玻璃，水滴在其上呈圆柱状滚动，容易滑落，见图 4-16，下雨天有更清晰的视野，增加行车安全性，甚至可评估取消雨刮，节约成本。

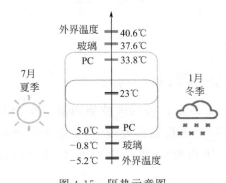

图 4-15　隔热示意图　　　　图 4-16　厌水性示意图

最后，塑料玻璃可有效地保护车内人员。

据不完全统计，三分之一的致命事故与乘员弹出有关，NHTSA（美国高速公路安全管理局）2011 年 1 月发布 FMVSS 226《降低抛出危险性》法规，要求整车厂必须开发在碰撞尤其是在翻滚的情况下降低未系安全带乘员的弹出可能的对策，对于塑料玻璃而言，首选的目标包括固定窗、后三角窗等。PC 玻璃的高安全性主要体现在两方面，一方面是它的抗冲击性能强，是传统玻璃的 15 倍以上，这就可以有效防止车窗撞击破碎和乘客弹出车外造成人身伤害；另一方面是它的断裂为脆性断裂，即在破碎后也不会产生尖锐的裂口，从而减少对人体造成的伤害[18]。

目前车用塑料玻璃主要有 PC 玻璃、PMMA 玻璃。

（1）PC 玻璃

PC 玻璃包括三层结构，除 PC 基材外，还有一层底漆和面漆。其中 PC 基材提供良好的力学性能，面漆需优异的耐磨性，底漆需优异的耐候性。PC 玻璃三层结构示意图见图 4-17。

PC 材料传统的加工方法是注塑成型。注塑（注射）成型是指在一定温度下，通过螺杆搅拌完全熔融的塑料材料，用高压射入模腔，经冷却固化后，得到成型品的方法。主要有合模、射胶、保压、冷却、开模、制品取出 6 个阶段，该方法适用于形状复杂部件的批量生产，是重要的加工方法之一。

影响 PC 材料注射成型制品质量的工艺因素主要有模具的精度与设备控制、制品与嵌件结构、原材料性能、注塑工艺等。PC 在注射成型时，料筒温度在 250~320℃ 之间，注射压力在 49.03~78.45MPa，模具温度在 80~120℃，另外

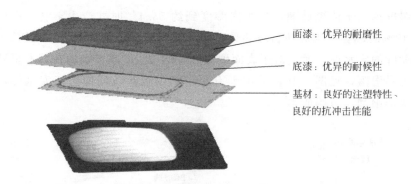

图 4-17　PC 玻璃三层结构示意图

PC 制件如带有嵌件，嵌件必须加热到 200℃ 以上，否则嵌件周围易产生冷却不均现象而产生内应力。注射完毕后应对制件进行退火处理[19]。退火处理除了能够明显地增大屈服应力外，还能够使屈服强度对应变速率的敏感性降低[20]。

PC 材料的表面在受到机械损伤或长期暴露在紫外光条件下会老化、降解、发黄或者变得不透明[21,22]。表面涂层材料的使用是现在国内外普遍采用的、能够改善 PC 材料性能的有效方法。涂层不但能保护底层基材的柔软表面，还可以吸收紫外光，阻止光降解，从而延长基材的使用寿命。

目前量产中主要使用 PHC578、AS4000 以及 AS4700 涂层系统。传统涂层由有机材料或有机-无机杂化材料组成。其中，使用溶胶-凝胶法制备的有机-无机纳米杂化涂料，是保护 PC 材料表面最有效的涂料。杂化涂料体系中无机粒子的含量、无机粒子与有机树脂的相容性增加，都可以使涂料的力学性能升高[23,24]。

目前 PC 玻璃在上汽通用 GL8 后侧窗已经得到成熟应用，雪铁龙 D55 后三角窗等也有应用，具体见表 4-6。

表 4-6　PC 玻璃应用实例

车型信息	零部件名称	玻璃方案	涂层方案	备注
雪铁龙 D55	后三角窗	透明 PC 树脂	AS4700	—
西雅特	后三角窗	PC 树脂	AS4000	集成门把手功能
菲亚特 500L	后三角窗	黑色 PC/ABS 树脂	AS4700	
上汽通用 GL8	后侧窗	PC、PC/ABS 双色注塑	淋涂	—

另外，奔驰 smart fortwo、奔驰 SLK、奔驰 A 级和 B 级、奔驰 GL、本田思域欧洲版、西亚特 Leon、高尔夫 A7 等车型的天窗均采用 PC 替代传统的钢化玻璃。其中奔驰 smart fortwo 天窗由钢化玻璃改为 PC 玻璃，减重约 36%[25]，见表 4-7。

表 4-7　奔驰 smart fortwo 钢化玻璃与 PC 玻璃轻量化比较

序号	材料	厚度	质量	减重率
1	钢化玻璃	3.8mm	11kg	36%
2	PC	5mm	7kg	

（2）PMMA 玻璃

PMMA 玻璃俗称有机玻璃，具有极好的透光性能，机械强度较高、耐腐蚀、易于成型且尺寸稳定，是使用最多的传统玻璃替代材料。

相对 PC 材料而言，PMMA 材料在冲击韧性、耐热性能上稍微逊色，但在光学性能、耐候性能等方面更优，见表 4-8[26]。

表 4-8　PMMA 与 PC 性能比对表

材料	密度 /(g/cm³)	抗拉强度 /MPa	缺口冲击强度 /(J/m²)	透光率 /%	热变形温度 /℃	耐磨性	耐化学腐蚀
PC	1.2	66	1900	88	137	差	良
PMMA	1.18	75	1200	92	95	中	优

目前在福特、奥迪、大众、日产、莲花、上汽、长安等车型的三角窗、侧窗、天窗、后窗玻璃等，均有 PMMA 应用的案例。其中莲花艾利斯、长安奔奔侧窗为 PMMA 材料，减重 40% 左右；上汽荣威 E50 的三角窗和后窗上，采用 PMMA 材料，减重达 50%，三款车型的 PMMA 玻璃应用见图 4-18。

长安奔奔　　　　莲花艾利斯　　　　荣威E50

图 4-18　三款车型 PMMA 玻璃应用

4.2.5.3　未来的发展趋势

塑料玻璃替代传统无机玻璃成功应用于汽车车窗，不仅可以大幅减轻车身质量，而且可以使得整车造型及设计更为自由灵活，满足人们对汽车美观和个性化的要求。

但由于法规的要求，目前还主要是在三角窗、侧窗等玻璃上使用。目前制约塑料玻璃广泛使用的因素主要还是成本，随着塑料玻璃的逐渐推广，价格将会逐渐降低。总体来说，塑料玻璃应该会逐渐取代传统的玻璃。

4.2.6 底护板

4.2.6.1 底护板的用材现状

一般认为汽车底护板的作用是保护底盘、发动机等零部件，防止异常凸起的地面和碎石飞溅等对发动机和油管路的损害；其次是防腐蚀，防止行车路面积水和沙尘对底盘的腐蚀；最后是降低车辆行驶过程中的风阻，降低风阻系数。汽车底护板的应用能够平整整车底部形貌特征，极大地减少车辆在高速行驶过程中受到的气流干扰，从而降低空气阻力，达到降低风阻系数、提高续航里程的作用。最后，车身底护板还具有减小由于紊流导致的上升力，提高行车稳定性的作用[27]。

全覆盖式底护板的车型比较少，一般都是局部覆盖式，主要包括前舱底护板、底盘护板，还有部分车型有备胎盘底护板。对于电动车而言，电池往往布置在底盘中部，一般只有前舱底护板。图 4-19 为某车型底护板。

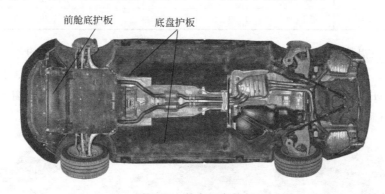

图 4-19 某车型底护板

目前底护板常用的材料种类较多，部分车型采用金属底护板（主要是前舱底护板），如奔驰 E 级、丰田 Fortuner、大众途观、哈弗 H5 等采用钢质材料，本田 CRV、宝马 3 系、宝骏 510 采用的是铝质材料。

金属底护板质量较大，特别是钢板底护板，如大众途观发动机底护板质量超过 7kg，奔驰 E 级发动机底护板质量超过 9kg，哈弗 H5 发动机底护板质量约 4.5kg，而塑料底护板一般质量在 2kg 以下。因此目前大部分车型底护板是用塑料材料，主要包括改性 PP 类（包括玻纤增强 PP、矿粉填充 PP、无填充 PP 等）、LFT-D、LWRT（轻质热塑性复合片材）和 GMT 四种。

塑料底护板中，以 PP 类材料为主，包括 PP、PP/PE、玻纤增强 PP、矿粉（滑石粉）填充 PP 等，如 BYD 唐、宋、E6 等前舱底护板均采用 PP 材料，底盘底护板均采用 PP-T20 材料，腾势 EV 前舱底护板采用 PP-T20 材料。

从性能角度看，底护板需要一定的刚度保持其在使用的过程中不下塌和变形,纯PP、PP/PE材料在这点上不具备优势,而且底护板需要有一定的韧性,保证其在行驶的过程中不易被异常凸起的路面碰裂或被砂石飞溅敲打而碎裂,从这个方面考虑PP-T20不具有优势,所以中端车仍以PP+EPDM-T20为主。从轻量化和NVH的角度考虑,LWRT更具有优势。目前凯迪拉克ATS、别克凯越、宝马M3、福特福睿斯、本田CRV等车型已成熟应用LWRT底护板。国内这几年LWRT制品开发火热,众泰、吉利、江淮、长城等车型已经开始应用。

4.2.6.2 底护板的轻量化应用

常用的四种塑料底护板材料,其性能比较如表4-9。

表4-9 四种塑料底护板材料的性能比较分析

项目	LFT-D	LWRT	GMT	PP类
材料密度	$1.0\sim1.1g/cm^3$	约$0.5g/cm^3$	$1.01\sim1.19g/cm^3$	$0.9\sim1.1g/cm^3$
平均价格	较低	稍高	稍高	较低
成型工艺	挤出+热压成型	热压成型	热压成型	注塑成型

从表4-9可以看出,四种材料各有利弊,不过从轻量化的角度来看,LWRT密度最低,相较于其他三种材料,低50%左右。

LWRT材料由于具有多层结构、高孔隙率,从而具有低密度、轻量化等优点。

以奥迪Q5和凯迪拉克底盘护板为例,两者分别采用PP-GM23和LWRT材料,具体比较见表4-10。

表4-10 奥迪Q5和凯迪拉克底盘护板比较

项目	奥迪Q5	凯迪拉克
结构与尺寸	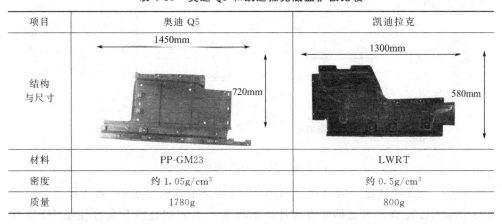	
材料	PP-GM23	LWRT
密度	约$1.05g/cm^3$	约$0.5g/cm^3$
质量	1780g	800g

由奥迪Q5和凯迪拉克底盘护板比较可以看出,在大小相差不大的情况下,LWRT有极好的轻量化效果,虽然具体质量与结构等有关,但一般来说,LWRT底护板相对于传统的PP底护板来说,可以减重30%~50%。

4.2.6.3 未来的发展趋势

LWRT 底护板已经逐渐在合资品牌车型上使用和推广，部分自主车企也在积极探索和研究应用的可行性。LWRT 底护板轻量化效果明显，与传统的 PP 底护板相比可以达到 30%～50%的减重，还具有一定的吸音性能，在未来的市场有很大的应用前景[28]。

4.2.7 座椅皮革

4.2.7.1 座椅皮革轻量化的应用现状

座椅皮革使用的材料以 PVC 和 PU 居多，目前出现了一种 HPU 革，可以作为一种轻量化方案。HPU 表皮是采用机织、针织布等为底基，以聚氨酯树脂为涂层的无溶剂 PU 合成革[29,30]。H 就是高强度，PU 是 poly urethane（聚氨基甲酸酯简称聚氨酯）的缩写。它最大的优点就是抗冲击、耐磨耐刮，还可以自行修复，目前已大量替代玻璃纤维保温材料、传统橡胶制品等。

HPU 表皮工艺主要以离型纸作为载体，将不同性能的面层、致密层、固化层浆料利用刮刀涂覆在离型纸上，皮料经过干燥、冷却工艺后，将溶剂型聚氨酯树脂中的 DMF 溶剂挥发，再涂覆上黏合层底料，利用基布发送贴合装置将基材与底料复合，再经过干燥、冷却后，利用剥离装置将成品与离型纸分离成卷，具体见图 4-20。

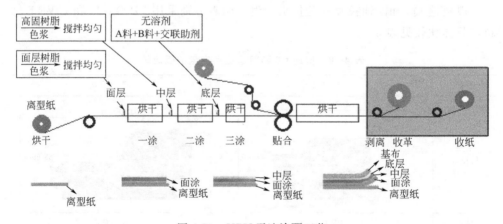

图 4-20　HPU 干法涂覆工艺

HPU 表皮轻量化一般是指用 HPU 表皮设计取代传统 PVC 表皮设计，同时需要结合 HPU 表皮聚氨酯配方设计、涂布生产工艺调整以及配合使用 HPU 材料等工作，在保证基本性能要求的同时，达到减重目的。对于整车厂，汽车内饰都使用 HPU 表皮材料能使整车质量减轻、油耗降低、低气味及 VOC、手感柔软、触感具有真皮的效果。对于一级配套商，可使生产效率提高、生产环保、生产成本基本能保持不变，提升了市场竞争力。

当前 HPU 表皮已成熟应用在汽车座椅面料上，如众泰 SR7（仪表板、门板、座椅表皮）、路虎（仪表板表皮）等。

4.2.7.2　HPU 表皮轻量化应用

目前内饰表皮主要以 PVC 材料为主。相对于 PVC 材料，HPU 表皮低气味/VOC、手感柔软、性能优越。另外，HPU 表皮密度低，因此具有较好的轻量化效果。HPU 和 PVC 材料比较如表 4-11 所示。

表 4-11　HPU 与 PVC 材料比较

性能	HPU 革	PVC 搪塑	PVC 革
力学性能	高	高	高
质量	轻	重	重
低温性能	按 QB/T 2714 在 -30℃ 下弯曲 3 万次后不开裂	—	按 QB/T 2714 在 -20℃ 下弯曲 3 万次后不开裂
高温性能	120℃,168h 颜色变化很小	120℃,168h 颜色变化很大	120℃,168h 颜色变化很大
雾化	<0.5mg	进口<2.0mg 国产 $2\sim5$mg	进口<2.0mg 国产 $2\sim5$mg
气味	$2.5\sim3.0$ 级	$3.5\sim4.0$ 级	$3.5\sim4.0$ 级
VOC	低	合格	合格
手感	仿皮效果强	手感较硬	手感较硬

从表 4-11 中数据可以明显看出，与 PVC 革相比，HPU 革高低温性能、雾化、手感、气味、VOC 都优于 PVC 材料；如果都按 1.0mm 厚度，PVC 革质量在 (740 ± 40)g/m^2，HPU 质量为 (600 ± 50)g/m^2，HPU 革质量减轻约 140g/m^2，减重约 18.9%。

4.2.7.3　未来的发展趋势

随着汽车产量的不断提高和面料在汽车内饰中应用范围的不断扩大，国内各大整车厂不断地推陈出新。如今，客户对汽车的要求已不仅仅是行驶，而是集舒适安全、低 VOC、轻量化、低能耗、低成本为一体的综合载体。人们不仅对外观审美要求更加挑剔，也更加关注整车性能、能耗及成本。

就目前阶段而言，HPU 表皮较贵，传统的 PVC 表皮仍然较为廉价，但随着整车轻量化和能耗的要求，HPU 表皮代替 PVC 表皮是未来发展的新趋势，加上客户对节能、环保等意识的不断提高，HPU 表皮材料会越来越受重视。

4.2.8　其他内外饰零部件

4.2.8.1　热塑性弹性体零部件

相对传统的橡胶，热塑性弹性体（TPE）材料密度小（常用的 TPE 密度见

表 4-12）、强度高（TPE 制作的零件比传统的橡胶零件壁厚更薄，甚至可以替代部分金属件），因此，TPE 材料的应用是汽车零部件轻量化的一个重要方向[31-33]。

除轻量化外，TPE 材料的应用还能提高零部件性能、回收利用率和产品外观性能，自 20 世纪 90 年代以来，TPE 在汽车领域的用量增长迅速并逐步取代了传统橡胶材料。相关机构预测，2018 年到 2022 年期间，TPE 将有平均 5.5% 的综合增长率，而作为全球最大 TPE 市场的亚太地区在 2022 年 TPE 价值有望达到 78.2 亿美元。

表 4-12 常用 TPE 密度

项目	TPO(TPV)	TPU	TPC	TPS	TPA
密度/(g/cm³)	0.90～1.05	1.05～1.25	1.10～1.20	0.90～1.00	1.00～1.15

目前 TPE 材料在汽车内外饰上已经大量应用，基本所有的车型上都有 TPE 零件，其中内外饰 TPE 零部件包括门窗密封条、风挡装饰板胶条、各种垫片、刹车手柄护套、内饰表皮等。

(1) 门窗密封条

门窗密封条是 TPE 替代 EPDM、PVC 成功的案例之一。其中密封条用 TPE 有 TPV、TPS、TPU 等，以 TPV 最为常见。TPV 替代 EPDM 密实胶以及 PVC 材料，目前并无多大难度，但在 EPDM 海绵胶方面，还有一定难度，这主要是 TPV 的发泡技术尚有一些难题亟待解决。传统的 EPDM 海绵胶性能还远优于 TPV 的发泡胶。不过 TPV 的发泡，可替代 EPDM 密实胶。发泡与低密度的双重轻量化优势，使 TPV 在密封条的应用上越来越广。

几乎所有的门窗密封条都可以采用 TPE 材料，目前常用的 TPE 门窗密封条见图 4-21。

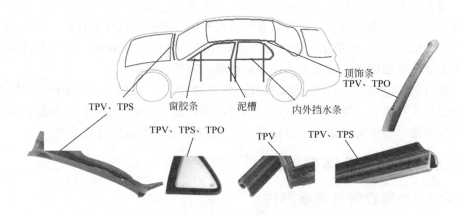

图 4-21 TPE 在门窗密封条上的应用

TPV 替代 EPDM，不仅仅是材料的替换，在结构方面还需要做一定的优化。以某款车型泥槽为例，在设计前期采用 EPDM 材料，后期采用 TPV 材料（表 4-13）。

表 4-13　TPV 替代 EPDM 应用实例

序号	设计前期	更改后
材料	EPDM	TPV
密度	1.15g/cm³	0.94g/cm³
质量	1.84kg	1.04kg
减重	0.8kg,约减重 43%（TPV 替代 EPDM 后结构有更改）	

如果单纯的替换材料，减重仅有 0.34kg 左右，通过表 4-13 可以看出，通过材料替换、结构优化后，实际减重 0.8kg，采用 TPV 后结构优化带来的减重效果较材料本身的减重效果更大。

（2）内饰表皮、护套、垫片等

内饰是属于车内空间，是乘客长期所处的环境。内饰零部件，大量采用软质表皮，对提升内饰零部件的感官质量（包括触感、嗅觉、听觉）、提升乘客的舒适度有重要的影响。PVC 由于价格便宜，触感较好，从而一直用于内饰表皮、垫片等，其他部分零部件也有采用 EPDM 橡胶的。

由于 PVC 密度较大，且是含卤材料，环保性能较差，近几年，大量采用密度低、环保性能更好的 TPE 材料。

相对于 PVC 和 EPDM 材料，TPE 密度较小，能实现轻量化。

以副仪表板为例，可以采用 TPE 的零件就有杂物盒垫片、滑块、换挡球头、手刹护套、手刹防尘罩、烟灰缸垫片、烟灰缸面板、扶手箱垫片等，具体见图 4-22。

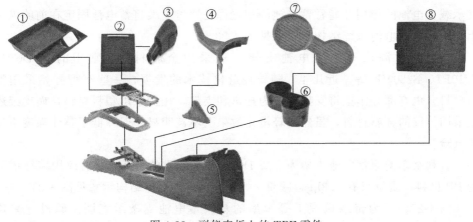

图 4-22　副仪表板上的 TPE 零件

图 4-22 中各 TPE 零件对应的材料见表 4-14。

表 4-14　副仪表板 TPE 零部件

序号	零件名称	目前常用材料	可以采用的 TPE 材料	备注
①	杂物盒垫片	PVC、EPDM	TPV、TPS、TPO	—
②	滑块	TPC、TPU	TPC、TPU	
③	换挡球头	PVC	TPV、TPS、TPO	
④	手刹护套	PVC	TPV、TPS、TPO	
⑤	手刹防尘罩	PVC、TPV	TPV、TPS、TPO	
⑥	烟灰缸垫片	PVC、EPDM	TPV、TPS、TPO	烟灰缸面板一般为塑料，很少车型采用 TPE。采用 TPE 时不需要垫片
⑦	烟灰缸面板	TPV	TPV、TPS、TPO	
⑧	扶手箱垫片	PVC、EPDM	TPV、TPS、TPO	—

除副仪表板上的 TPE 表皮、垫片外，其他内饰 TPE 表皮、垫片零件有仪表板表皮、门护板表皮、四门拉手盒垫片、烟灰缸盖包胶、防滑垫、踏板垫等。

汽车是 TPE 最为重要的应用领域之一，未来几年汽车 TPE 市场将呈现如下特点[34]：

① 需求量持续上升。近几年随着轻量化需求、环保压力等的增大，TPE 在汽车上的使用量将逐渐增大，特别是 TPV 材料，由于其优异的耐候、力学等性能，将在越来越多的领域替代 EPDM 等橡胶。

② 国产 TPE 材料用量比例越来越大，特别是 TPV、TPS、TPU 材料，国内的供应商比较多，国产质量也较好，但对于 TPC、TPA 等，还主要使用国外材料。

4.2.8.2　蓄电池支架

蓄电池支架的设计，通常都是根据蓄电池的布置方案进行结构设计，以满足其承载蓄电池的作用。通常蓄电池的布置都是通过支架将蓄电池固定在前舱纵梁上，某款车蓄电池系统结构示意图见图 4-23。

传统新能源汽车的蓄电池支架一般采用金属材料，常用的有 DC01、B210P1、B280VK 等。近几年，随着轻量化技术的发展，一些车型开始采用塑料材料。也有部分车型将支架分解为托盘和支架，托盘采用塑料材料，而支架还是采用传统的金属材料，虽然在轻量化效果上不甚明显，但降低了整体强度不足的风险。

吉利某车型原蓄电池支架为金属 DC01 材料，重约 2.4kg，后改用玻纤增强的 PP 材料，质量只有 1.8kg，减重 25% 左右[35]，具体结构示意见图 4-24。

图 4-25(a) 为奇瑞瑞虎 7 等车型的塑料蓄电池支架示意图。原设计采用 2mm 厚的 DC01 材料，后设计为塑料 PP-LGF40 支架，设计质量由原来的 1.58kg 降低为 0.75kg，减重 50% 左右。

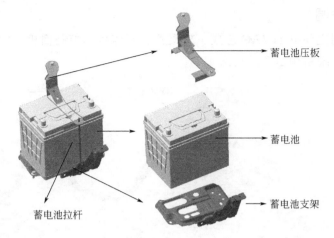

图 4-23　某款车蓄电池系统结构示意图

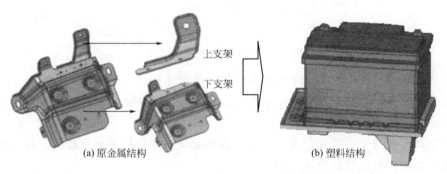

图 4-24　吉利某车型蓄电池支架示意图

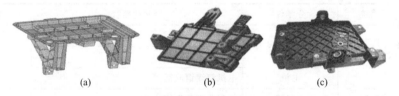

图 4-25　蓄电池塑料支架示意图

图 4-25(b) 为北汽某车型塑料支架示意图。伍胜军等人对常用的塑料材料（PA66-GF30、PBT-GF30、SMC、PP-GM40、PP-LGF40）进行了分析，综合轻量化效果、力学性能、耐热性能、成本、加工性能等因素考虑，认为蓄电池支架更适合采用 PP-LGF40 材料，最终减重效果也可以达到 50％以上[36]。图 4-25(c)为吉利某车型蓄电池塑料支架，材料为 PP-LGF50，相对于金属支架，减重 50％左右。

蓄电池支架的塑料化，已是一门比较成熟的轻量化技术，目前大部分合资车型及部分自主车型，都有塑料支架的量产应用。

4.2.8.3 空调

汽车空调主要由HVAC总成、冷凝器、压缩机、控制面板、管路、风道等组成。空调系统结构示意图见图4-26。

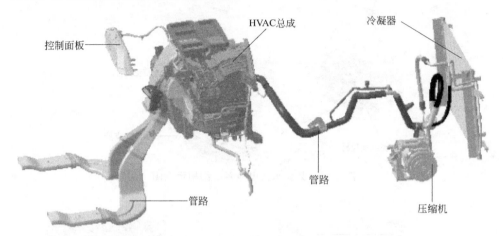

图4-26 空调系统结构示意图

汽车空调是整个汽车电子电器系统中一个较重的总成部件，一般质量在15~30kg，占整个汽车质量的1.5%~2%[37]，空调系统的轻量化，对整车质量有较大的影响。

空调系统的子系统和分零件较多，其轻量化技术路径差异也较大。目前空调系统主要的轻量化路径见表4-15。

表4-15 目前空调系统主要的轻量化路径

序号	子系统	分零件	轻量化路径	备注
1	HVAC总成	HVAC总成壳体	薄壁化	—
			微发泡	—
		电机	电机绕线铜改铝[38]	—
2	冷凝器	冷凝器	冷凝器折叠扁管技术[39]	壁厚减薄
3	压缩机	压缩机支架	铝合金替代传统金属材料[40]	—
4	管路	铜管	铝管替代铜管[38]	—
		金属管	树脂替代金属[41]	—
5	风道	风道	微发泡	—

微发泡是近几年比较火的轻量化技术之一，HVAC总成壳体、风道等零件，均可通过该工艺实现轻量化。以风道为例，根据车型的大小及配置的不同，风道也大小各异，一般来说，其质量约1~3kg，常用改性PP、HDPE等材料，宝马某车型通过HDPE微发泡，实现减重40%左右。图4-27为宝马微发泡风道。

图 4-27 宝马微发泡风道

空调 HVAC 总成壳体也是微发泡工艺的主要应用零件之一，宝马、奔驰、丰田等都有相应的量产应用案例，目前国内车型还未见量产报道。

4.2.8.4 灯具

自 1906 年世界上第一次采用蓄电池给电池灯泡供电之后，车用灯具先后经历过煤油灯、乙炔灯、白炽灯、钨丝灯，到现在的氙气灯以及目前技术逐渐成熟的 LED 等。从材质和结构上，灯具也从以前较重的金属煤油灯、金属或陶瓷电灯、玻璃灯具发展到目前的塑料灯具。经过几十年的发展，灯具的轻量化已日趋完善，但随着技术的发展，目前仍然有较大的轻量化空间[42]。

配光镜、反射镜及壳体是灯具主要的组成部分，图 4-28 为前照大灯示意图。

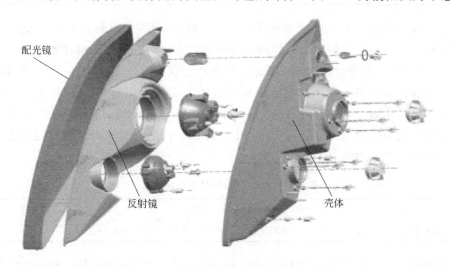

图 4-28 前照大灯示意图

表 4-16 是一些典型车型的前照灯、后尾灯及前雾灯反射镜、壳体及配光镜的用材。从表中可以看出，前照灯和前雾灯的反射镜、前雾灯的配光镜等用材差异较大，还有较大的轻量化空间。

表 4-16 典型车型的前照灯、后尾灯及前雾灯配光镜、壳体及反射镜的用材

车型	前照灯			后尾灯			前雾灯		
	配光镜	壳体	反射镜	配光镜	壳体	反射镜	配光镜	壳体	反射镜
威驰	PC	PP-T20	BMC	PMMA	ASA	PC	钢化玻璃	PBT+ASA-GF30	AL
凯美瑞	PC	PP-T30	BMC PPS	PMMA	固定、活动 ASA	固定 PC、活动 PBT+PET-M20	钢化玻璃	PBT+ASA-GF30	AL
卡罗拉	PC	PP-T20	BMC	PMMA	固定 ASA，活动 PC+ASA	PC	钢化玻璃	PBT+ASA-GF30	AL
大众途观	PC	PP-T40	BMC PES	PMMA	固定、活动 PC+ABS	PC-HT	钢化玻璃	PA6T/6I-GF30	PES PEI
沃尔沃 C70	PC	PP-GF30	PEI	PMMA	固定 PC+ABS 活动 ABS	用材不详	钢化玻璃	PC-HT	PEI
菲亚特 SEDICI	PC	PP-T40	BMC	PMMA	ABS	PC-HT	钢化玻璃	用材不详	AL
众泰芝麻	PC	PP-T20	BMC	PMMA	ABS	PC	PC	PP-T40	BMC
奇瑞 E3	PC	PP-T40	BMC	PMMA	ABS	PC-HT	PC	PC-HT	PEI

目前国内外很多车型的反射镜采用 BMC 材料。BMC 材料具有价格低、力学性能好、尺寸稳定性好、耐热性能好等诸多优点，但在一些结构比较复杂的反射镜上，BMC 工艺质量比较难以控制，致使产品废品率较高。BMC 属于热固性材料，回收比较困难。另外 BMC 制品质量较大，虽然相对于铸铝来说，BMC 有较好的轻量化效果，但对于 PPS、PEI、PES 等材料而言，BMC 材料密度较大，从表 4-17 可以看出，采用耐热的 PPS、PEI、PES 材料，可以实现轻量化约 25%～30%，其中 PEI 的轻量化效果最好[43]。

表 4-17 几种反射镜材料的密度

材料	BMC	PPS	PES	PEI
典型密度/(g/cm^3)	1.85	1.38	1.38	1.30

传统的灯泡，发热远高于 LED 灯，随着近几年 LED 灯的应用，灯内的温度也大幅度降低。传统的灯泡在长期使用的情况下，前照灯的配光镜处温度可高达 120℃以上[44]，反射镜处的温度则更高，所以使用传统灯泡的车型往往需要耐热较好的材料。LED 灯的使用温度一般在 70℃以下，因此使用 LED 灯，反射镜、配件等均可采用耐热性能一般的 PC 材料，从而相对高密度的 BMC、铸铝等，

能有效地实现轻量化。

除以上常用内外饰系统轻量化应用技术外，还有大量其他的轻量化方案，如超纤皮革替代真皮座椅[45]、PHC备胎盖板[46]、蜂窝板的应用（备胎盖板、顶棚、行李架等）[47,48]、新型低密度PP的应用[49]，塑料安全气囊支架、塑料方向盘骨架[50,51]、长纤增强发动机装饰罩[52]、玻纤增强后视镜底座（如威驰、RAV4）、碳纤增强PP立柱支架（如福特探险者）、长纤增强PP仪表板本体（如林肯）、碳纤维复合材料内饰零部件，生物基材料的轻量化应用[53-55]等。由于篇幅有限，本节不逐一详细介绍。

参 考 文 献

[1] 中华人民共和国国家质量监督检验检疫总局、中国国家标准化管理委员会. 汽车车身术语：GB/T 4780—2000 [S]. 北京：中国标准出版社，2000.

[2] 全球首款全树脂仪表板横梁 [J]. 塑料科技，2016 (6)：88.

[3] 王鉴. 改性聚丙烯材料在汽车零部件上的应用进展 [J]. 炼油与化工，2011，22 (6)：5-9.

[4] 孙军，于善平，曹俊杰，等. PC3S技术注塑模具制造 [J]. 模具技术，2014 (6)：5.

[5] 安林林，赵海英，李雪，等. 低密度聚丙烯材料在汽车内饰中的应用研究 [J]. 汽车工艺与材料，2018 (6)：8-10.

[6] 王镇江，何造. 汽车塑料保险杠的薄壁化技术 [J]. 汽车工艺与材料，2017 (4)：50-53.

[7] 周强，刘树文. 汽车保险杠的薄壁化设计 [J]. 上海汽车，2013：19-20.

[8] 李书鹏，李树辉，王宏雁. 薄壁化技术在汽车保险杠上的应用研究 [J]. 汽车工艺与材料，2016 (10)：18-19.

[9] 徐伟，李艳华，蒋艳云，等. 低VOC低密度PP材料应用于薄壁内饰件的可行性研究 [J]. 汽车材料与涂装，2018 (18)：268-271.

[10] 战磊，孙军，何金光，等. 汽车座椅骨架轻量化的研究概况 [J]. 汽车零部件，2015 (11)：68-73.

[11] 徐婷婷. 长纤维复合材料乘用车后排座椅骨架改进设计 [D]. 长春：吉林大学，2017.

[12] 孙锐，袁学虎，周天平，等. 轻质GMT板材在商用车内饰顶棚开发中的应用及与麻纤维板制品的对比 [J]. 汽车零部件，2014 (04)：44-47.

[13] 刘淑征，曹学文. 轻质GMT在汽车顶棚中的应用 [J]. 内燃机与配件，2017 (18)：115-116.

[14] 邓琦岚，龙祥愿. 轻质GMT在汽车顶棚中的应用. 北京汽车，2011.

[15] 张拓. 汽车顶棚不同生产工艺的对比分析 [J]. 汽车工艺与材料，2016 (04)：21-23.

[16] 战阴旭，林福强. 汽车顶棚不同生产工艺的对比分析 [J]. 工业C（技术前沿），2018.

[17] 张娜. 聚碳酸酯（PC）在轻量化车窗上的应用 [J]. 汽车工艺与材料，2014 (9)：69-72.

[18] 杨斌，梁志. 聚碳酸酯在汽车玻璃窗上的应用研究 [J]. 汽车零部件，2018：107-108.

[19] 高暮琰，王宏雁. 聚碳酸酯材料在轻质车身中的应用 [J]. 工艺材料，2010 (02)：48-49.

[20] 许猛. 聚碳酸酯拉伸破坏性能的研究 [J]. 汽车实用技术，2017 (07)：67-69.

[21] Diepens M, Gijsman P. Influence of Light Intensity on the Photodegradation of Bisphenol A Polycarbonate [J]. Polym Degrad Stab, 2009, 94: 34-38.

[22] Diepens M, Gijsman P. Photodegradation of Bisphenol A Polycarbonate [J]. Polym Degrad Stab, 2007, 92: 397-406.

[23] Lahijania Y Z K, Mohseni M, Bastani S. Characterization of Mechanical Behavior of UV Cured Urethane Acrylate Nanocomposite Films Loaded with Silane Treated Nanosilica by the Aid of Nanoindentation and Nanoscratch Experiments [J]. Tribol Int, 2014, 69: 10-18.

[24] Zhang H, Tang L. Wear-Resistant and Transparent Acrylate-based Coating with Highly Filled Nanosilica Particles [J]. Tribol Int, 2010, 43: 83-91.

[25] 田亚梅. 汽车非金属材料轻量化应用指南 [M]. 北京: 机械工业出版社, 2019: 29-30.

[26] 张琳, 陈晓峰. PMMA 有机玻璃在汽车侧三角窗上的应用研究 [J]. 上海汽车, 2013 (11): 56-59.

[27] 常原, 贺斌, 陈丽华, 等. 整车前地板位置底部护板设计 [J]. 汽车零部件, 2016 (2): 20-24.

[28] 刘冠姣, 李印鹏. 一种轻质汽车底盘下护板的设计及应用 [J]. 科技创新与应用, 2017 (30): 114-116.

[29] 郭景毅, 赵息, 冯见艳, 等. 人工皮革在汽车内饰材料中的应用现状与发展趋势 [J]. 西部皮革, 2007, 29 (8): 7-10.

[30] 李晶晶, 赵会新. 汽车内饰材料中人造皮革的应用研究 [J]. 现代商贸工业, 2008, 20 (8): 386-387.

[31] 王振宏, 孟令娜. 人造皮革在汽车上的应用与研究 [J]. 城市建设理论研究电子版, 2013 (16).

[32] 黄曦桥. 热塑性弹性体在汽车上的应用和发展 [J]. 化工管理, 2013 (12): 209.

[33] 朱熠, 滕腾. 热塑性弹性体在汽车行业的应用进展 [J]. 汽车工艺与材料, 2014 (12): 39-45.

[34] 魏长庆, 李志虎. 汽车用热塑性弹性体综述 [J]. 汽车与配件, 2015 (50): 74-77.

[35] 李国林, 孙风蔚, 吴成明, 等. 基于布置优化的汽车蓄电池支架轻量化设计 [J]. 汽车工程师, 2014 (09): 28-30.

[36] 武胜军. 长玻纤增强 PP 材料在汽车蓄电池托盘上的应用 [J]. 汽车工艺与材料, 2013 (09): 45-49.

[37] 李贵宾. 浅谈轻量化在汽车空调系统中的应用 [C] //全国机械设计年会. 2009.

[38] 黄国强. 新能源汽车高效空调的研究开发思路初探 [J]. 制冷与空调, 2016, 16 (05): 69-78.

[39] 张萍, 胡彬. 新型折叠扁管微通道换热器的性能研究 [C] //2017 年中国家用电器技术大会论文集, 2017.

[40] 张志杰, 韩忠浩, 李永帅, 等. 汽车空调压缩机支架轻量化研究 [J]. 农业装备与车辆工程, 2014, 52 (10): 59-63.

[41] 俞庆华. 伊顿致力于开发轻型聚合物空调输送系统 (PACCS) [J]. 汽车零部件, 2017 (11): 46.

[42] 李祥兵, 王春才, 肖义武. 汽车车灯轻量化技术研究 [J]. 汽车电器, 2016 (11): 45-49.

[43] 许建荣. 汽车灯具反射镜材料的性能要求和热塑性反射镜材料 [J]. 上海塑料, 2005 (01): 14-18.

[44] 游学兵. 车灯温度场及灯内空气流动特性的分析 [D]. 镇江: 江苏大学, 2005.

[45] 吴勇, 孙向浩, 张其斌, 等. 超纤皮在高速列车座椅上应用的研究 [J]. 科技创新导报, 2015 (36): 3-4.

[46] 杨广富, 王三群. (PHC) 备胎盖板的设计及工艺研究 [J]. 科技展望, 2016, 26 (31): 43.

[47] 黄志亮, 景一柱, 周广洲, 等. 汽车内饰轻量化工艺研究 [J]. 科技创新与应用, 2017 (28): 61.

[48] 汽车轻量化: 车用塑料的颠覆之旅 [J]. 汽车技术, 2016 (01): 61.

[49] 安林林, 赵海英, 李雪, 等. 低密度聚丙烯材料在汽车内饰中的应用研究 [J]. 汽车工艺与材料, 2018 (06): 8-10.

[50] 孙锐, 袁学虎, 周天平, 等. 商用车方向盘材料与工艺的发展趋势 [J]. 汽车工程师, 2014 (5): 16-19.

[51] 陈实，余国荣，戴开红，等. 方向盘的制作方法：CN202743317U [P]. 2013-02-20.
[52] 蒋艳云，蓝先，李坚，等. 长玻纤增强 PP 材料在发动机装饰罩盖上的应用研究 [J]. 汽车零部件，2017（01）：30-33.
[53] 颜景丹，张永刚，王国未，等. 改性聚乳酸材料应用于汽车部件的可行性分析及验证 [J]. 汽车工艺与材料，2017（10）：65-68.
[54] 张斌. 基于聚乳酸复合材料的汽车零部件应用研究与分析 [D]. 吉林：吉林大学汽车工程研究院，2017.
[55] 钱伯章. 生物基塑料的应用发展现状 [J]. 国外塑料，2013，31（11）：28-35.

第5章
底盘零部件材料轻量化

【导读】 一辆车的底盘可以将其分成簧下质量和簧上质量两个部分。底盘轻量化对整车性能的影响,核心问题是簧下质量问题。大部分底盘零部件属于簧下质量,从簧上质量与簧下质量之比的角度出发,这个比值越大,也就意味着该车拥有更好的乘坐舒适性。而更小的簧下质量同时意味着更好的可操控性。传统的底盘零部件主要采用钢材制造,其中以高强钢为主。近几年,铝镁合金零部件成为底盘轻量化的热点和方向,另外,塑料、碳纤维复合材料等轻量化材料的应用,也是未来的发展方向。

底盘主要由传动系统、制动系统、转向系统和悬架系统组成,如图5-1。

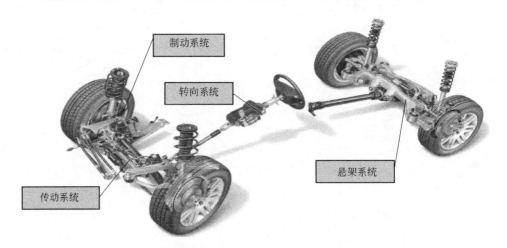

图5-1 底盘的四大系统示意图

传动系统一般由变速器、万向传动装置、主减速器、差速器和半轴等组成,其基本功用是将动力传输给汽车的驱动车轮,产生驱动力,使汽车能在一定速度下行驶。

制动系统是使汽车的行驶速度强制降低的一系列专门装置。制动系统主要由供能装置、控制装置、传动装置和制动器等组成。制动系统的主要功用是使行驶中的汽车减速甚至停车，使下坡行驶的汽车速度保持稳定，使已停驶的汽车保持不动。

汽车转向系统是用来改变或保持汽车行驶或倒退方向的一系列装置。作为"主动安全"的一个重要的组成部分，转向系统主要作用有：改变车辆行驶方向、反馈给驾驶员路面及车辆行驶状况（提供路感）、减小碰撞对驾驶员的伤害（车辆正碰时）、提高驾驶舒适性（助力转向系统）。

悬架系统是汽车的车架与车桥或车轮之间的所有传力连接装置的总称。悬架的主要作用是传递作用在车轮和车身之间的一切力和力矩，比如支撑力、制动力和驱动力等，并且缓和由不平路面传给车身的冲击载荷，衰减由此引起的振动，保证乘员的舒适性，减小车辆本身的动载荷，保证车轮在路面不平和载荷变化时有理想的运动特性，保证汽车的操纵稳定性。

本章主要从三个方面介绍底盘零部件用材及其轻量化。第一节介绍底盘主要零部件材料轻量化的发展趋势；第二节是本章的重点，对目前比较典型的材料轻量化技术进行详细分析；第三节介绍氢燃料电池汽车底盘特点及轻量化。

5.1 底盘轻量化的发展趋势

底盘轻量化是未来汽车底盘技术的发展方向之一，传统底盘仍以黑色金属材料为主，近几年随着轻量化的发展，底盘用轻质和高强材料均出现快速的增长[1]。

（1）铝合金的应用是未来底盘轻量化主要的途径之一

由于铝合金具有密度低、比强度高、耐腐蚀性能好等优点，铝合金材料对实现底盘轻量化，提高底盘耐疲劳、耐腐蚀等性能有极其明显的作用，因此在汽车底盘上的应用越来越广泛。

目前底盘各系统中有许多零部件已普遍使用铝合金材料，如制动系统的铝车轮、转向系统的转向器壳体、制动系统的卡钳等。而以铝代替钢零件在底盘悬架零件上的应用越来越广泛，一般来说，车型定位越高，其悬架系统使用的铝合金零件数量就越多。奥迪A4、A6、Q5、宝马5系、7系和路虎揽胜等车型已推出了全铝底盘。

据美国埃克斯科公司（EXCO）的测算，2025年北美汽车工业的用铝量比2012年增加40%。除车身的零部件外，底盘的压铸铝合金零部件将是主要的增长点[2]。

国内一些整车企业近几年也大量开发铝合金底盘零部件，如广汽、众泰、吉利、BYD等部分车型，已经成功开发了铝合金副车架、控制臂等关键底盘零部件。

随着节能减排的要求，汽车电气化、轻量化需求增长，未来底盘铝合金材料的使用趋势将从功能件往结构件发展，特别是在悬架系统及制动系统零部件上，铝合金材料有很大的应用增长空间。

（2）高强钢的强度等级逐渐提高

汽车轻量化达成路径很多，材料及其制造工艺是轻量化目标达成的重要路径之一，除使用轻质材料外，高强钢是汽车轻量化的关键材料之一，对汽车发展起着举足轻重的作用[3]。汽车用先进高强钢在新一代汽车伙伴计划、超轻钢车身等项目上得到了应用和推广，在减重、节能、提高安全性、降低排放等方面展现了广阔前景，与铝合金及镁合金相比亦具有很强的竞争能力[4]。高强钢在汽车车身上大量成熟应用也给底盘系统提供了很多借鉴，目前先进高强钢已在底盘悬架系统上得到了大量的应用，如前后副车架、扭力梁、悬挂固定座、控制臂等，这些零部件结构相对比较简单、焊接部位较多、板厚较大、承受交变载荷，要求材料具有较好的成型性能、力学性能、焊接性能、疲劳性能等。常用的高强钢牌号有SAPH系列、QSTE系列、DP钢、高扩孔钢、MS钢、CP钢及热成型钢等。

随着材料技术的发展，高强钢的生产技术越来越成熟，强度等级也越来越高，采用更高强度等级的高强钢替代传统的高强钢，辅助一些工艺的变化，是近几年底盘轻量化的重要途径之一[5]。

如底盘悬架系统的摆臂位置，通常采用SAPH400、QSTE 420TM等钢材。而在传统高强钢的基础上，采用更高强度的FB780、CP800等先进高强钢，将双片钢板冲焊成型变为单片冲压成型，材料厚度不变或稍微增加以满足零件性能要求，总体上不仅减轻零件的质量，还能减少零件生产工序、降低零件成本。日产轩逸、逍客、奇骏，韩系朗动，美系唯欧、嘉年华、欧系帕萨特、速腾等车型都已通过这种方式实现下摆臂的轻量化。近几年国内也有高强钢应用在底盘零部件实现轻量化的案例，如荣威i6采用CP780钢板替代传统的QSTE420TM，应用在悬架下摆臂上，单车实现减重0.7kg左右。

另外，悬架系统的扭力梁目前采用DP600、FB590、S460MC等高强钢材料。为提高轻量化水平，部分车型使用了更高强度的CP800、DP800等先进高强钢。

在转向系统、驱动轴、减振弹簧、稳定杆、轮毂轴承等一些功能件上应用的合金钢、齿轮钢、弹簧钢、非调质钢等鲜有新的材料问世，就特殊钢而言，高质量（高洁净度、高均匀性、精细组织、高表面质量、高尺寸精度）、高性能（生产及加工过程的安全性和适应性，服役环境下的高可靠性）、品种多样性、适应不同服役环境的选材需求，这些将成为终端用户对高端特殊钢的总体要求[6,7]。

总体来讲，除高强度外，底盘零部件用钢还朝着高性能、低成本、可回收利用、低碳排放四个方向发展。终端整车厂、上游材料供应商、中游零部件供应商需紧密配合，以材料轻质化、高强化、多元化等为路径，通过新材料、新工艺的应用促使整车轻量化目标的达成及性能的提升。

（3）复合材料在底盘上的应用还处于起步阶段

传统燃油汽车底盘零部件多以高强钢为主并逐渐往铝合金材料方向发展，而新能源汽车的轻量化需求更为迫切，且底盘零部件的减重较车身减重会带来更好的节能效果。先进的复合材料（热塑性和热固性复合材料、高性能复合材料等）以其轻质、高强度、耐疲劳、可设计性强等优点越来越多地取代传统金属材料，成为汽车轻量化的主流方向之一。

国内外各大整车企业及先进复合材料公司纷纷开展复合材料汽车底盘零部件的研发工作，目前主要开发的底盘零部件有传动轴、板簧、弹簧、轮毂、刹车片等，且部分复合材料零部件已成功应用，如宝马 M3 复合材料传动轴比纯钢结构减重 40%，丰田 86 复合材料传动轴减重 50%，沃尔沃 XC90 采用的玻璃纤维增强复合材料板簧，奥迪开发的一种玻璃相位增强复合材料悬挂弹簧，福特新一代野马 Shelby GT350R 配备的碳纤维复合材料轮毂以及保时捷 AG 采用的碳纤维刹车片等。

复合材料汽车底盘零部件的减重效果显著，但由于复合材料汽车零部件的成本较高，目前主要应用在赛车及高端车型上。因此在新能源汽车上，复合材料在底盘上的应用还属于起步阶段。随着材料成本的不断降低、生产技术不断创新，复合材料在汽车底盘零部件上的应用将越来越广泛。

5.2
底盘主要零部件材料轻量化

汽车轻量化技术是轻量化设计、轻量化材料和轻量化制造工艺的集成应用，三者之间相互联系，相互作用。轻量化设计离不开轻量化的材料，也离不开先进轻量化制造工艺。目前最常用的几种轻量化材料有高强钢、铝合金和复合材料等[8]，本节主要介绍部分底盘零部件的材料轻量化技术。

5.2.1 控制臂

5.2.1.1 控制臂的用材现状

控制臂也称为摆臂，其外端通过球铰与车轮轮毂相连，内端则通过球铰、橡胶衬套与车架相连。在控制臂的设计中，对强度、固有频率、横向及纵向刚度等都有较高的要求。

控制臂有前控制臂和下控制臂等，其中前控制臂是悬架的向导和支撑，其变形影响车轮的定位，降低行车稳定性；下控制臂用来支撑车身，减振并缓冲行驶中的振动。

控制臂本体由通过板材冲压成型的上臂体与下臂体扣合焊接而成，使控制臂本体内部为中空结构，目前控制臂常用的材料为 QSTE420TM、SAPH440 等热轧结构钢。

最近几年大量涌现出轻量化的控制臂材料及结构，如铝合金控制臂、高强钢单片冲压控制臂、复合材料控制臂等。其中铝合金控制臂应用技术比较成熟，由于成本较高，主要应用在中高端车型上；高强钢单片冲压控制臂目前应用相对较少，但也有比较成熟的应用案例；复合材料控制臂目前主要处于预研阶段。

5.2.1.2 控制臂的轻量化应用

（1）铝合金控制臂

相对于传统的钢铁材料，铝合金控制臂平稳性和舒适性更好，且质量更轻，目前由于价格相对较贵，主要用于合资或外资车企的中高端车型上[9]，特别是德系车型，更倾向于采用铝合金材料。

铝合金控制臂可采用低压铸造工艺成型，选材以 ZAlSi7Mg、ZAlSi7MgA、A356、AlSi7Mg0.3 牌号为主，通过上述方法获得的零件屈服强度大于 210MPa，断后伸长率大于 7%，具有良好的力学性能。对于性能要求更严格的控制臂，可采用锻造成型技术，材料以 6000 系列变形铝合金为主，常用牌号为 6061、6082 等，屈服强度可达到 300MPa 以上，断后伸长率大于 10%。不同成型工艺的铝合金控制臂如图 5-2 所示。

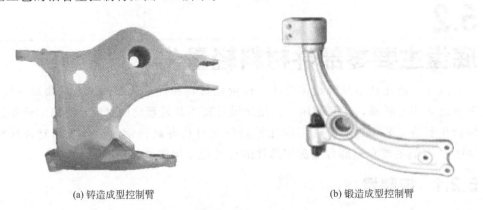

(a) 铸造成型控制臂　　　　　　(b) 锻造成型控制臂

图 5-2　不同成型工艺铝合金控制臂

虽然铝合金控制臂价格较贵，但减重明显，相对钢铁材料，可减重 1/3 左右。近几年，铝合金控制臂是国内自主车型轻量化的热点零件之一，部分车型已经量产应用，如 BYD 的秦/唐、吉利博瑞、广汽传祺、上汽荣威 750、广汽 EU400 等。图 5-3 为 BYD 唐的铝合金控制臂。

图 5-3　BYD 唐的铝合金控制臂

（2）单片冲压控制臂

单片冲压控制臂是利用第三代先进高强钢，替代现有的高强度结构钢。目前传统的控制臂材料常用 QSTE420TM、SAPH440 等（传统的控制臂结构见图 5-4），单片冲压常用的材料为复相钢或高扩孔钢，这里以复相钢为例进行介绍。

图 5-4　传统控制臂结构

复相（complex phase）钢属于超高强钢系列，简称 CP 钢，其显微组织主要为铁素体及贝氏体，并包含少量的马氏体、残余奥氏体和珠光体，典型金相组织见图 5-5。由于添加了 Ti、Nb 等微量合金元素，其组织非常细小，同时含有微小的沉淀弥散强化基体，但随着强度的提高，钢板的成型性能下降。与常规的高强钢相比，CP 钢的特点有：

① 与 DP 和 TRIP 钢具有相同的成分体系；

② 屈强比高，相同抗拉强度下屈服强度较高，延伸率较低；

③ 与 DP 和 TRIP 钢相比具有更好的弯曲和拉伸翻边性能。

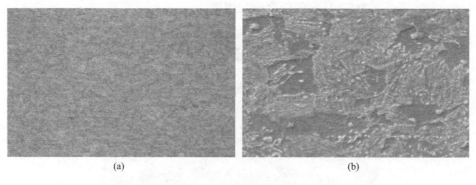

图 5-5　CP 钢金相组织

弯曲和拉伸翻边性能较好，是 CP 钢可用于制作单片控制臂的主要原因之一，因为控制臂上需要进行扩孔，如果弯曲和拉伸翻边性能不好，就容易在扩孔过程中开裂。目前常用的单片冲压控制臂材料是 CP780、CP800 等。其中 CP780 屈服强度在 680～730MPa 之间，屈服强度较常用的 QSTE420TM 提升 60% 以上。由于采用钢板材料强度更高，所以直接用单片冲压成型即可，无须采用传统的双片冲压再焊接而成的结构。

单层板结构取消了中间加强垫板及中间套管，一体冲压成型，模具数量由两套变为一套，工序减少使生产效率提高。CP780 钢种原材料成本较 QSTE420TM 等有所上升，但考虑材料利用率的提高及模具数量、焊缝数量的减少，其综合成本不上升或者上升很少。因此相对于双片冲压焊接控制臂，单片冲压控制臂具有质量更轻、成本更低、加工方便等优点[10]。

图 5-6　荣威 i6 单片冲压控制臂

目前控制臂采用单片冲压成型的车型有大众迈腾、上汽荣威等。以上汽荣威 i6 单片冲压控制臂为例，单件质量约 3.05kg，较传统控制臂减重 10% 左右。图 5-6 为上汽荣威 i6 单片冲压控制臂。

(3) 复合材料控制臂

德国弗劳恩霍夫研究所开发了一种由碳纤维增强聚合物制成的轻量化控制臂（见图 5-7），该控制臂与传统金属设计的控制臂相比质量减轻了 35%，质量仅为 2.1kg[11]。

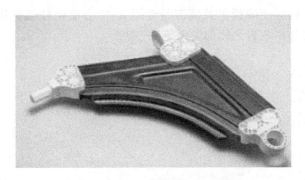

图 5-7 碳纤维复合材料控制臂

蔡茂等人通过 CAE 分析，设计出的碳纤维复合材料控制臂，在刚度、强度等满足要求的同时，比钢制结构的控制臂减重 45% 以上[12,13]。

由于碳纤维材料价格较贵，碳纤维零部件设计技术要求较高，且不适合大批量的工业化生产，目前该材料的控制臂还主要处于预研阶段。

5.2.1.3 未来的发展趋势

单从轻量化角度来看，碳纤维复合材料效果最为明显。不过从减重、技术成熟度、市场认可度等方面综合考虑，铝合金是近几年控制臂材料的主要发展方向。高强钢单片冲压控制臂，由于零件看上去更不结实，市场认可度相对较低，但随着人们对高强钢认知的增强，其认可度也会相应提升；铝合金材料相对来说代表高端，市场认可度较好。

由于铝合金控制臂价格较传统钢制控制臂而言，有较大的增加，因此，在未来的几年内，铝合金控制臂的应用还主要是在中高端的车型上有较快速的增长，单片冲压控制臂在中低端车型上的应用将越来越广。

5.2.2 稳定杆

5.2.2.1 稳定杆的用材现状

稳定杆是汽车悬架的一个重要零件，其功用是防止车身在转弯时发生过大的横向侧倾，使车身保持平衡，减少汽车横向侧倾程度和改善行驶平顺性。

目前稳定杆主要采用弹簧钢实心结构，根据稳定杆在实际工作中的受力特点，可将其设计为空心稳定杆，获得 30%～45% 的减重效果，因此空心稳定杆成为目前轻量化的研究热点[14]。

国内多家稳定杆制造商已具备空心稳定杆的生产能力，由于国内高频焊管质量不稳定，因此大多采用 30CrMo、35CrMo、42CrMo 等材料的无缝钢管进行稳定杆的生产。空心稳定杆结构与实心稳定杆基本相同，其截面为环形，所受应力状态不同于实心稳定杆。实验证明，当空心稳定杆的轻量化率增加时，其设计应力也随之增加,这样便降低了其疲劳寿命[15]。空心稳定杆轻量化率、壁厚、应力及管材外径增加率三者之间的关系见图 5-8。

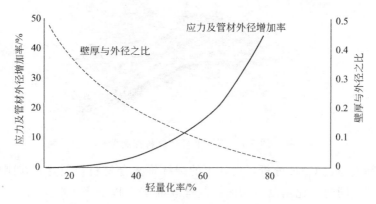

图 5-8　空心稳定杆轻量化率、壁厚、应力及管材外径增加率三者之间的关系

空心稳定杆应用目前主要以日系车型居多,如马自达 2、马自达 6 等。自主车型采用空心稳定杆的很少,主要有吉利博瑞、吉利远景等。

5.2.2.2　空心稳定杆的轻量化应用

空心稳定杆的设计首先要求考虑底盘空间。空心稳定杆在节省原材料的情况下,通过对尺寸、截面的合理设计和后续生产中折弯及热处理工艺的高质量保证,完全可以达到和实心稳定杆一样的性能要求。空心稳定杆受弯部位的应力是由弯曲应力、扭转应力及子午应力组成的,当其轻量化率增大时,应力值相应增大,同时应力峰值的位置逐渐向弯头内侧移动。

空心稳定杆主要加工工艺路线为:落料→原材料冷弯成型→淬火→中温回火→粗修冷校正→端头加工→精修冷校正→喷丸→涂装。采用淬火加中温回火工艺得到回火屈氏体组织,其具有高强度的同时,还具备一定的塑性和韧性。空心稳定杆结构及金相组织如图 5-9 所示。

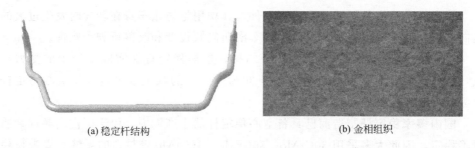

(a) 稳定杆结构　　　　　　　　　　(b) 金相组织

图 5-9　空心稳定杆结构及金相组织

以某车型稳定杆为例,将常用实心稳定杆更改为空心稳定杆结构,其尺寸直

径由 20mm 增加为 35×7mm（外径 35mm，壁厚 7mm），空心管采用 30CrMo 无缝钢管制造，质量较实心杆减轻 30%，虽然质量减轻，但是由于无缝钢管的成本高于常用 60Si2MnA 或 55CrMn 材料，且空心稳定杆冷弯机的设备投入高，因此综合成本提高了 20%～30%。

5.2.2.3 未来的发展趋势

由于整车减重的需求，空心稳定杆因其减重优势及相对较高的性价比优势，且因直径增加对底盘布置的影响，目前在中高端 SUV 上应用较为成熟。空心稳定杆已成为稳定杆设计的重要方向。

5.2.3 副车架

5.2.3.1 副车架的用材现状

副车架是前后车桥的骨架，是前后车桥的组成部分。副车架并非完整的车架，只是支撑前后车桥、悬架的支架，使车桥、悬架通过它与正车架相连，所以习惯上称为副车架。副车架是车身与悬架连接的一个中间缓冲体，通过调校副车架的软硬刚度，可以起到调控车辆舒适性与操纵性之间的调配关系的作用[16]。

传统副车架大多是由钢板经过冲压、焊接而成。由于副车架形状比较复杂，一般需要选用具有较好塑性的材料，另外考虑到焊接性能，尽量选择碳含量低的钢板。

随着轻量化技术的发展，近几年在副车架上大量应用铝合金材料，特别是在一些中高端车型上。

液压胀型副车架在轻量化方面也有较大的优势，该技术在国外已经成熟应用，在国内少数车企的部分车型有量产应用。

5.2.3.2 副车架的轻量化应用

（1）液压胀型副车架

液压胀型副车架具有质量轻、产品一体化成型、刚度强、可塑性强、较高的集成度和尺寸精度等特点。

德国于 20 世纪 70 年代末开始内高压液力成型基础研究，并于 20 世纪 90 年代初率先开始在工业生产中采用内高压液力成型技术制造汽车轻体构件[17]。宝马、奔驰、雷克萨斯、奥迪、克莱斯勒、马自达等车型已将此技术应用在前后副车架等零件上，达到了轻量化减重的目的。目前国内液压胀型技术还处于起步阶段，由于相关设计、分析性能的欠缺及配套制造商制造能力相对薄弱，制约了液压胀型技术的应用。

液压胀型技术在副车架的应用中应考虑以下几个方面的问题：

① 成本提高，内高压成型原材料由传统热轧板材变更为焊接钢管，原材料

成本提高10%以上，对于副车架中比较复杂的主梁，模具费用较传统冲压成型提高2倍以上；

② 选择合适的原材料，对原材料钢管质量要求高，如有尺寸不合格或者焊接质量差，将导致废品率提高；

③ 需进行变截面设计优化；

④ 对所选择的材料在前期应进行弯曲成型性能评估，具体见图5-10，对零部件成型工艺进行设计，并通过CAE分析其性能是否满足要求。

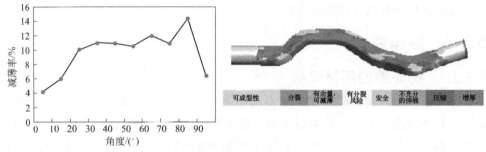

(a) 弯曲成型性能评估

(b) 某车型液压胀型副车架

图5-10 液压胀型副车架弯曲成型性能评估

液压胀型技术与传统冲压焊接技术相比，具有以下特点：液压胀型制造成本高，前期投入大，成型模具目前在国内还没有完全成熟；冲压件拼焊由于零部件较多，容易变形，精度控制起来较难，夹具制作及维护成本较高。因此，两者相比各有优劣。液压胀型工程中的影响因素比较多，如材料性能、摩擦、轴向进给、内压等，在试验中，轴向进给与内压的合理匹配，是决定成型成功或失败的关键因素[18]。

针对某一车型副车架，具体见图5-11，将中间主臂和侧臂由冲压焊接成型更改为液压胀型，两者选用相同的材料QSTE420TM，壁厚均为2.5mm，液压胀型原材料采用高频焊管且液压胀型件焊缝数量减少，因此液压胀型副车架较冲压焊接成型副车架减重超过2kg以上，减重效果明显。由于液压胀型的材料利用率高达95％，而冲压件材料利用率只能达到60％，尽管高频焊管原材料成本较高，但是综合材料利用率，原材料成本能总体下降10％以上。

符琳等在液压胀型替代传统冲压焊接成型副车架的分析中，材料均采用厚度为2.5mm的SAPH440板，由图5-11可以看出，液压胀型的副车架本身的零件数量较少，零件间搭接焊接较为简单，焊缝数量大大减少，有利于质量稳定性。

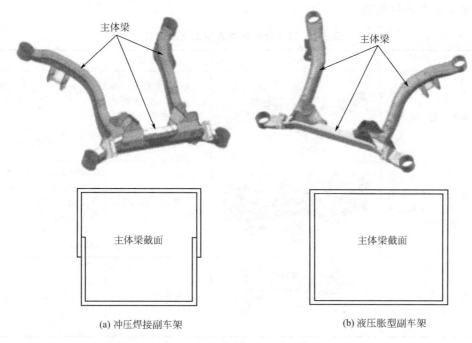

(a) 冲压焊接副车架　　　　　　　　　(b) 液压胀型副车架

图5-11　冲压焊接副车架及液压胀型副车架示意图

最终液压胀型副车架质量减轻2.2kg，减重11.6％。从零件材料利用率考虑，液压胀型材料浪费约为5％，而冲压成型浪费约30％，材料成本节约25％左右，整个副车架主体梁材料成本节约36.6％[19]。通过产品的优化设计，液压胀型副车架的刚度、模态、强度均可以满足要求，同时强度高于冲压焊接副车架。液压胀型产品具备一体式成型、产品成型质量高、尺寸稳定性好等优点，可制造非常复杂的截面，同时减少焊接工序，避免了一些焊接缺陷对其疲劳性能的影响。缺点在于前期模具及设备投入高，如果零部件不具备较长的生命周期，会导致零部件成本上升。

(2) 铝合金副车架

铝合金材料在副车架上的应用，可以有效地提高副车架的轻量化效果，从而可以显著提高整车装备的轻量化水平[20]。

铝合金材料强度与钢板相差较大，因此需要通过结构的调整和工艺的控制来满足副车架的总成性能。一般压铸铝合金副车架选用Al-Si系合金（如AlSi10MgMn、

AlSi7Mg 等），其中 AlSi10MgMn 的 Si 含量为 10% 左右，高于 AlSi7Mg 的 6.5%～7.5%，其材料流动性好，但有产生气孔和缩孔的问题。

目前铝合金副车架成型工艺主要有一体铸造成型、铸造＋挤压型材（液压铝管）＋铝板冲压拼焊成型，其中一体铸造成型又分低压铸造一体成型和高压铸造一体成型。两种工艺路线各有特点，需根据车型实际情况来确定。铝合金副车架成型工艺及选材见表 5-1。

表 5-1 铝合金副车架成型工艺及选材

工艺	示图	主要车型	备注
低压铸造一体成型		大众途观、大众CC、奥迪A3、奔驰C级、路虎揽胜、英菲尼迪Q50、克莱斯勒200C	—
铸造＋挤压型材（液压铝管）＋铝板冲压拼焊成型		奥迪A4、A6、Q5、宝马5系、7系	横梁采用铝合金挤压型材，纵梁采用铝合金液压弯管，与车身等零部件连接部位形状复杂，采用铝合金压铸件
高压铸造一体成型		广汽传祺	—

以国内某整车企业开发的铝合金副车架为例，采用铸造成型＋挤压成型＋液压成型工艺，其中圆柱形前横梁为 6082 铝合金挤压型材（图 5-12①），中横梁和后横梁为 6005A 铝合金挤压型材（图 5-12②），前后纵梁为 6061 铝合金液压弯管（图 5-12③），型材和液压弯管之间的压铸件为 AlSi7Mg（图 5-12④），采用 MIG 焊实现各零部件之间的连接。

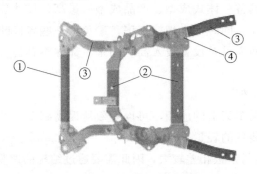

图 5-12 某整车企业铝合金副车架示意图

铝合金副车架轻量化效果明显,如开发的某铝合金副车架,较传统钢制副车架减重可达30%左右[21];本田2016年展出的燃料电池车铝合金副车架通过将复杂的中空封闭截面结构一体成型,平均壁厚为3mm,比原来轻20%左右,号称全球最轻的铝合金副车架[22]。

(3) 其他材料副车架

除以上常用的液压胀型及铝合金副车架外,还有一些其他的轻量化副车架方案,不过由于技术不成熟,价格较贵,目前主要在特殊车型上应用,或者还只是在实验室研发阶段,如钛合金副车架。莲花Exige S钛合金副车架,相比上一代车型减重约36%,刚度提高19%[23]。新款雅阁采用钢铝混合结构的副车架,质量减轻约25%,安装点刚度也提高了20%左右。福特和麦格纳合作开发的碳纤维复合材料副车架(见图5-13),应用在福特蒙迪欧上面,该结构件替换了传统副车架内45%的钢制零部件,减重达34%左右[24]。

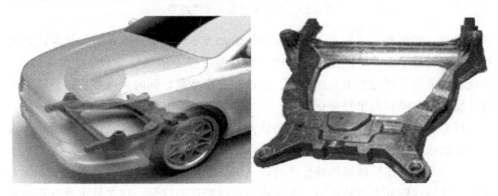

图5-13 福特蒙迪欧碳纤维复合材料副车架

5.2.3.3 未来的发展趋势

图5-14是副车架轻量化的主要路径,在短期内,副车架还主要是以钢材冲压焊接为主,这是因为该工艺成熟,价格便宜,市场应用较广[25]。

使用铝合金是副车架最主要的轻量化方案之一。近几年,铝合金副车架逐渐由高端车型向中低端车型普及,各主要车企也将铝合金副车架作为重点的轻量化技术进行开发研究,部分自主车企也都有相应的在研或量产应用车型。

液压胀型轻量化效果也十分明显,前景也十分好,也是近几年的轻量化热点之一,但受限于设备投资等因素,其普及程度不如铝合金。

5.2.4 转向节

5.2.4.1 转向节的用材现状

转向节通常在汽车行驶过程中起到稳定并灵敏传递行驶方向的作用,它通过

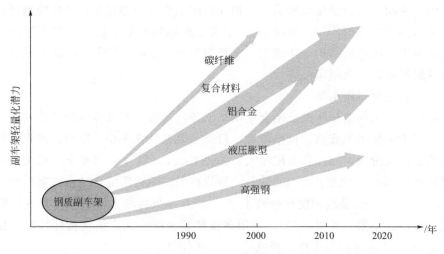

图 5-14　副车架轻量化主要路径

连接轮毂、控制臂、减振器、转向机和传动轴等零件，承受汽车前部载荷，并支撑带动前轮绕主销转动而使汽车转向，在行驶过程中还承受着多变的冲击载荷。因此转向节要尽可能有很高的强度、刚度和安全系数，同时尽可能减轻质量，以满足操纵稳定性和汽车轻量化需求。

目前转向节主要有锻钢和球墨铸铁两种材料，其中锻钢价格较贵，因此市场上主要以球墨铸铁为主。

无论是锻钢还是球墨铸铁生产的转向节，其主要缺点均是零件质量大，且无法生产外形比较复杂的转向节。为了进一步减轻产品质量，很多整车企业开始采用铝合金、高强球墨铸铁等材料，实现转向节的轻量化[26]。

5.2.4.2　转向节的轻量化应用

（1）铝合金转向节

铝合金转向节是比较成熟的轻量化方案之一。

转向节根据零件性能和结构特点可选择铸造或锻造成型工艺。锻造零件因加工硬化及热处理过程，可获得较高的力学性能，屈服强度可达到 300MPa 以上，适合对力学性能要求高的零件，相应的其成本高于铸铝件。对于结构较为复杂的转向节，锻造工艺不易实现时，也可采用铸造成型工艺。不同成型工艺铝合金转向节如图 5-15 所示。

目前铝合金转向节不仅在国内外中高端车型上得到了大量的应用，在部分低端车型上也有应用。铝合金转向节铸造成型工艺一般采用低压铸造或重力铸造，常用材料有 ZAlSi7Mg、ZAlSi7MgA、A356、AlSi7Mg0.3 等，锻造成型铝合金常用材料为 6061 或 6082 等。

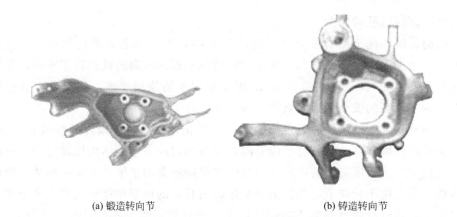

(a) 锻造转向节　　　　　　　　(b) 铸造转向节

图 5-15　不同成型工艺铝合金转向节

相对于传统的转向节，铝合金转向节减重效果明显，如某车型原转向节为铸铁，采用铝合金转向节后，减重目标为 35%，实际减重达到 50% 以上，具体见表 5-2。

表 5-2　某车型铝合金转向节轻量化方案

零件	原铸铁转向节	铝合金转向节
材料	QTA450-10	A356
质量	4.500kg	2.186kg
零件图		
与外部零件连接点	与转向拉杆连接点、与三角臂连接点、与转向器连接点、前轮中心点	
实际减重率	约 51%	

（2）高强铸铁转向节

以前传统转向节用材主要是锻钢，如 40Cr，由于锻造成本比较高，加上后续的加工等工序，生产效率低。现在主流的汽车都用球墨铸铁代替了锻钢，常用的牌号是 QT450-10。虽然 QT450-10 满足乘用车的使用要求，但是由于其强度较低，为了更高的安全系数，其设计质量一般都偏重。

采用更高强度的铸铁，通过结构的相应优化，可以达到极好的轻量化效果。由于铸铁的强度升高，塑性会相应下降，考虑到转向节连接结构比较复杂，一般设计过程中要求强度提高的同时其塑性仍然保持较高的水平，于是一些非标的球墨铸铁开始应用于转向节，如乔治费歇尔公司开发的球墨铸铁转向节成熟应用于合资车型，其抗拉强度达到 550MPa 以上，而且断后伸长率仍能保持在 10% 以上，这就为结构设计的灵活性提升了很大的空间。球墨铸铁转向节应用于某合资车型，通过仿生轻量化设计后，如图 5-16 所示，质量从 4.39kg 减轻到 2.98kg，减重比达 32%，与铝合金材质相比，减重效果相当。

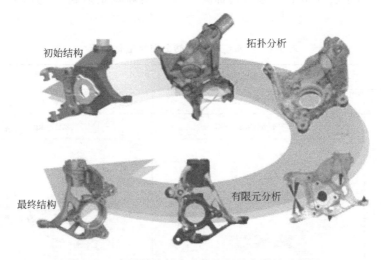

图 5-16　高强铸铁转向节仿生轻量化设计示意图

5.2.4.3　未来的发展趋势

短期内，限于成本、技术等因素，转向节还主要以 QT450 等球墨铸铁材料为主，随着铝合金材料技术的发展，铝合金转向节将逐渐由中高端车型向普通车型普及。高强铸铁转向节受限于材料技术等因素，短期内还难以在国内普及。

国外还有开发碳纤维复合材料转向节的公司，如福特（Ford）、华威制造集团（WMG）、汽车科技公司（Autotech）和 GRM 咨询公司（GRM Consulting）共同开发出了一款用于 C 级车辆的复合式后悬架转向节（见图 5-17）。新的后悬架转向节采用独特的碳纤维配置和定制的制造工艺相结合，与目前的钢构件相比，质量减轻了 50%[11]。碳纤维复合材料转向节其轻量化效果明显，不过在国内普通新能源车上应用，预计还要十年以后。

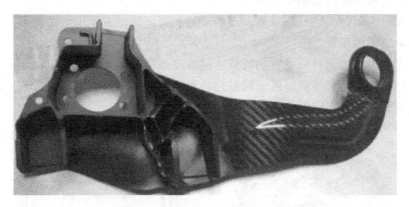

图 5-17 复合式后悬架转向节

5.2.5 轮毂

5.2.5.1 轮毂的用材现状

汽车轮毂是汽车传动的重要部件，作为簧下质量构件，轮毂的结构、材料和制造质量不仅直接关系到人身安全，还对汽车的整备质量、油耗、速度、加速度、制动性、平顺性等有着重要的影响。

目前，全世界的汽车轮毂，不管是载重汽车轮毂还是乘用车轮毂，所用材料基本分为两种，即钢材和铝合金材料，这两种材料制造的轮毂所占市场份额为 95%。其中乘用车上，钢制轮毂占有率逐渐下降，目前基本 80% 以上的乘用车采用铝合金材料，且占比逐渐增加。图 5-18 为历年来乘用车轮毂用材情况[27]。

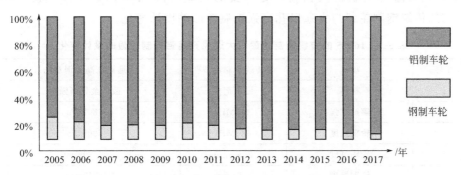

图 5-18 历年来乘用车轮毂用材情况

此外，随着汽车轻量化的发展，人们对轮毂质量的要求不断提高，一些新型材料也被用于制造汽车轮毂，如镁合金、塑料及复合材料。

5.2.5.2 轮毂的轻量化应用

(1) 大通风孔高强钢制轮毂[28]

传统乘用车钢制轮毂质量重，造型不够美观，目前主要用于出租车、小型轿车及交叉型乘用车等。

传统乘用轮毂钢材强度级别较低，随着高强钢的普及以及轮毂设计水平的提高，国外相继开发出了高强度、轻量化且更美观的大通风孔钢制轮毂。传统钢制轮毂及大通风孔高强钢制轮毂见图 5-19。

(a) 传统钢制轮毂　　　　　　　(b) 大通风孔高强钢制轮毂

图 5-19　传统钢制轮毂及大通风孔高强钢制轮毂

以 16 英寸（1 英寸＝0.0254m）的轮毂为例，采用高强钢大通风孔设计，轮辋厚度 2mm，材料强度为 550～650MPa，其载荷的负荷率为 76N/kg。若用普通材料设计，则其载荷的负荷率为 67N/kg。这样，单轮毂可减重 1kg 左右，整车轮毂可减重 4kg 左右，且可靠性及抗超载能力均有提高。

美国钢铁技术协会发布的轻量化钢制轮毂方案中，提出一种全新的钢制轮毂方案，其质量与铝制轮毂相当，更重要的是成本降低 30%～40%。表 5-3 为 16×5 的传统钢制轮毂与大通风孔高强钢制轮毂的设计变化。

表 5-3　16×5 的传统钢制轮毂与大通风孔高强钢制轮毂的设计变化

序号	项目	传统钢制轮毂	大通风孔高强钢制轮毂
1	材料	传统钢材	微合金化高强钢
2	轮辐抗拉强度	345MPa	480MPa
3	轮辋强度	480MPa	620MPa
4	轮辐厚度	2.92mm	2.29mm
5	轮辋厚度	3.68mm	3.43mm

通过大通风孔设计，16×5 的高强钢制轮毂单件质量仅为 6.96kg，比同尺寸的铝合金轮毂轻 11% 左右。

目前大通风孔高强钢制轮毂还主要处于试验验证及概念阶段，离量产还有一定的距离。随着材料、工艺等技术的发展，以及整车对成本、安全性能等技术要求的提高，高强钢制轮毂的量产应用会逐步提上日程。

（2）镁合金轮毂

镁为元素周期表中ⅡA族碱土金属元素，在所有结构金属中，镁的密度最小，在镁中添加合金元素形成的镁合金，密度小、强度高、弹性模量大、阻尼系数大，与传统的铝、钢对比，其性能参数及特点如表5-4所示。

表5-4 镁、铝与钢的性能参数对比及特点

性能	镁	铝	钢	镁相对于钢、铝特点
抗拉强度/MPa	>250	>250	更高	与铝合金强度相当
弹性模量/GPa	45	72	200	满足工程需求
比热容/[kJ/(kg·K)]	0.91	1.95	0.49	单位质量散热效率高
比阻尼系数	60%	2%	10%	阻尼性能好,减少噪声
比强度/(N·m/kg)	150	120	66	大幅减轻结构体自重

由于镁合金具有以上特点及优势，应用于轮毂逐渐成为趋势。国外镁合金轮毂研究起步较早，福特1998年推出的轻质概念车P2000采用了3.1kg的压铸镁合金轮毂；菲亚特、通用汽车、宝马、马自达等在10年前就有镁合金轮毂应用的案例[29]。

国内鼎鑫镁业已经开发出成熟的镁合金轮毂，主要应用于改装车、赛车等领域，以及一些高端豪华车型，国内北汽、海马等汽车公司已开展研发试制。与铝合金轮毂相比，镁合金轮毂在力学性能方面有较大的提升，同时在质量上还有大幅的下降。以17英寸的AZ80A镁合金和A356.2铝合金轮毂为例，其性能比较如表5-5所示。

表5-5 镁合金与铝合金轮毂性能对比

17英寸轮毂为例		铝合金轮毂	镁合金轮毂
材料参数	材料牌号	A356.2(Al-Mg-Si)	AZ80A(Mg-Al)
	抗拉强度	235MPa	355MPa
	屈服强度	170MPa	260MPa
	延伸率	6%	15%
性能参数	设计载荷	600kg	630kg
	弯曲疲劳	$M=2425$N·m,20万次,三件	$M=3870$N·m,30万次,三件
	径向疲劳	$Q=13245$N,200万次,三件	$Q=15240$N,200万次,三件
	冲击试验	满足GB/T 15704要求	
质量		11.8kg	7kg

从表 5-5 可以看出，镁合金轮毂在力学强度、韧性、耐疲劳性能等方面都优于铝合金轮毂，且轻量化效果明显，减重约 40%。

总体来说，镁合金力学性能好，密度小，在轮毂轻量化方面极具优势，但由于表面处理技术难以突破，整体价格较贵，目前镁合金轮毂在普通乘用车上的用量较小，主要在赛车和少量高端车型上有应用。虽然在普通乘用车上使用较少，但随着新能源汽车轻量化压力的增加，镁合金的应用空间将逐渐增大。

（3）复合材料轮毂

碳纤维增强复合材料，因其具有优异的力学性能、耐热性、耐久性和小的密度，近几年部分车企开始尝试将其应用在轮毂上。目前碳纤维增强复合材料轮毂的应用还主要是以高端车型为主，如福特新一代野马 Shelby GT350R 配备的碳纤维轮毂，重约 8.6kg，较一般的铝合金轮毂减重 42% 左右。瑞典柯尼赛格的 Agera 车型，整个轮毂上除了轮胎气门嘴，其余部件均为碳纤维打造（如图 5-20），在减轻约 20kg 的簧下质量的同时，还保证了坚固和安全。

图 5-20　碳纤维轮毂

5.2.5.3　未来的发展趋势

在相当长的一段时间内，铝合金仍然是轮毂材料的首选，随着新能源车的轻量化压力越来越大，在未来的 5 年内，镁合金将有望在轮毂材料中占一席之地。而大通风孔高强钢轮毂和碳纤维复合材料轮毂，预计要在 5 年之后，才会走进国内企业的视野。

5.2.6　螺旋弹簧

5.2.6.1　螺旋弹簧的用材现状

常见的汽车悬架系统中采用的弹性元件主要有钢板弹簧、螺旋弹簧、扭杆弹簧、空气弹簧和橡胶弹簧等。其中螺旋弹簧是现代汽车独立悬架系统最常用的弹性元件，螺旋弹簧由弹簧钢棒料卷制而成，主要有55CrSi、50GrVA、60Si2MnA等牌号。

随着轻量化技术的发展，目前国内外也有很多弹性元件轻量化的相关技术和报道，比如采用更高强度金属螺旋弹簧、复合材料螺旋弹簧等。

5.2.6.2 螺旋弹簧的轻量化应用

（1）金属螺旋弹簧

螺旋弹簧减重的主要手段有：弹簧的高应力化；改变弹簧的形状使应力分布均匀化；改变弹簧钢的强度。其中提高弹簧钢的强度，是实现弹簧轻量化的主要手段之一。

当材料强度提高，在弹簧承受同样的强度时，弹簧直径或弹簧圈数就可以相应减少，从而达到轻量化的效果。

通过淬火及中温回火的传统热处理工艺制造出的弹簧钢不同截面各处硬度相同，其抗拉强度可以根据需要在1600～2150MPa之间进行调整。通过提高材料的抗拉强度可获得弹簧减重效果如表5-6所示。

表5-6 感应淬火弹簧钢丝抗拉强度与减重效果对应表

等级	抗拉强度/MPa	相同弹簧结构下材料可以降低质量
1	1800～1900	10%左右
2	1900～2000	30%左右
3	2000～2050	60%左右

在高强度弹簧钢开发方面，韩国浦项开发出来的2300MPa级别的弹簧钢，可以使螺旋弹簧直径减小10%左右[30]，轻量化效果显著。

在一定的范围内，材料强度的增加会使材料的疲劳极限增加，其塑性和韧性必然会有所降低，但当材料的强度极限提高到一定程度后，继续提高强度值，弹簧的疲劳寿命反而减少。对一些常用的弹簧钢，当抗拉强度逐渐提高时，材料在腐蚀环境下的疲劳寿命反而减少。因此在提高材料的强度时，一定要确保材料的韧性、抗腐蚀疲劳性等，才能满足螺旋弹簧的使用性能，从而确保达到轻量化的设计要求[31]。

（2）玻纤增强复合材料螺旋弹簧

奥迪与意大利索格菲合作开发了玻纤增强复合材料螺旋弹簧，并应用于最新一代A6旅行版车型，该弹簧重约1.6kg，四根弹簧总共减重约4.4kg。图5-21为玻纤增强复合材料螺旋弹簧和传统金属螺旋弹簧。

5.2.6.3 未来的发展趋势

通过工艺优化或开发更高强度级别的材料，提高弹簧钢的强度，是近期螺旋弹簧的主要轻量化路径之一。除此之外，还有高强度空心弹簧钢、碳纤维复合材

玻纤增强复合材料螺旋弹簧　　　传统金属螺旋弹簧

图 5-21　玻纤增强复合材料螺旋弹簧和传统金属螺旋弹簧

料等材料轻量化路径，不过目前还主要处于研发阶段，预计离量产最少还有 5 年的时间[32]。

5.2.7　制动踏板

5.2.7.1　制动踏板的用材现状

制动踏板主要包括踏板臂和安装支架，目前主要采用金属材料，其中踏板臂主要采用 Q235 或 Q345 等材料，安装支架（底座）主要采用 DC01 等板材。制动踏板结构示意图见图 5-22。

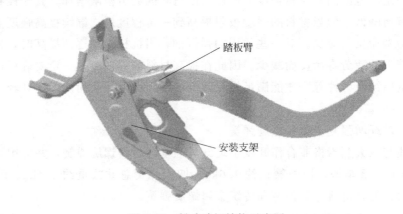

图 5-22　制动踏板结构示意图

制动踏板是使用频率最高的零件之一，基于大众的认知度及安全考虑，制动踏板臂均采用金属材料制成，但部分车型的安装支架已经开始采用塑料材料。

5.2.7.2 制动踏板的轻量化应用

采用塑料材料替代传统的金属制动踏板安装支架，在国内外已经有成熟的案例，如宝马 X5、观致等，见图 5-23。

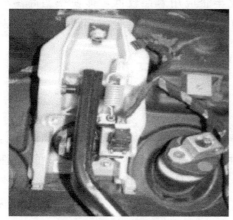

(a) 宝马X5

(b) 观致某车型

图 5-23 塑料制动踏板底座

宝马 X5 及观致踏板底座材料为玻纤增强尼龙材料，相对于传统的 DC01 材料，轻量化效果明显。

在制动踏板臂上，国外也在进行塑料替代金属材料的开发，如朗盛 2016 年推出的全塑制动踏板（见图 5-24），其踏板臂材料为连续玻纤增强的 PA6 塑料。增强的连续纤维是由多层组成，包括按同一方向排列的纤维覆盖层，以及由±45°排列的纤维构成的多层编织内层。包覆层为制动踏板提供了出色的抗拉强度和抗弯强度，而内层则提高了踏板的抗扭强度。这一层压结构，满足了这一安全部件对力学性能的极高技术要求，同时又能充分挖掘轻量化的结构潜能。该全塑踏板的质量仅为类似钢结构的一半，曾获得美国塑料工程师学会（SPE）汽车大奖的"车身内饰"类奖项，预计有可能在保时捷 Panamera NF 和宾利 Continental GT 等车型上应用。

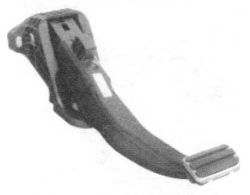

图 5-24 朗盛开发的全塑制动踏板

5.2.7.3 未来的发展趋势

虽然新能源汽车轻量化的压力越来越大，但制动踏板的轻量化技术应用，在相当长的一段时间内，不会成为热点。这是因为制动踏板是最为重要的安全法规件之一，其材料的耐久性、稳定性等相当重要。塑料化制动踏板虽然能有效地实现单件轻量化，但带来的风险较大。因客户对车辆安全关注度高，故与金属材料相比，塑料制动踏板的认可度不高。因此车企应用意愿较低，即使一些高端车型，做了相关的应用（如制动踏板支架的塑料化），也不会把它当成一个亮点去宣传。

5.2.8 轮胎

5.2.8.1 轮胎的用材现状

轮胎按照结构可分为子午线轮胎、斜交轮胎。子午线轮胎主要优点有[33]：耐磨性好；滚动阻力小；牵引力和刹车性能好；转弯能力大；噪声小；舒适性好；生热少；高速性能好；耐机械损伤性能好。正是以上优点，目前乘用车基本以子午线轮胎为主，斜交轮胎主要用于轿车备胎、摩托车、赛车、农用车辆轮胎。

轮胎是以橡胶材料为主、金属钢丝和纤维增强为辅的高弹性零件。轮胎整体上分为胎面、胎肩、胎侧和胎圈四部分，而进一步细分，大约共有十几部分，因此，每种轮胎大约需要 10 种以上的不同种类的橡胶配方，才能满足不同部位的性能要求。

轮胎具体结构见图 5-25。

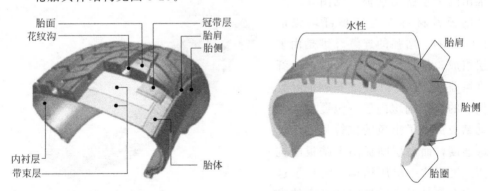

图 5-25 轮胎结构示意图

轮胎的橡胶材料主要有 NR、BR、SBR、IIR 或其并用胶等。其中胎面的橡胶主要以 ESBR（乳聚丁苯橡胶）和充油 ESBR 为主，少量并用 BR、NR、IR 等。近年来，改用 SSBR（溶聚丁苯橡胶）、充油 SSBR 和乙烯基 BR 的现象逐渐增多。胎侧一般采用 NR 和 BR 并用以提高耐疲劳性。胎圈填充橡胶主要由钢圈橡胶、胎圈填充橡胶与子口橡胶三部分组成。钢圈橡胶应与钢丝有良好的黏合力和较大的刚度，一般选用 SBR、NR、BR 等并用。

5.2.8.2 轮胎的轻量化应用

轻量化的轮胎对整车性能有重要的影响，通过减轻轮胎质量，从而减小轮胎滚动阻力，提高汽车的燃油经济性。传统的轮胎轻量化，是在保持轮胎轮毂和花纹不变的情况下，从优选轮胎橡胶及骨架材料和优化施工设计两方面进行。

传统的轻量化技术是通过对轮胎的胎体、带束层、冠带层、钢丝圈、胎面、胎侧、三角胶等部分的优化，在保证轮胎性能的前提下，有效减轻轮胎的质量。而轮胎的质量，受胎面胶质量影响较大。如 195/95R15 轮胎，通过结构的优化，六大公司产品质量最大相差 0.92kg[34]。

除传统橡胶轮胎外，也有 PUR 轮胎的研究。通过 PUR 材料和结构的双重变化，PUR 轮胎与同规格的全钢子午线轮胎相比，减重约 22%，车辆省油 9.95%，磨耗降低 51%[35]。不过 PUR 轮胎还只是用于实验阶段且使用速度低于 50km/h 的低速轮胎，离量产还有较远距离。

图 5-26(a) 是米其林 2004 年量产的 Tweel 型 PUR 轮胎。图 5-26(b) 是韩泰在 2013 法兰克福国际车展上推出的 PUR 概念轮胎，这种轮胎的质量比平常的轮圈加轮胎的质量还轻，而且它完全不需要充气。图 5-26(c) 是韩泰的免充气

(a) 米其林Tweel型PUR轮胎

(b) 韩泰i-Flex airless概念轮胎

(c) 韩泰的iFlex免充气轮胎

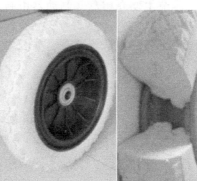
(d) PUR发泡轮胎

图 5-26　聚氨酯轮胎

轮胎，据称该轮胎已经在电动车上完成130km/h的高速测试。图5-26(d)是网络上展现的PUR发泡轮胎。

轮胎的增强钢丝圈也是轻量化的重要方向之一。采用高强度、低线密度且胶料渗透性良好的钢丝帘线取代传统的钢丝帘线，是子午线轮胎骨架轻量化的主流。目前国内轿车子午线轮胎带束层主要采用1×4×0.25OC、2×2×0.25和1×3×0.32等结构的帘线，这种帘线将逐渐被2×2×0.25HT、1×2×0.3HT和1×3×0.30HT等结构的钢丝帘线所替代。采用高强钢丝帘线替代传统的钢丝帘线，轮胎质量（包括钢丝及橡胶料）可减轻10%左右[36]。

5.2.8.3　未来的发展趋势

汽车轮胎是汽车最为重要的部件之一，它直接与路面接触，和汽车悬架共同来缓和汽车行驶时所受到的冲击，保证汽车有良好的乘坐舒适性和行驶平顺性；保证车轮和路面有良好的附着性；提高汽车的牵引性、制动性和通过性；另外还承受着汽车的质量。由于轮胎的重要性，其质量的稳定性极其重要，因此短期内轮胎的材料及结构不会有大的变动，其轻量化还主要是从橡胶及骨架材料优选和设计的优化两方面开展。

PUR轮胎，虽然减重明显，但技术尚不成熟，目前还主要是在一些专用车领域的试验阶段进行研究。

5.2.9　制动盘

5.2.9.1　制动盘的用材现状

制动盘是制动系统中的一个非常重要的部件，高质量水平的制动盘制动稳定，散热效果好，无抖动。由于盘刹较鼓刹的散热更好，在高速制动状态下，不容易产生热衰退，所以其高速制动效果好，目前国内外大多数乘用车前后均采用全盘刹。本节主要介绍盘式制动器用制动盘，下文统称为制动盘。

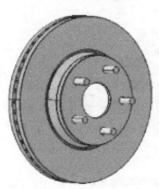

图5-27　灰铸铁制动盘典型通风式结构

制动盘材料的主要要求：足够的强度（能经受刹车时制动盘与制动钳之间的相互作用力）、好的耐疲劳性能（长期反复地制动下，仍能保持原有的性能）、制动盘需有适中而稳定的摩擦系数（制动效果稳定）、制动盘需有较高的耐磨性（摩擦力尽量少）、制动盘需有极好的耐高温性能（能经受刹车瞬间急剧增加的温度）[37]。

国内制动盘多采用HT250材料，美国及德国制造商多采用类似于国内牌号HT200的材料。常用灰铸铁制动盘的典型通风式结构见图5-27。

灰铸铁是断面呈灰色、碳主要以片状石墨形式出现的铸铁，灰铸铁由于其良好的耐磨性、导热性和减振性，是制造制动盘的理想材料[38]。铸铁中的石墨组分尤以片状石墨具有良好的吸振性，优于其他材料[39]。它也是最经济的材料之一，从原材料到铸造工艺都体现出巨大的成本优势。灰铸铁具有质量大和热稳定性较差等缺点，由于铸造工艺的限制，制造时需要消耗大量的能源，同时会产生较大的污染，不利于环保。

随着对汽车制动性能要求的不断提高，高碳合金灰铸铁材料因其更好的减振性、耐磨性和抗热裂性而逐渐开始被应用，高碳合金灰铸铁就是在普通灰铸铁的基础上提高碳含量并添加一些合金元素。提高普通灰铸铁的碳含量，并加入少量合金元素如 Cu、Cr、Mo 等可以有效改善制动盘的性能和提高其质量稳定性。其中合金元素的配比是影响后续性能的关键因素，合金元素配比不合理会降低铁水流动性，增加铁水收缩倾向，形成大量的铸造缺陷，严重影响制动盘的性能，因此国内能够制造出符合性能要求的高碳合金灰铸铁材料制动盘的企业很少，其根本的原因在于熔炼技术和工艺的落后。国外较先进的工厂生产的灰铸铁制动盘使用的合金不多，但材料的强度很高，切削加工性能也很好。而我国，虽然添加了大量合金，材料的性能却达不到他们的水平，但目前随着国内制动盘出口量大幅度增加，高碳合金灰铸铁材料制动盘产量日益增加，生产技术也开始成熟，成本得到有效降低。

不管是国内自主乘用车，还是外资中高端乘用车，灰铸铁材料制动盘的使用仍占据主导地位，但在很长的一段时间内将慢慢以高碳合金灰铸铁材料制动盘作为主流发展方向。而质量更轻的铝合金复合材料、碳纤维及陶瓷材料制动盘则在豪华品牌或 F1 赛车上有极少数的应用。

5.2.9.2 制动盘的轻量化应用

（1）铝基复合材料制动盘

颗粒增强铝基复合材料（particle reinforced aluminum matrix composites，PRAMCs）制动盘具有比铸铁制动盘更好的制动性能和散热性能，自 20 世纪 90 年代开始，PRAMCs 制动盘就开始在部分车辆的制动系统得到应用。目前在国际市场上 PRAMCs 制动盘的价格约是同类铸铁产品的 5 倍，虽然价格高，但由于 PRAMCs 制动盘质量比铸铁件减轻 50%~60%，提高了燃料效率和汽车的加速度，缩短了制动距离，且制动平稳、磨耗小、噪声小，使得 PRAMCs 制动盘具有一定的市场应用前景。

20 世纪 80 年代后期，Dural 铝基复合材料公司开发了真空搅拌铸造制备 PRAMCs 技术，使得 PRAMCs 能够进行规模化生产，大大降低了 PRAMCs 的制备成本，已成功应用在制动盘及制动鼓等零部件上（如图 5-28 所示）。在此基础上，美、日等国家也成功开发出用 SiCp/Al 材料制备的制动盘等汽车零部件，并得到了成功的应用。比如，Lotus Elise 从 1996 年开始平均每辆车使用 4 个 PRAMCs 制动盘。

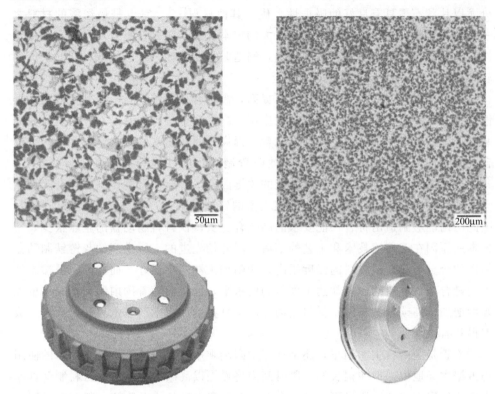

图 5-28　铝基复合材料的制动盘、制动鼓及金相组织

Philippe Pinard、Ken Switzer 等人制备的 A359+20%SiC 以及 A359+30%SiC 复合材料制动盘，成功应用于克莱斯勒 Prowler 和大众 Lupo 车型。A. Daoud 等对 PRAMCs 制动盘（A359-20 vol% SiC）与制动副之间的摩擦行为进行了研究，结果表明，PRAMCs 制动盘相对于铸铁制动盘兼备了高耐磨性、高热导率、轻质量和更均匀的摩擦系数等性能，可缩短制动距离和减小制动噪声。

（2）陶瓷制动盘

陶瓷制动盘并非普通的陶瓷，而是在 1700℃高温下，碳纤维与碳化硅合成的增强型复合陶瓷，其主要优点如下：制动盘的使用寿命为普通的 4 倍；制动衰减大大降低；低温制动性能好；制动盘表面不会产生腐蚀生锈；制动盘不会产生热变形。

除以上优点外，陶瓷制动盘还有极佳的轻量化效果，减重可达 30% 以上。某车型的铸铁制动盘与陶瓷制动盘质量比较见表 5-7。

表 5-7　铸铁制动盘与陶瓷制动盘质量比较

序号	项目	陶瓷制动盘	铸铁制动盘
1	直径/mm	370	370
2	质量/kg	6.4	15.4
3	减重率	58%	

陶瓷制动盘弥补了高温下易氧化的缺陷，同时还保持了铸铁材料制动盘的其他优点，所以虽然价格较贵，但在高档豪华车型上仍然有一定的市场，目前量产应用的车型主要有保时捷、法拉利、奥迪、奔驰等。法拉利和奥迪某车型前轮陶瓷制动盘见图 5-29。

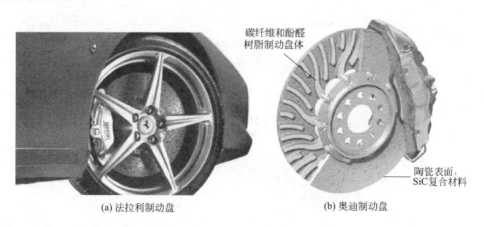

(a) 法拉利制动盘　　(b) 奥迪制动盘

图 5-29　前轮陶瓷制动盘

5.2.9.3　未来的发展趋势

目前以及在未来很长一段时间内，灰铸铁材料制动盘仍将占主导地位，非铸铁制动盘只会在小范围内被应用。汽车轻量化是一个发展大趋势，且为了节约能耗，灰铸铁制动盘将往其他轻量化制动盘方向缓慢发展。

5.2.10　其他底盘零部件

除以上常用底盘系统轻量化应用技术外，还有大量其他的轻量化方案，如碳纤维复合材料传动轴与板簧[40,41]、镁铝及碳纤维复合材料转向系统壳体及支架、铝制真空助力器壳体[42]、空气悬架弹簧[43]等，由于篇幅有限，本节不逐一详细介绍。

5.3 氢燃料电池汽车底盘特点及轻量化

5.3.1 氢燃料电池汽车底盘的特点

近年来，氢燃料电池汽车的开发和研制已成为汽车产业重点发展方向之一，氢燃料电池汽车对于解决汽车污染、节约车用燃油及缓解能源紧张等社会问题具有重大现实意义。图 5-30 为丰田 Mirai 氢燃料电池汽车动力系统示意，从图中可以发现，Mirai 的驱动电机、燃料电池堆、高压储氢罐和储能电池均安装在汽车底盘上。因此，氢燃料电池汽车的底盘结构与传统发动机汽车相比，具有如下特点：

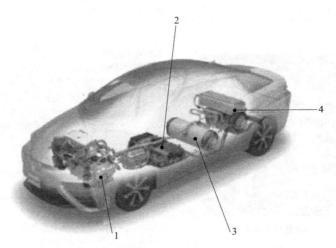

图 5-30　氢燃料电池汽车动力系统示意图
1—驱动电机；2—燃料电池堆；3—高压储氢罐；4—储能电池

① 与电动汽车相比，氢燃料电池汽车系统更为复杂，除电池系统外，还需额外配备储氢罐等部件，其整备质量增重明显。氢燃料电池汽车的驱动电机、燃料电池堆、高压储氢罐和储能电池安装在汽车底盘上，通过底盘零部件轻量化设计可实现整车有效减重，提升整车舒适性及操控性。

② 氢燃料电池汽车整备质量的增加易造成底盘离地间隙的减小，需要对悬架系统进行重新匹配，通过对底盘零部件的轻量化设计可降低匹配难度。

综上可知，氢燃料电池汽车底盘减重工作极为必要，因此以下将对行业内常用几种轻量化技术进行介绍。

5.3.2 氢燃料电池汽车底盘轻量化

5.3.2.1 氢燃料电池汽车前悬架下摆臂

丰田公司于 2016 年推出 Clarity Fuel Cell 燃料汽车，Clarity Fuel Cell 的前悬架下摆臂选用铝合金材料代替传统的钢材，实现减重 30%。其中，前悬架下摆臂采用锻造工艺加工而成，锻造铝合金工艺与铸造铝合金工艺相比可使零件获得更高的力学性能和更好的轻量化效果，尤其适用于底盘摆臂类载荷高、工况恶劣的零部件。

5.3.2.2 氢燃料电池汽车前副车架

Clarity Fuel Cell 有一项首创轻量化技术：一款空心压铸铝材前副车架（见图 5-31）。据介绍，该副车架采用复杂的一体成型中空封闭截面结构，为全球最轻的铝合金制副车架[44]。由于氢燃料电池汽车的副车架设计与传统汽车副车架不同，氢燃料电池汽车的副车架位于燃料电池汽车前桥上方，不仅承载着电机冷却水泵、燃料电池堆冷却水泵、空调压缩机等多个附件，同时还与控制臂相连接，因此在车辆的行驶过程中，副车架受多方向载荷，对性能要求较高。Clarity Fuel Cell 通过结构优化设计和新材料应用，为车辆提供了一个异常强劲的刚性结构，保证整车安全性，同时可实现减重 20%。

图 5-31　Clarity Fuel Cell 铝合金前副车架

5.3.2.3 氢燃料电池汽车前横向稳定杆

随着丰田等燃料电池汽车厂的带动效应，国内汽车企业也不断开拓燃料电池市场，上汽集团是较早开展氢燃料电池汽车研发的企业，目前已推出荣威750FCV 等氢燃料电池车型。荣威 750FCV 氢燃料电池汽车的底盘轻量化可体现在对底盘前横向稳定杆的轻量化设计方面。

稳定杆是汽车独立悬架系统的重要安全件,在左右车轮反向跳动时,横向稳定杆起到增加悬架侧向角刚度的作用,在汽车转弯或遇到阻力时可提高操作的稳定性,保证舒适性和行驶安全。如图 5-32 所示,荣威 750FCV 汽车前横向稳定杆通过使用高强钢材料代替弹簧钢,同时结合空心结构设计,在保证性能前提下,实现减重约 13.5%[45]。

图 5-32　荣威 750FCV 前横向稳定杆结构图

5.3.2.4　氢燃料电池汽车后悬架上摆臂

荣威 750FCV 后悬架上摆臂的轻量化方案与前横向稳定杆相仿,同样都从轻质替代材料方面入手。与前横向稳定杆的高强钢替代不同,后悬架上摆臂使用铝合金材料代替结构钢实现轻量化效果[46]。除材料替代技术外,后悬架上摆臂还采用有限元分析方法进行结构设计减重,对零件性能过剩结构区进行挖空或减薄设计,最终实现零件减重 34%(如图 5-33)。

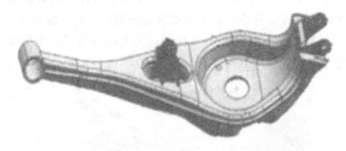

图 5-33　荣威 750FCV 铝合金后悬架上摆臂结构图

参　考　文　献

[1] 张海亮,牛胜福,芦勇. 汽车底盘技术发展趋势[J]. 上海汽车,2011(4):32-35.

[2] 王祝堂. 2025 年北美汽车工业用铝量将比 2012 年的增加 40%[J]. 轻合金加工技术,2018,46(10):64.

[3] 叶平,沈剑平,王光耀. 汽车轻量化用高强度钢现状及其发展趋势[J]. 机械工程材料,2006,30(3):4-7.

[4] 江海涛,唐荻,米振莉. 汽车用先进高强钢的应用及开发进展[J]. 钢铁研究学报,2007,19(8):1-6.

[5] 史东杰,王连波,刘对宾. 汽车底盘轻量化材料和工艺[J]. 热加工工艺,2016(3):16-18.

[6] 谢元林. 我国特殊钢行业的现状及发展趋势[J]. 特钢技术,2016,86(1):1-6.

[7] 喻川,胡伟,张建武. 荣威 750FCV 前横向稳定杆结构的轻量化[J]. 机械设计与研究,2010,26

(3): 121-124.

[8] 李天勇, 武秋丽, 张亚萍. 乘用车底盘轻量化技术发展可行性研究 [J]. 上海汽车, 2013 (2): 38-42.

[9] 单柯日, 黄长明, 刘建平. 铝合金控制臂的轻量化设计及挤压铸造工艺 [J]. 特种铸造及有色合金, 2016, 36 (5): 484-487.

[10] 陈静, 彭博, 王登峰, 等. 单片冲压式汽车下控制臂轻量化优化设计 [J]. 同济大学学报（自然科学版）, 2018.

[11] 中国汽车材料网. 2018汽车材料细分领域十大热点新闻: 车用碳纤维 [EB/OL]. http://www.qichecailiao.com/news/show-20865.html.

[12] 蔡茂, 高群, 宗志坚. 碳纤维麦弗逊悬架控制臂轻量化设计 [J]. 机械设计与制造, 2015 (07): 189-192.

[13] 杨绍勇, 雷飞, 陈园. 基于铺层设计特征的碳纤维增强复合材料悬架控制臂结构优化 [J]. 工程设计学报, 2016, 23 (06): 600-605, 619.

[14] 顾伟清, 段绪伟, 戴益亮. 空心稳定杆设计及失效分析 [J]. 上海汽车, 2017 (04): 42-46.

[15] Li S J, 徐加凌, Zhan W L. 汽车横向稳定杆性能计算 [C]. 中国汽车工程学会悬架技术分会成立大会暨技术分会学术年会, 2012.

[16] 黄陆. 轿车常用副车架的作用及主要类型特点 [C]. 海南省机械工程学会, 海南省机械工业质量管理协会, 海南机械科技学术报告会交流, 2012.

[17] 苑世剑, 王仲仁. 轻量化结构内高压成形技术. 材料科学与工艺, 1999, 7 (增刊): 139-142.

[18] 陈建军. 内高压成形工艺及其在汽车轻量化中的应用 [J]. 汽车工程, 2009, 31 (10): 980-985.

[19] 符琳, 莫勇, 韦友超. 副车架液压成型梁替代冲压焊接成型梁可行性分析 [J]. 大众科技, 2018, 20 (03): 29-31.

[20] 孙超. 铝合金副车架在电动汽车中应用的必然性 [J]. 科学技术创新, 2018 (11): 170-171.

[21] 杨勇. 轿车底盘铝合金前副车架的开发 [J]. 上海汽车, 2016 (12): 48-51.

[22] 日经技术在线. 本田展出全球最轻铝合金副车架 [J]. 铸造, 2016, 65 (06): 581.

[23] 郝斌. 路特斯启动钛车架研究 [J]. 中国钛业, 2014 (04): 44.

[24] 盖世汽车材料. 麦格纳碳纤维副车架实现减重34% [J]. 西南汽车信息, 2018 (04): 47.

[25] 史东杰, 张宇, 王连波, 等. 汽车铝合金副车架应用现状 [J]. 轻合金加工技术, 2015, 8: 16-19.

[26] 张琦, 郑松林, 金晓春, 等. 汽车后转向节轻量化设计及试验验证 [J]. 现代制造工程, 2014 (04): 35, 42-47.

[27] 汽车材料网. 轻量化趋势下钢制车轮还有前途吗? [EB/OL]. (2017-8-24). https://zhidao.baidu.com/question/107448742.html.

[28] 路洪洲. 乘用车轻量化钢制车轮的发展 [A]. 中国汽车工程学会, 2014: 5.

[29] 汤红强. 镁合金汽车轮毂的研究与开发 [D]. 浙江工业大学, 2009.

[30] 陈巍, 胡思明. 轿车悬架螺旋弹簧轻量化设计 [C]. 全国机械设计年会, 2009.

[31] 康斌. 国外汽车轻量化研究现状分析 [J]. 中国钢铁业, 2014 (4): 17-20.

[32] 鲁世民, 屠世润. 汽车用悬架螺旋弹簧轻量化的实施途径 [C]. 海峡两岸弹簧专业研讨会, 2014.

[33] 郑正仁, 王洪士, 毛寿昌. 子午线轮胎技术与应用 [M]. 北京: 中国科学技术出版社, 1994.

[34] 马良清, 陈志宏. 国内外子午线轮胎的轻量化分析 [J]. 轮胎工业, 2004, 24: 581-582.

[35] 唐苏亚. 聚氨酯弹性体在汽车领域的应用 [J]//中国聚氨酯工业协会专业委员会2013年论文集, 2013: 202.

[36] 王培滨，刘红锁，张世鑫，等. ST/UT 超高强度钢丝帘线在子午线轮胎中的应用 [J]. 轮胎工业，2018，38（05）：296-301.

[37] 张小雪. 高碳合金制动盘材质的研制 [D]. 合肥：合肥工业大学，2013.

[38] 郑志伟，陈荣发. 高碳当量合金铸铁制动盘的研究 [J]. 铸造，2016，5（65）：470-474.

[39] 支德瑜. 铸铁件在现代汽车中的位置 [J]. 汽车工程，2001，6（23）：369-374.

[40] 郑总政. 汽车碳纤维复合材料混合传动轴设计研究 [J]. 科技与创新，2016（8）：81.

[41] 中国复材展. 帝人东邦与川崎重工共同开发 CFRP 板簧量产线 [J]. 玻璃钢/复合材料，2016（01）：100-101.

[42] 包敏华. 铝合金材料在真空助力器轻量化中的应用 [J]. 汽车与配件，2018（14）：66-67.

[43] 盖世汽车网. Conti Tech 空气弹簧满足轻量化和舒适性要求 [J]. 农业装备与车辆工程，2012，50（09）：15.

[44] 日经技术在线. 本田展出全球最轻铝合金副车架 [EB/OL]. http://www.12365auto.com/parts/20160531/233441.shtml.

[45] 喻川，胡伟，张建武. 荣威 750FCV 前横向稳定杆结构的轻量化 [J]. 机械设计与研究，2010，26（3）：211-224.

[46] 陆慧叶，冯奇，凌天钧. 荣威 750FCV 后悬架上摆臂的轻量化设计 [J]. 机械设计与研究，2011，27（2）：111-113.

第3篇
轻量化材料连接及涂装工艺

【导读】 新能源汽车的发展使轻量化的升级成为新能源汽车的核心技术之一。为实现车身轻量化的总体目标，科研工作者围绕着结构优化、轻量化材料及连接工艺三大方面开展创新工作。出于车身结构与材料成本合理化的考虑，多材料混合车身更具现实性和长远性，"多种材料混合使用，多种连接工艺互补"的大趋势已经形成。轻量化材料包括镁铝合金等轻金属、高强钢、改性塑料以及碳纤维等复合材料。如何将其进行可靠连接，满足刚度、强度、疲劳耐久性等力学性能以及装配精度、方便性等工艺性是不容忽视的问题。传统的钢制车身主要以点焊为主，这种连接技术往往不适合多种材料混合车身。作为材料强度的薄弱点和零件的缺陷点，不同材料之间的连接部位若没有可靠的连接工艺，不仅难以发挥各种优质轻量化材料的性能，相反，还可能带来更多的缺陷，因此开展连接工艺研究是整车轻量化过程中不可或缺的环节之一。多材料混合车身的连接方式趋于多元化，各种新型螺纹连接、铆接、胶接技术及复合连接技术，以及紧固件新材料急需开发。对于新能源汽车，电池包之间、电池包与车体之间连接设计要点不同，比如电池包间要尽量避免微脱离现象，而电池包与车体间就要充分利用材料强度。连接技术涉及材料、力学、化学等专业问题。连接技术将轻量化和新能源汽车的零部件连接在一起，串起了国人的汽车强国梦。

多材料混合车身的涂装与传统涂装不同，是现阶段新能源汽车轻量化的重大挑战之一。涂装的研发、设计与试验验证工作量非常大。对于传统的钢制车身，主要是验证钢制材料在涂装过程中的性能，而多材料混合车身的涂装工艺需要面对的是多种材料，由于轻量化材料的物理性能和热稳定性不一样，对涂装的效果影响很大，如涂装烘烤过程中会发生不同的形变。改性塑料和碳纤维的前处理包括表面的除油处理（即清洗表面的油污和脱模剂）以及表面的活化处理。碳纤维的表面粗糙，在喷漆之前还需对其表面进行打磨处理。对于还在开发中的新型的汽车车身轻量化材料如镁合金，将来势必也会用于车身上，涂装技术也应顺势而为，开发出适应不断出现的新材料的涂装材料和工艺技术。适用于多种轻量化底材的车身涂料及其大规模连续生产的涂装工艺还不成熟，还需要不断地探索和研究。

本篇将从连接工艺及涂装工艺两个方面，对材料轻量化过程中的重要工艺问题进行分析介绍。

第6章
轻量化材料连接工艺

【导读】 随着新能源汽车用材趋势由钢板到多材料混合的逐步发展，相应的多材料连接技术也得到迅速发展。尤其针对多材料混合车身，需采用多种连接技术实现稳定可靠连接。目前，熔化焊和压力焊是应用最广泛的车身同质材料连接技术。以自冲铆技术为代表的机械连接是现阶段异质材料连接的重要手段，结合涂胶工艺可以有效解决异质材料连接的界面问题。此外胶接技术也是解决异质材料连接的重要方法，复合胶接的连接方式是多材料连接的未来发展趋势。总之，根据车身不同材料及结构特点选择合适的连接方式，从而实现整车质量的稳定可靠是车身连接技术的选择依据。

随着新能源汽车的发展，轻质高强材料如铝合金、镁合金、高强钢、碳纤维等得到推广应用。传统以钢为主的汽车用材特征正向钢铝混合、全铝、塑料复合材料及镁合金等多材料混合应用的趋势发展。多材料的使用在减轻零部件质量的同时，也为汽车零部件设计提供了更多的选择空间[1]。

多材料用材策略为汽车零部件间的连接工作带来新的挑战，由于不同材料在晶体结构及物理性能上存在较大差异，导致传统的点焊等连接技术难以实现轻质材料（铝合金、镁合金等）的稳定可靠连接，无法解决异质材料连接界面的硬脆相形成及电化学腐蚀等问题，因此新型连接技术的研发应用成为必然趋势。

多材料连接技术作为汽车制造中的关键技术，需要从连接新工艺、新材料、新方法等方向开展，进而提高连接部位的精度和质量。本章将结合应用案例对目前新能源汽车零部件常用连接技术进行系统的介绍，具体包括工艺原理、适用零部件、关键技术等，旨在为车用零部件的轻量化设计与制造提供参考。

6.1 焊接

焊接，也称作熔接（镕接），是一种以加热、高温或高压的方式将金属或其他热塑性材料（如塑料）接合起来的制造工艺及技术。焊接主要分为熔化焊、压力焊和钎焊三大类（图 6-1）。其中，熔化焊和压力焊是目前应用最广泛的车身连接技术，主要用于实现同质材料间的连接。熔化焊是将待焊接的母材金属熔化以形成焊缝的焊接方法，常用的熔化焊为电弧焊和激光焊，其焊接接头主要包括焊缝区、熔合区和母材热影响区[2]。压力焊是对焊件施加压力，使接合面紧密接触产生一定的塑性变形而完成焊接的方法，常用的压力焊有电阻焊和摩擦焊。

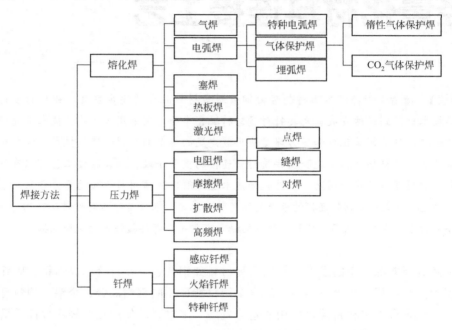

图 6-1　焊接方法分类

6.1.1　电弧焊

电弧焊是一种以电弧作为热源，利用空气放电的物理现象，将电能转换为焊接所需的热能和机械能，从而实现金属间连接的方法。其原理是利用电弧放电所产生的热量将焊条与工件互相熔化，并在冷凝后形成焊缝，从而获得牢固接头，其原理示意图可见图 6-2。电弧焊是目前应用最广泛、最重要的熔化焊方法，主要包括焊条电弧焊、埋弧焊、气体保护焊等。其中涉及轻量化材料（铝合金、镁合金）的主要焊接方法有 TIG 焊、MIG 焊和冷金属过渡技术。

6.1.1.1　TIG 焊

TIG 焊又叫钨极惰性气体保护电弧焊（tungsten inert-gas welding，TIG 焊），是以纯钨或活化钨为一个电极，以待焊件为另一个电极，用惰性气体保护电极之间的电弧、熔池及母材热影响区，从而实现材料连接的方法。常用的惰性保护气体有氩气、氦气以及氩气与氦气的混合气体。TIG 焊的示意图如图 6-3 所示。

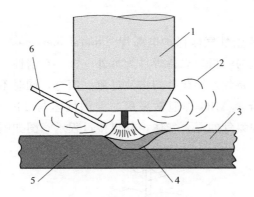

图 6-2　电弧焊原理示意图
1—喷嘴；2—保护气体；3—焊道；4—熔池；5—母材；6—焊丝

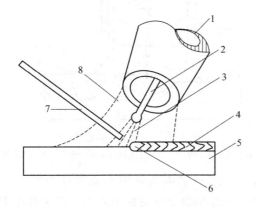

图 6-3　TIG 焊示意图
1—喷嘴；2—钨极；3—电弧；4—焊缝；5—母材；6—熔池；7—焊丝；8—保护气体

铝合金 TIG 焊的方法可分为直流正接法、直流反接法、交流法和脉冲交流法。直流反接法虽具有阴极清理作用，但是钨极容易烧损，允许电流较小。因此铝合金 TIG 焊主要使用脉冲交流法，交流脉冲既具有阴极清理作用，同时电弧的穿透力强，有利于增加熔深，而且高频电弧振荡有利于晶粒细化和消除气孔，可提高接头质量[3]。

由于惰性气体可隔离空气对熔化金属的有害作用，所以，TIG 焊广泛用于焊接容易氧化的有色金属铝、镁及其合金等，而碳钢、低合金钢等普通材料，除对焊接质量要求很高的场合，一般不采用 TIG 焊。TIG 焊具有焊接过程平稳、飞溅小、焊缝美观等优点，但是 TIG 焊焊缝熔深较浅，因此适用于车身外板间的接缝及车顶等纵向长焊缝的焊接，既满足外观需求，同时对承载要求相对不高。由于 TIG 焊焊接效率较低，因此常用于铝合金零件的试制阶段，在规模化生产中，铝合金的焊接主要采用 MIG 焊或冷金属过渡技术。

6.1.1.2 MIG 焊

MIG 焊指熔化极惰性气体保护电弧焊（metal inert-gas welding，MIG 焊），是以连续送进的焊丝为一极，以待焊件为另外一极，在惰性气体的保护和两极之间电弧热的作用下，将焊丝熔化并向熔池过渡、填充，同时不断引弧和稳弧的电弧焊接过程[3]。铝合金 MIG 焊通常采用的保护气体与 TIG 焊类似，主要为氩气、氦气以及氩气和氦气的混合气体，其焊接过程示意图如图 6-4 所示。

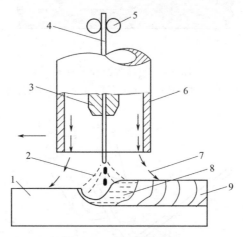

图 6-4　MIG 焊示意图

1—母材；2—电弧；3—导电嘴；4—焊丝；5—送丝机构；6—喷嘴；7—保护气体；8—熔池；9—母材

MIG 焊过程中，熔化焊丝的电弧热能主要来自阴极区、阳极区、弧柱区以及焊丝本身的电阻热。但是铝合金本身的电阻小，产生的电阻热低，而弧柱区不直接接触电极，因此两者对焊丝熔化的作用较小，焊丝熔化的热能主要来自阳极区和阴极区。MIG 焊过程的熔滴过渡形式主要包括短路过渡、大滴过渡和喷射过渡（包括射滴过渡和射流过渡）。

MIG 焊是目前最主要的铝合金焊接工艺之一，与 TIG 焊相比，MIG 焊具有生产效率高、熔深大、可焊大厚度铝合金板材的优点，在汽车铝合金连接中发挥着举足轻重的作用，特别是在汽车铝合金使用量逐渐增加的情况下，MIG 焊在汽车制造中的地位有超过点焊的趋势。表 6-1 为部分车型 MIG 焊和点焊在白车身上的使用情况。

此外，整车其他系统的铝合金零部件也大量使用 MIG 焊。以底盘铝合金副车架为例，某车型的铝合金前副车架由铝合金铸件和铝合金型材构成，其中铝合金型材为 Al-Mg-Si 系，铝合金铸件为 Al-Si 系。焊接全部采用自动交流脉冲 MIG 焊，焊丝为 ER4043 铝合金焊丝，直径为 1.2mm。各零部件进行加工坡口和表面清理后,在旋转台上进行组装焊接,保护气体为纯氩气,焊接电压为18～20V,焊接电流为150～190A,送气速度为20L/min。焊接后铝合金前副车架及局部 MIG 焊缝放大图如图 6-5 所示,焊缝外观呈典型的鱼鳞状,焊缝成型性良好,且接头强度系数超过 0.7,满足目标要求。

表 6-1 部分车型的 MIG 焊和点焊使用情况

车型	车身类型	MIG 焊/m	点焊	
			钢点焊/个	铝点焊/个
凯迪拉克 CT6	钢铝混合车身	9.174	1624	1821
东风风神 E30	全铝车身	3.150	未使用	未使用
奔驰 S 级	全铝车身	7.825	未使用	未使用
奥迪 Q7	钢铝混合车身	3.856	未使用	未使用
福特 F150	全铝车身	未使用	未使用	98
奔驰 SL	全铝车身	59.829	未使用	135
奔驰 AMG GTS	全铝车身	7.019	未使用	121

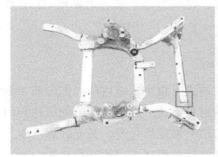

图 6-5 某车型前副车架及局部 MIG 焊缝

6.1.1.3 冷金属过渡技术

冷金属过渡技术(cold metal transfer,CMT)是在熔滴短路过渡基础上发展的新技术[3],属于电弧焊的一种,由于其热输入量比普通的熔化极气体保护焊要低得多,因而命名为 cold。CMT 主要用于解决薄板、钢铝混合焊接等 MIG/MAG 焊(metal active-gas arc welding,熔化极活性气体保护电弧焊)解决不了的问题。熔化焊过程需要一个能量集中、热量足够的热源,电流越大,能量集中性就越好。但是,随着热输入量增大,薄板易发生变形,钢与铝的连接生成的脆性相也增多,影响对接头性能。所以,需要热输入量低的工艺来实现连接,CMT 正是这样一个工艺,其焊接过程中,随着不断的起弧和灭弧,实现了冷热交替的焊接过程,从而减小了能量输入。

CMT 技术具有热量输入少、焊件变形小、焊接效率高、焊接一致性好及可实现异种材料焊接等特点，因此广泛应用于新能源汽车车身、电池包、底盘件的焊接。

CMT 焊接过程见图 6-6，当电弧引燃，焊丝在送丝机的作用下向熔池运动，在熔滴与熔池接触的瞬间形成短路，电弧熄灭，焊接电流陡降，短路信号被焊机检测到，焊机发出信号使送丝机迅速回抽焊丝，焊丝与熔滴分离，熔滴过渡到熔池，完成一次熔滴过渡及焊接过程。之后焊丝进行反向运动，重复之前的工作。

图 6-6　CMT 焊接过程

目前，CMT 焊接技术广泛用于车身铝合金防撞梁、前纵梁、后纵梁、座椅横梁等梁结构之间的焊接，此外，副车架总成不同铝合金子零件的焊接也可采用该技术。目前，北京现代汽车公司已采用 CMT 焊接前纵梁、前轮罩、前地板、后地板以及车门等，华晨宝马、蔚来汽车、特斯拉等汽车公司采用 CMT 技术焊接铝合金副车架。

6.1.2　激光焊

激光焊是利用高能量的激光脉冲对材料进行微小区域内的局部加热，激光辐射的能量通过热传导向材料内部扩散，将材料熔化后形成特定熔池以达到焊接目的的焊接方法。汽车上常用的激光焊接方法有激光熔化焊、激光钎焊、激光飞行焊、激光复合焊等，可用于铝合金等有色金属的焊接。以激光熔化焊为例，其焊接原理示意图见图 6-7。

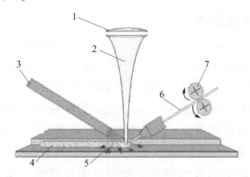

图 6-7　激光熔化焊焊接原理示意图

1—激光器；2—激光束；3,5—保护气体；4—焊缝；6—焊丝；7—送丝机构

与传统焊接技术相比激光焊接功率高，可达 $10^5 \sim 10^7 \mathrm{W/cm^2}$，可获得深宽

比大的焊缝,适用于难熔金属、热敏感性强的金属等,且焊缝具有不受电磁干扰、无磁偏吹现象、生产兼容性大等特点。激光焊在保证焊接强度方面具有较大的优势,并且激光焊在汽车焊接过程中,可以在一定程度上保证整个焊接面的相对平整,无须进行二次修补,确保汽车焊接的质量[4]。

激光焊在多材料连接方面应用广泛,铝合金、钢、复合材料包括碳纤维以及塑料等都可以用激光焊实现连接。目前一汽大众在奥迪 A6、Golf A6、宝来、速腾、Model X 等几乎所有品牌的车型制造过程中,均不同程度地采用了激光钎焊、激光熔化焊、激光飞行焊、激光复合焊接等先进的激光焊技术。部分车型激光焊的部位及长度见表 6-2。

表 6-2 部分车型激光焊的部位及长度

车型	焊接部位	激光焊长度/m
迈腾	顶盖、前端、白车身、侧围、车门、后盖等	约 42
Golf A6	顶盖、白车身、侧围、车门、后盖等	52.5
奥迪 C6	顶盖等	约 3
宝来	后盖等	1.2
速腾	顶盖、前端、白车身、侧围、车门、后盖等	33.2
帕萨特	车门等	4.6
奥迪 A8	侧顶梁等	4.5
凯迪拉克 CT6	顶盖等	7.4
奔驰 S 级	顶盖等	19.7
宝马 7 系	天窗等	33.0
奥迪 Q7	车门等	3.0
福特 F150	车顶框架等	3.3
捷豹 XF	第三排座椅,车灯等	1.0

激光焊在实现材料连接同时,还能实现零部件的轻量化,因为激光焊接是单边焊接,凸缘宽度只需要 5mm,把点焊改为激光焊后,每辆车就可以节省钢材 40kg[5]。同时,汽车门内板、底板、立柱等不等厚钢板采用激光焊拼接(如图 6-8 所示),后期冲压成型性较好,可省去常规焊接和冲压成型时所需的加强板,有效减少零部件数量。

6.1.3 电阻焊

电阻焊是将待焊件夹紧于电极之间并通电流,利用电流流经焊件接触面及邻近区域时所产生的电阻热使焊件接触面熔化或达到高温塑性状态,从而获得焊接接头的一种焊接方式。图 6-9 为电阻焊示意图。

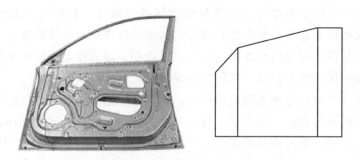

图 6-8　车门内板的激光焊拼接

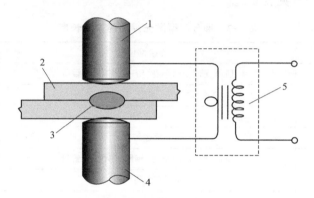

图 6-9　电阻焊示意图

1—上部电极；2—母材；3—焊核；4—下部电极；5—电源

电阻焊的方法主要分为点焊、缝焊、对焊，电阻焊分类及适用零件见表 6-3。铝、镁合金零部件可采用点焊和缝焊进行焊接。

表 6-3　电阻焊分类及适用零件

分类	适用零件	适用材料
点焊	薄板零件之间	黑色金属，有色金属
缝焊	板厚 3mm 以下	黑色金属，有色金属
电阻对焊	截面简单，直径或边长小于 20mm	黑色金属
闪光对焊	适用同种/异种金属件；丝/棒/板材均可	黑色金属

6.1.3.1　点焊

目前传统的钢制汽车白车身基本以电阻点焊为主，点焊焊点数量基本在 3000 个以上。

铝合金点焊有静强度高、可靠性好、性能稳定等优点，该技术在特斯拉 Model S、凯迪拉克 CT6、蔚来 ES8、游侠 X1、广汽本田等车型上均有应用。以凯迪拉克 CT6 为例，其钢点焊数量为 1624 个，铝点焊数量为 1821 个。另外据中汽中心 2018 年发布的《节能与新能源汽车年鉴》报道，游侠 X1 铝点焊数量为 1210 个。但铝点焊本身具有很大的焊接缺陷，包括焊点质量不稳定、电极烧损严重、使用寿命短等。其中，焊点质量不稳定主要体现在飞溅较为严重、焊点表面质量差、熔核尺寸波动大和熔核内部易产生缺陷等方面。除此之外，铝点焊焊机的供应商较少，主要技术来源于国外，如通用汽车、小原、森德莱、伏能士等国外企业。

电阻点焊不适用于钢铝异质材料之间的连接。由于异质材料熔点存在差异，难以形成可靠的熔化焊接头，同时异质材料截面处易形成硬脆的 IMC（介面合金共化物）层，严重影响接头的静态力学性能，虽然国内外也开展了钢铝混合连接点焊的研究，但目前尚未见实际生产中规模应用。奥地利 Fronius 公司开发了 Deltaspot 电阻点焊工艺用以连接铝合金与钢，然而该工艺采用热处理强化铝合金时，热影响区强度会损失 30%～40%。日本日新制钢有限公司提出采用热浸渗铝硅钢板提高铝/钢接头强度，实现钢铝的可靠焊接，但热浸渗铝硅钢板成本高。

6.1.3.2 缝焊

缝焊是指工件在两个旋转的盘状电极间通过，形成一条焊点前后搭接的连续焊缝的焊接方法。缝焊应用于密封容器的薄板焊接。铝合金缝焊时，由于电导率大、分流严重，需采用三相供电的直流脉冲或次级整流步进缝焊机，铝合金缝焊必须用外部水冷加强散热。

6.1.3.3 对焊

对焊是指将焊件分别置于两夹紧装置之间，使其端面对准，在接触处通电加热进行焊接的方法。对焊要求焊件接触处的截面尺寸、形状相同或相近，以保证焊件接触面加热均匀。目前电阻对焊在汽车上的典型案例是汽车轮辋。轮辋使用的是闪光对焊，将待焊接的环状轮辋两端面相对，一次实现全面积的焊接。闪光对焊无须焊剂或气体保护，也不需要使用焊丝、焊条等填充金属便可获得质量较高的焊接接头。由于生产效率高、焊接成本低、易于操作，对焊在轮辋行业中得到广泛的应用[6]。

6.1.4 搅拌摩擦焊

搅拌摩擦焊（friction stir welding，FSW）是一种利用旋转的搅拌头在热、力耦合的锻压作用下形成焊缝的固相连接技术。常用的 FSW 技术有搅拌摩擦点焊和搅拌摩擦缝焊。FSW 技术的搅拌头主要包括搅拌头、轴肩和搅拌针三部分。FSW 技术利用摩擦热作为焊接热源，焊接过程如图 6-10 所示，在焊接过程中，待焊件被固定在工作台上，搅拌头高速旋转，搅拌针插入待焊接处，直至轴肩与焊件表面紧密接触。FSW 接头主要由母材、热影响区、热力影响区和焊核组成，其中热影响区、热力影响区和焊核是由搅拌头的搅拌形变产生，焊核主要为细小的动态再结晶晶粒，其晶粒尺寸一般小于母材，因此接头具有优良的综合性能。

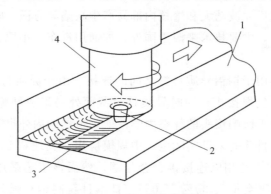

图 6-10　FSW 焊接示意图

1—母材；2—搅拌针；3—焊缝；4—搅拌头

根据英国焊接研究所资料分析，搅拌摩擦焊对于汽车零部件的制造具有如下好处[7]：

① 在汽车设计方面的好处：铝合金搅拌摩擦焊零件具有很好的拉伸强度和成型性能，易于制造和压力加工；可以使铝合金结构的防撞性能和强度增加；可以保持零件尺寸稳定性和重复性；搅拌摩擦焊零件结构集成度增加，减少了加强筋和接头数量；可以实现异种材料的直接连接，减轻结构总质量。

② 在汽车制造成本上的好处：可以提高产品质量控制，提高成品率；可以提高结构扭转刚度和强度，提高零件的精度和减小尺寸偏差；可以实现高质量的焊缝且接头不需要修补和重焊；减少了无损检测要求，降低检测和质量控制成本；可以使产品和零件的开发成本和时间减少，加快新产品的开发。

③ 在汽车制造方法上的好处：没有过程消耗，如不需要焊丝和保护气；焊接变形小；可以减少人力和操作技术需求，降低人力成本；可以提高生产效率，减少焊接时间；简化过程程序和步骤；不需要特殊的表面处理。

搅拌摩擦焊可用于多种材料的焊接，除了铝合金外，还可用于镁、铅、锌、铜、不锈钢、低碳钢等金属材料以及塑料、碳纤维等非金属材料的焊接。此外，搅拌摩擦焊在异种材料，如钢-铝、金属-非金属的焊接上也实现了成功应用。基于搅拌摩擦焊在方法、材料、性能和环保等方面的优越性，将会在汽车行业得到广泛的应用。

目前，FSW 技术在汽车工业中主要用于电池箱体、地板、门、发动机罩、轮毂等使用铝合金材料的部位。这是因为 FSW 技术在焊接过程中需要工作平台，因此主要用于比较规则部位的焊接。日本马自达汽车公司是第一个将 FSW

技术用于汽车车身制造的厂商，用于 2004 款马自达 RX-8 铝合金材质的后门和引擎盖的焊接[8]。另外，马自达 MX5 也采用搅拌摩擦焊将后备厢盖的铝板与镀锌板焊接在一起，宝马 X5 的直立边柱、丰田 Prius 的门框等均采用搅拌摩擦焊。目前国内有大量搅拌摩擦焊的研究，但在汽车零部件上还未见实际应用的报道。随着回填式 FSSW（搅拌摩擦点焊）技术的发展，苏州航天装备公司用 FSSW 技术成功替代 SPR 技术，实现了铝合金发动机罩盖的可靠连接。

6.1.5 超声波焊

超声波焊（USW）是利用超声波的高频振动，对待连接材料接触界面进行清理和加热，同时施加压力实现材料固相焊接的方法[9,10]。USW 焊接过程中，在高频超声波振动的作用下，待焊接件发生局部软化，在压力和超声振动的复合作用下，软化部分发生塑性变形，当超声波停止后，温度下降，塑性变形部分冷却从而使待焊产品连接在一起。USW 技术具有焊接时间短、焊接强度高、非焊接区不发热、易实现自动化等特点，还可实现异质材料之间的连接。

超声波焊是一种快速、坚固、干净和可靠的连接工艺，该技术的基本类型可以分为两类：一类是振动能量由切向传递到焊件表面而使焊接界面产生相对摩擦，这种方法适用于金属材料的焊接；另一类是振动能量由垂直于焊件表面的方向传入焊件，主要是用于塑料的焊接[11]。

6.1.5.1 金属超声波焊

在金属超声波焊接方面，由于焊接所需的功率随工件厚度及硬度的增加而增大，而大功率超声波焊机的制造困难、成本高，而且随着焊接功率的进一步提高，在声学系统的设计及制造方面，也将会面临较多的困难，因此金属超声波焊接目前主要用于焊接丝、箔、片等熔点较低的细薄件，大多数情况下只适用于搭接接头。以线束为例，超声波焊接是目前汽车线束常用的一种工艺，该焊接工艺污染小，融合牢固，并且焊接完成的金属导电性基本没有损耗，远胜一般的软焊，其性能也优于中压端子连接。线束超声波焊接，见图 6-11，主要包括：导线与导线之间的焊接（导线必须为无镀层的铜导线）；导线与端子之间的焊接（把一根或多根导线焊接在端子上）。

6.1.5.2 非金属超声波焊

在塑料的超声波焊接方面，该技术几乎适用于所有热塑性塑料，其焊接性能取决于塑料对超声波振动的衰减能力、熔化温度的高低、物理性能（如弹性模量、抗冲击性）、摩擦系数以及热导率等。同种塑料材料之间，PS、ABS、PC 等塑料通常能获得优良的焊接性能，PVC 易于在表面形成变形或降解，从而衰减能量。

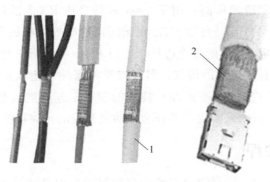

图 6-11 超声波焊接在汽车线束上的应用
1—导线与导线之间；2—导线与端子之间

异种塑料之间超声波焊接时，两种材料间的熔点差一般不应超过 22℃，分子结构应相似。对于熔点差异较大的情况，低熔点塑料的熔化和流动会导致难以获得足够的热生成量熔化高熔点塑料。另外，只有具有相似分子团的化学相容性材料才能进行焊接，相容性仅仅存在于某些非结晶性塑料或含有非结晶性塑料的混合物中，如 ABS 与 PMMA 塑料。半结晶性 PP 与 PE 塑料有很多相似的物理性能，但化学性能不相容，故难以进行超声波焊接。

作为塑料最常用的焊接工艺之一，超声波焊接已在仪表板、车灯、继电器壳体、门护板、隔音棉等汽车用零部件的连接中大量应用，见图 6-12。

图 6-12 塑料超声波焊接在汽车零部件上的应用

6.2
机械连接

针对多材料车身，由于不同材料在晶体结构和物理属性上的较大差异，从而出现传统焊接工艺难以实现可靠连接的问题。目前车身制造常用的 MIG/MAG 焊、电阻点焊和激光焊等焊接工艺不能完全满足新材料对焊接技术的需求，因此机械连接技术应运而生,成为解决多材料连接难题的新技术。

机械连接是指通过螺栓、螺钉和铆钉等紧固件将分离型材或零件连接在一起的连接方法,机械连接比胶接或点焊等连接技术效率高,同时具有可重复装卸、热量输入低、可有效避免连接界面硬脆相的析出和接头软化问题等优点,因此在现代汽车制造零部件的连接中占有重要地位。

汽车零部件制造过程中常用的机械连接工艺有铆接、螺栓连接、流钻螺钉连接、高速射钉铆连接、卡箍连接、卡扣连接以及扎带连接等[12]。其中用于铝合金、镁合金及碳纤维复合材料等的机械连接方式主要有无铆钉铆接、自冲铆接、流钻螺钉连接、高速射钉铆连接,本节将分别进行介绍。

6.2.1 无铆钉铆接

无铆钉铆接技术(clinching)是通过对板材进行压力加工,利用板材的冷变形能力,在冲头和下模的作用下局部产生塑性变形从而实现连接的技术[13]。无铆钉铆接不是通过紧固件,而是通过零部件本身的塑性变形而实现零部件之间的连接。

无铆钉连接过程包括以下几个阶段,首先板材发生剪切交叉、墩粗扩展,然后变形板材填充模具轮廓,最终形成环形槽并填满。影响无铆钉铆接接头强度的因素主要是板材间的嵌入量以及上层板接头颈部的厚度,而这些特征又与冲头及下模的几何特征有关。无铆钉铆接的下模主要有直壁整体下模和分体下模两种。前者结构简单,后者结构复杂,在连接过程中可以通过模具侧壁的向外滑动使金属充分流动以形成较大的嵌入量,从而提高接头强度,图 6-13 为无铆钉铆接接头的横截面组织。

图 6-13 无铆钉铆接接头的横截面组织

无铆钉连接工艺过程简单且成本低,由于其静载强度和抗疲劳强度都较低,因此在车身制造过程中主要应用于发动机罩盖、行李厢盖板等非关键承载部位,如奔驰 AMG GTS 的发动机罩盖等零部件之间的 clinching 点约 270 个。

6.2.2 自冲铆接

自冲铆接(self piercing riveting,SPR)是半空心铆钉在外力的作用下,刺穿上层板材同时承受横向载荷，铆钉腿部在底层板中张开，使底层板与铆钉腿部形成机械互锁，从而形成接头的过程。底层板需保证不被穿透，以保证接头具有良好的气密性和抗腐蚀能力。SPR技术具有铆接过程无须预制孔、连接速度快、可在线监控、连接质量稳定、易于自动化生产、热量输入低、铆点性能优于点焊、可实现多种材料连接等优点，是极具潜力的车身连接技术[14]。

SPR连接过程如图6-14所示：首先，压边圈紧压被连接板材，之后冲头拖动铆钉下行刺穿上层板材；其次，铆钉继续下行并刺入底层板材，在下模的作用下，底层板材与铆钉之间形成一个互锁结构；最后，冲头继续施压，促进板材的进一步流动，从而形成永久性内锁接头[3]。由于在连接过程中需冲头和下模的共同作用，因此SPR连接过程中需要双侧工位。

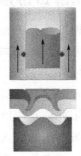

图6-14 SPR连接过程

目前，SPR技术已在通用、奥迪、宝马、捷豹等汽车公司的车身铝合金材料间及与其他材料的连接上获得广泛应用。对于全铝车身车型，如福特F150、路虎揽胜运动版等，SPR铆钉的数量高达两千个以上；对于钢铝混合车身车型，如凯迪拉克CT6、奥迪A8、宝马6系等，SPR铆钉数量也高达数百个。某钢铝混合车型后地板总成采用自冲铆连接，后地板材料的选材如表6-4所示，连接点的横截面组织如图6-15所示，各连接点的连接质量满足目标要求，能量吸收值可达70J。

表6-4 某车型后地板总成的铆接组合及材料组合

铆接组合	材料组合	试片厚度/mm
后地板前横梁+后地板纵梁	HC340/590DP+AlSi10Mg	1.0+3.0
后地板前侧下延伸板+后地板纵梁	HC220Y+AlSi10Mg	1.2+3.0
后地板后侧下延伸板+后地板纵梁	HC340/590DP+AlSi10Mg	1.2+3.0
后地板下横梁+后地板纵梁	HC340/590DP+AlSi10Mg	1.5+3.0
后地板+后地板纵梁	DC04+AlSi10Mg	0.7+3.0
后地板纵梁+后地板横梁	AlSi10Mg+HC340/590DP	3.0+1.5
后地板纵梁后段+后地板纵梁	HC340/590DP+HC340/590DP	1.5+3.0
后地板+后地板下横梁+后地板纵梁	DC04+HC340/590DP+AlSi10Mg	0.7+1.5+3.0

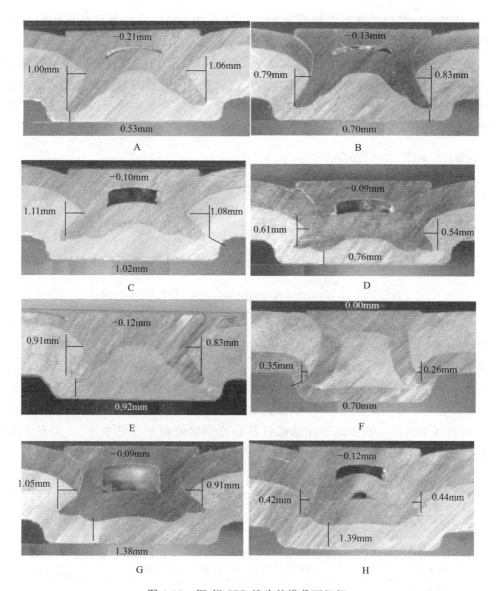

图 6-15 钢-铝 SPR 接头的横截面组织

但是，SPR 连接也具有一定的局限性，首先不能用于热成型钢连接，在刺穿热成型钢板时铆钉腿部易墩粗甚至开裂，接头质量难以保证；其次当底层板的厚度薄于 1mm 时，铆接过程易刺穿底层板材；同时对于镁合金等低延展性材料，连接过程中接头易产生裂纹等缺陷。

6.2.3 流钻螺钉连接

流钻螺钉（flow drilling screw，FDS）连接是在纵向载荷和旋转载荷的作用下，使带特殊螺纹的螺钉在软化和刺穿板材后自攻螺纹并拧紧形成接头的连接方法。

　　FDS 连接过程如图 6-16 所示：首先，高速旋转的 FDS 接触工件表面并施加轴向力，螺钉通过与工件表面摩擦生热升温，螺钉附近区域的金属迅速软化，受热的材料沿着钉头延伸；然后，螺钉穿透材料，大部分热熔的材料流向钻孔下部形成金属衬套；最后衬套内表面在螺钉螺纹的作用下，形成啮合螺纹并拧紧[15]。

图 6-16　FDS 连接过程

　　FDS 技术具有无须预制孔、可单面连接、可连接多种材料以及方便拆卸和修补等优点，因此在车身制造过程中获得使用。特别是全铝车身或钢铝混合车身，FDS 主要用于具有封闭空间的铝合金零部件之间的连接，如铝合金型材前纵梁与减振器座及铝合金型材座椅横梁与门槛梁、中通道等零部件之间的连接。目前，宝马 7 系、奥迪 A8、凯迪拉克 CT6 等车型的前纵梁与减振器座之间均采用 FDS 技术连接，部分车型流钻螺钉及自充铆接使用情况见表 6-5。但是 FDS 连接同样也具有自身的局限性，如针对底层较薄的板材，接头剥离强度较低。

表 6-5　部分车型流钻螺钉及自充铆接使用情况

车型	车型类型	SPR/个	FDS/个
凯迪拉克 CT6	钢铝混合车身	357	745
奔驰 S 级	钢铝混合车身	724	42
宝马 7 系	钢铝混合车身	564	154
奥迪 Q7	钢铝混合车身	2855	604
福特 F150	全铝车身	2270	196
捷豹 XF	全铝车身	2794	未使用
奔驰 SL	全铝车身	1235	未使用
奔驰 AMG GTS	全铝车身	850	572

6.2.4　高速射钉铆连接

　　高速射钉（impact）铆连接是在压缩空气的压力作用下，将特制螺纹的螺钉加速到20～40m/s并刺穿板材，从而与板材啮合形成接头的连接方法。

高速射钉铆连接过程如图6-17所示，首先，枪头接触并压紧板材，使被连接多层板材贴合紧密；其次，压缩空气推动活塞撞针撞击铆钉，将铆钉压入板材内部；然后板材发生塑性变形，并在底层板材背面形成堆积；最后钉帽到达目标位置，铆钉螺纹与板材啮合，形成impact接头。

图6-17 高速射钉铆连接过程

高速射钉铆连接技术特点与FDS连接技术特点类似，具有可单面连接、无须预制孔、连接效率高等优点。但其连接噪声大，噪声值超过105dB，需要专门的隔音房，制造成本相应增加；此外，其连接点的变形较大，对零部件的装配精度和表观质量产生一定影响。目前impact连接技术主要由德国博尔豪夫公司开发应用，在德系汽车企业奔驰公司应用广泛，在其他汽车公司应用较少。

6.3 胶黏剂连接

6.3.1 胶黏剂连接技术

随着汽车轻量化的发展，多材料在汽车上的混合使用进一步促进了胶黏剂在整车中的应用。胶黏剂连接具有工艺简单、应力分布均匀、适用材料广、密封和抗疲劳性好等优点，其仅在汽车车身中的用量就高达20kg。胶黏剂在汽车中的应用主要包括两个方面，一方面可实现异种材料的连接，解决异种材料连接上的局限性，另一方面也可用于车身补强。

胶黏剂连接主要具有以下特点：

① 胶黏剂可实现多种材料连接，如金属、非金属以及复合材料之间同种或异种连接。

② 胶黏剂连接工艺简单，连接效率高，连接时基本不受零件结构、尺寸、形状等方面的影响。

③ 胶黏剂连接实现了由传统的点连接向线连接的转化，连接处应力分布较

均匀，无应力集中，此外胶接还具有减少零件形变、缓和外力冲击影响和消减振动的作用，使接头处抗疲劳强度得以提高。

④ 胶黏剂具有良好的绝缘密封性，可以阻断异种材料之间的电位差，避免发生电化学腐蚀。

因此，采用结构胶连接可以有效提升整车NVH性能，同时当汽车受外力撞击时，还可以起到很好的缓冲与吸能作用。同时，针对异种材料连接，由于异种金属间存在电位差，当两者达到一定间隙或者在潮湿空气中时，就会产生原电池效应，使得电位较负的活泼金属失去电子被氧化而遭到腐蚀，进而引起材料发生腐蚀，影响连接面的完整性、可靠性和耐久性[16]，异种材料电化学腐蚀失效示意图如图6-18所示。采用胶黏剂连接能够从物理上隔绝异种金属的直接接触，并避免腐蚀介质进入接头边缘，从而有效避免电化学腐蚀和缝隙腐蚀，具有明显的优越性。

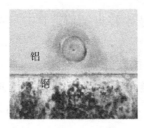

图6-18 异种材料电化学腐蚀失效示意图

胶接面的失效模式是评价胶接性能的一个重要方向。胶黏剂连接的破坏方式主要有四种：界面破坏、内聚破坏、混合破坏和基材破坏。表6-6为胶黏剂连接破坏方式。

表6-6 胶黏剂连接破坏方式[17]

序号	破坏类型	图示	记录
1	界面破坏		AF
2	内聚破坏		CF

续表

序号	破坏类型	图示	记录
3	混合破坏		ACF
4	基材破坏		BF

当粘接面出现其他破坏方式时，需要根据破坏方式进行原因分析和改进，如出现界面破坏，需要重新评估所选胶黏剂与被粘接材料的适用性，出现基材破坏时则需要考虑胶黏剂黏接强度过高导致应力无法释放而出现的变形等问题。

为了防止胶接发生提前剥离现象，胶黏剂连接一般与其他连接方式配合使用，常见的连接方式有胶焊混合连接、胶铆混合连接和胶螺混合连接等。胶焊混合连接主要用于同材质的连接，在零件焊接前进行涂胶处理，目前市场应用已非常成熟。胶铆混合连接和胶螺混合连接都是适用于异种材料连接的常用方式。无论是胶铆混合连接还是胶螺混合连接，既可以在胶黏剂固化前也可以在胶黏剂固化后进行铆接或螺接。混合连接中胶黏剂的存在可以有效吸收异种材料热胀系数不同引起的位置公差，同时还可减小铆钉或螺栓连接处的应力，减少零件因应力集中出现的变形和开裂问题。胶黏剂与其他连接形式的混合连接已成为汽车行业异种材料之间连接的一种重要方式。

6.3.2 胶黏剂在金属材料连接中的应用

不同金属材料其本身的物性存在很大的差异，如热导率、热胀系数、电位差等。无论是生产过程的冲、焊、涂、总车间的变换，还是市场上高低温、湿热的环境考验，材料本身的差异会加大车身连接处的应力，从而影响胶黏剂的粘接效果，严重的甚至影响零件外观和质量。表6-7为车身常用金属材料的物性。

无论是金属材料本身还是后续生产工序，都会对材料表面产生影响，如材料的氧化问题、冲压油对表面影响、冲压后表面变化等，表面差异是影响胶黏剂连接性能的重要因素,因此胶接前必要的表面处理尤为重要,常见的表面处理方式有打磨、清洗、喷砂、阳极氧化等。此外胶黏剂产品的选型应根据使用位置强度要求、施工工艺规划、材料自身物性等方面进行综合考量。表 6-8 为某车型用于钢铝胶接的胶黏剂技术要求。

表 6-7 车身常用金属材料的物性[18]

序号	材料	热胀系数/(10^{-6}/℃)	熔点/℃	电阻率/($\Omega \cdot m$)	热导率/[W/(m·K)]
1	铁	12.2	1535	9.78×10^{-8}	80
2	铝	23.6	660	2.65×10^{-8}	204
3	镁	26.0	651	4.45×10^{-8}	156
4	锌	33.0	419	5.19×10^{-8}	116

表 6-8 某车型用于钢铝胶接的胶黏剂技术要求

项目	技术要求	项目	技术要求
外观	均匀一致,无质体	耐盐雾/(中性盐雾 720h)	剪切强度变化率不大于 30%,黏接面无腐蚀
密度/(g/cm³)	无要求,仅提供测试数据		
油面粘接性	界面破坏为内聚破坏	T 型剥离强度/(N/mm)	≥8.0
压流黏度/(g/min)	现场工艺调整		
固含量	不小于 99%	前处理液相容性	胶条表面无溶解、前处理液理化性能无变化
拉伸强度/MPa	≥25		
剪切强度/MPa	不小于 23		
抗流挂/mm	常温和高温环境下流淌不大于 3mm	电泳液匹配性	漆膜外观平整、光滑,无缩孔;电泳液理化指标无变化
耐湿热/(50℃,RH95%环境下 480h)	剪切强度变化率不大于 30%,黏接面无腐蚀	抗冲洗性	胶条不变形、无脱落

6.3.3 胶黏剂在非金属复合材料中的应用

非金属复合材料作为理想的汽车轻量化材料,受到了越来越多的关注。近年来,塑料尾门的成熟应用和工程塑料的批量应用,使 PC、SMC、PP、PP-LGF 及 PP+EPDM 等以塑代钢、工程塑料的应用日益增加。随着碳纤维复合材料在汽车上的规模使用,如宝马 i3、i8 及新 7 系,奥迪 A8(D5),更是拓宽了非金属复合材料在整车应用中的范围和比例。非金属复合材料的应用在很大程度上促进了汽车零件轻量化、集成化的发展,但其不可避免地会涉及零件之间的连接问题,既有同质非金属复合材料的连接,也有非金属复合材料与金属材料的异质连接。

6.3.3.1 非金属复合材料胶接的特点

非金属复合材料胶接过程有以下几点需注意。

① 胶黏剂与基体的匹配性。非金属复合材料由增强材料和树脂基体组成，而基体树脂与胶黏剂的匹配性直接影响胶接界面的性能。若二者匹配不当，易在胶黏剂与复合材料基体界面处发生脱黏、界面分离等现象，影响连接性能。

② 基体材料表面处理。非金属零件成型主要有模压和注塑，两种成型方式都会在表面残留一定的脱模剂，且非金属复合材料大部分表面极性较低，在胶黏剂粘接时存在交联不足甚至无法粘接的风险。因此，在非金属复合材料胶接前必须对材料表面进行必要的处理，处理后对表面极性进行测试，或者进行试装以确认粘接效果，如粘接效果不好，则需要提升粘接表面极性。一般的处理方式有使用底涂剂、火焰处理、机械处理或等离子处理等。

③ 胶接时搭接形式的选择。如果胶接较厚的非金属复合材料零部件，应尽量避免简单的单搭接形式，可以采用斜面搭接、梯形搭接等形式。

④ 高温环境的影响。当非金属复合材料，如碳纤维复合材料，作为结构件使用时，不可避免地需要与白车身进行共线涂装，因此需要考虑高温对胶接性能的影响。针对异种材料热胀系数不同的问题，建议选用高韧性的胶黏剂进行胶接并适当增加胶层厚度，这样可以吸收非金属复合材料与金属材料两者因热胀系数不同引起的位置公差。虽然增加胶黏剂的厚度，可以提高断裂伸长率，从而具有更好的伸缩补偿量，但过厚会使黏接强度降低，同时因增加胶黏剂使用量而增加成本，如图 6-19 所示[19~21]，因此需要进行综合考量。

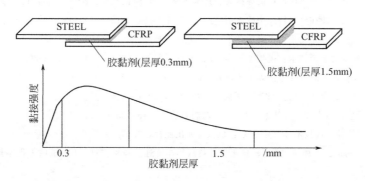

图 6-19 胶黏剂层厚对碳纤维复合材料胶接的影响

6.3.3.2 非金属复合材料胶黏剂技术要求

非金属复合材料与金属及非金属复合材料与非金属复合材料的粘接与金属材料间的黏接不同，在进行胶黏剂选型的过程中，除考虑胶黏剂性能的同时，还要确认所粘接的零件的受力情况、施工性、外观等因素的影响。非金属复合材料粘接胶黏剂技术要求见表6-9。

表6-9 非金属复合材料粘接胶黏剂产品技术要求

项目	技术要求	项目	技术要求
外观	均匀一致	硬度/(邵A)	50~70
密度/(g/mL)	1.1~1.5	剪切强度/MPa	总装胶不低于2.5MPa，焊装胶不低于10MPa
压流黏度/(g/min)	根据现场工艺	高低温交变	剪切强度变化率不大于30%，主要为内聚破坏
固含量/%	≥99	耐湿热/(50℃，95%RH，480h)	
抗下滑性/mm	≤3	耐盐雾[a]/(中性盐雾试验720h)	
拉伸强度/MPa	总装胶不低于3.0MPa，焊装胶不低于10MPa	热老化/(80℃，336h)	
断裂伸长率/%	总装胶不低于150%，焊装胶不低于10%	耐水/(40℃，336h)	

a—盐雾项目用于验证非金属材料与金属材料的粘接，确认对金属材料的防腐蚀性能。

参 考 文 献

[1] 李永兵，马运五，楼铭，等.轻量化多材料汽车车身连接技术进展[J].机械工程学报，2016，52(24)：1-23.
[2] 周万盛，姚君山.铝及铝合金的焊接[M].北京：机械工业出版社，2006.
[3] 黄旺福，黄金刚.铝及铝合金焊接指南[M].长沙：湖南科学技术出版社，2004.
[4] 袁明宇，王汝站.汽车生产中的焊接关键技术研究[J].时代汽车，2017(14)：119-120.
[5] 陈义红.激光焊接在汽车行业中的应用[J].汽车零部件，2012(07)：30.
[6] 夏良江.浅析铝合金轮辋闪光对焊技术[J].摩托车技术，2010(12)：36-39.
[7] 栾国红.汽车制造新技术：搅拌摩擦焊[J].现代零部件，2006(05)：76，78-80.
[8] 刘孟.铜及铜合金的搅拌摩擦焊工艺研究[D].大连：大连交通大学，2006.
[9] 李亚江.轻金属焊接[M].北京：国防工业出版社，2011.
[10] 张胜玉.塑料超声波焊接技术：上[J].塑料包装，2015，25(01)：51-55.
[11] 曹朝霞.特种焊接技术[M].北京：机械工业出版社，2015.
[12] 李永兵，马运五，楼铭，等.轻量化多材料汽车车身连接技术进展[J].机械工程学报，2016，52(24)：1-23.
[13] 高菁菁，李钊文，范林，等.汽车车身上铝点焊的研究及应用[J].汽车工程师，2018，4：15-17.
[14] 邢保英.自冲铆连接机理及力学性能研究[D].昆明：昆明理工大学，2014.
[15] 鲍立，王镝，张驰.FDS连接工艺在车身轻量化中的应用研究[J].汽车与配件，2018，2：66-69.
[16] 周一兵.汽车粘接剂密封胶应用手册[M].北京：中国石化出版社，2003：10-11.
[17] 国家技术监督局.胶黏剂主要破坏类型的表示法：GB/T 16997—1997[S].北京：中国标准出版社，2000.

[18] 李立碑，孙玉福. 金属材料物理性能手册 [M]. 北京：机械工业出版社，2011：05.
[19] http://www.360doc.cn/article/32365134_627077409.html.
[20] 侯进森，冯奇，杨琨，等. 表面处理对碳纤维复合材料胶接性能影响研究 [J]. 上海汽车，2017，10：50-53.
[21] 靳武刚. 碳纤维复合材料胶接工艺 [J]. 航天工艺，2001，3：13-17.

第7章
新能源汽车涂装工艺

【导读】 汽车涂装不仅会增加汽车的美观性和耐久性,而且对整车的防腐蚀性能、使用寿命等的提升都有至关重要的作用。新能源汽车轻量化的需求推动了大量的轻量化材料的应用,这也为新能源汽车的涂装生产方式带来了挑战,如混合车身的涂装、多材料连接的表面防腐处理等。轻量化新材料在新能源汽车上的应用,促进了为这些新材料配套的涂装技术和新型涂料的研发,满足新材料的特性所要求的新型涂装工艺的开发成为热点。本章结合汽车涂装的重点、难点,对钢、铝、塑料及碳纤维复合材料等常用轻量化材料的涂装工艺、防腐管控等进行详细分析。

7.1 新能源汽车涂装特点及典型涂装工艺

7.1.1 新能源汽车涂装特点

在传统汽车部件的基础上,新能源汽车增加了特有的三大部件:电池、电机及电控,简称新能源汽车的三电系统。锂电池的电芯通常重达几百公斤。为了降低车辆重心,电池和电机一般会安置在车身的底部,需要进行较为严格的涂装防护;另外,新能源汽车通过"轻量化材料的应用、零部件的集成或者整车的轻量化结构设计"等实施路径提升其续航里程,这些都对涂装材料与工艺,甚至涂装生产方式提出了新挑战[1]。汽车涂装是多层涂装体系,每一涂层的工艺控制都尤其重要。轿车、SUV车型在表面装饰性、底层保护性及整车耐久性等方面的要求都非常高。复合涂层表面光亮如镜、平整光滑,抗划伤性、抗石击性等力学性能优良,电泳漆层有优良的泳透力,提供优异的防腐蚀性能。

新能源汽车涂装的特点如下:

① 三电系统防护尤为重要。电池及电控系统整体处于整车的湿区和石击的

重灾区，需对该区域的零部件进行防护。例如对底盘、电机及电池组区域采取喷涂富锌底涂层、底盘装甲或改进电泳涂料来提高防腐性能等。

② 涂装前处理工艺是实现多材料车身涂装的最重要的环节。轻量化金属材料高强钢、铝合金、镁合金等在新能源汽车上应用得越来越多，混合材料车身的出现更对涂装工艺提出了挑战，新能源汽车车身的前处理工艺尤为重要。因为轻量化材料多为活泼金属，其前处理工艺不同，表面状态更为复杂。单一金属材料车身的"磷化+阴极电泳工艺"已经不能满足现有车身的防腐要求，研发人员对传统涂装前处理工艺及材料进行了较大的调整和改进，针对钢铝混合车身或全铝车身开发了硅烷、锆盐及硅烷+锆盐等新型薄膜前处理工艺并得到应用。

③ 新能源汽车车身对电泳涂装工序提出更高要求。为保证不同材料车身电泳后涂层性能均优良，尤其是有铝合金材料和冷轧板等传统车身板材混线生产的场合，为保证铝合金材料表面无缩孔和颗粒的缺陷，电泳施工参数需要做相应调整，且需涂料供应商通过试验确定。新能源汽车的轻量化结构件增多，尤其是纤维增强复合材料的零件，适合优选低温电泳工艺，连接在白车身上共线涂装，这样对施工有利，对材料开发成本有利。

④ 水性紧凑型涂装工艺适用于新能源汽车涂装。紧凑型涂装工艺主要有：日系的免中涂烘干的"3C1B"工艺以及欧美系的水性免中涂工艺。水性紧凑型涂装工艺在不同的企业命名情况不同，比较有代表性的名称有：BMW公司/BASF公司的IPⅡ集成工艺；PPG公司的B1B2紧凑型工艺；杜邦的Eco-concept工艺；大众公司称为Process2010及其升级版Process2010 V；GM公司称为3-wet等。紧凑型涂装工艺的建线投资成本低，可实现涂层性能优良、有利于环保，尤其适合新能源汽车厂的新建涂装线选用。

本节概括新能源汽车四种典型涂装工艺，并进行详细分析。

7.1.2 钢铝混合车身的前处理与涂装工艺

目前，较多新能源汽车的侧围、A柱、B柱、门槛等位置采用了高强钢，前防撞梁等部位采用铝合金。整车企业基于车型的具体情况、供应商技术以及拥有的专利等，确定车身用钢和用铝的比例，每个企业有不同的策略。例如特斯拉Model 3的后底板总成、门槛梁、侧围内板后段采用铝合金，铝合金材质集中在尾部，或许与Model 3前后的质量分配有关，因为Model 3采用了纯电机后轮驱动的形式，后轴承受了整车更多的质量载荷，因此为平衡前后质量分布，尾部非常适合使用轻量化的铝合金。Model 3在车身纵梁、A柱、B柱、车顶纵梁以及底板梁等位置使用超高强钢，目的为保障车身主体框架的强度，提升车辆被动安全性。沃尔沃的混动车型XC60的前防撞梁及减振塔采用铝合金，车身骨架为高强钢。爱驰U5采用钢铝混合车身架构，上半部分为钢，下半部分为铝。

下面以热成型钢的表面涂层工艺、钢铝混合车身的前处理以及涂装技术进行分析。

(1) 热成型钢镀铝硅涂层可提高耐腐蚀性

热成型钢表面的铝硅涂层可改善电泳涂装的效果、提高耐腐蚀性能,具有减小环境污染、提高零件耐腐蚀性等优点,目前因成本较高,仅用于 A 柱、B 柱等区域的热成型钢零件。原因分析如下:

① 热成型钢在成型的过程中需要将材料加热至950℃或以上的温度,这会导致材料表面氧化,极易形成较厚的氧化层,对焊接强度及涂装电泳成膜会产生不利的影响。

② 车身 A 柱、B 柱、C 柱、门槛梁、车门防撞梁和车顶横梁等所处区域多为三层腔体结构,车身电泳时,因电场屏蔽作用易导致腔体结构内电泳效果较差,该部位的热成型钢如果不镀铝硅涂层,耐腐蚀性较差。

③ 热成型钢表面的铝硅涂层具有低密度、高导热性、耐磨损及热胀系数小等优点,热成型钢的铝硅涂层经中性循环交变盐雾试验,可满足 30 个循环交变试验的防腐要求。研究表明[2],相比于原始试样,热浸镀 Al-Si 镀层后,22MnB5 热成型钢的抗高温氧化能力大幅改善,在 900℃保温时其氧化增重速率为 $0.11g/(m^2 \cdot min)$,且随着氧化时间的延长,其平均增重速率呈下降趋势,如 7-1 所示。

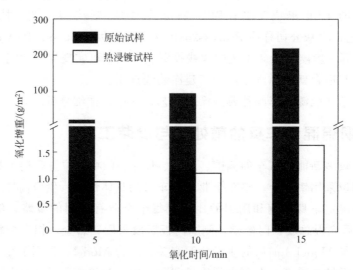

图 7-1 热浸镀试样与原始试样的氧化增重[2]

④ 热成型钢表面的铝硅涂层耐腐蚀性好,可以减少热成型钢零部件所在区域的电泳通电孔,减少开孔需求及减小板间距。图 7-2 为某车型的热成型钢铝硅涂层的应用情况,A 柱、B 柱均采用了铝硅涂层,涂层厚度为 $40\sim45\mu m$,因此

这些部位设置电泳通电孔较少。

图 7-2 热成型钢铝硅涂层 A 柱、B 柱的膜厚检测图

(2) 用于钢铝混合车身的三种涂装前处理工艺

钢铝混合车身由三种材料组成：冷轧板、镀锌板与铝合金板。这三种板材的化学性质及表面状态不同，所以钢铝混合车身的前处理的技术与传统工艺不同。研究表明，钢铝混合材料车身进行涂装前处理时，根据钢铝混合车身中铝合金材料应用比例的不同，需要采用的前处理磷化工艺也不同，一般根据铝合金材料的表面积与车身总表面积的比例选择前处理工艺[3,4]。当铝合金材料的表面积与车身总表面积的比例小于20%，可采用传统的用于全钢车身的磷化液添加氟离子工艺，钢铝混合车身实现同槽磷化，但当铝合金材料的应用比例大于20%，需在磷化槽中阻止铝合金磷化，增加钝化处理工序对铝合金材料进行处理，还需加强槽液循环和喷淋，避免沉渣造成的车身外观质量问题[3]。

钢铝混合车身的涂装前处理工艺有三种：近年来开发的用于钢铝混合车身的前处理工艺，即"传统磷化液加氟"工艺，在铝合金材料的表面积与车身总表面积的比例小于20%的情况下使用；汉高公司研发的"两步法"工艺，可适应冷轧板、镀锌板与铝合金板等板材的共线生产，当铝合金材料的应用比例大于20%时使用；被称为绿色工艺的"薄膜前处理"工艺，这种工艺适合传统的冷轧板、混合材料车身以及全铝车身的涂装前处理。相对传统磷化工艺，"薄膜前处理"工艺是指纳米级膜厚、环境污染小（无磷、重金属离子，沉渣少）、能耗低和资源利用率高的前处理工艺。我国的车企秉承绿色制造的理念，众泰汽车、上海通用北盛和武汉工厂、北汽镇江工厂、广州丰田等多条车身涂装线采用了这一新型前处理工艺。对三种工艺的分述如下：

① 铝混合车身的"传统磷化液加氟"前处理工艺。

当钢铝混合车身的铝合金材料的应用比例小于20%时，在磷化液中额外加入含氟化合物（氢氟酸、碱金属氟化物或碱性金属氟化物），并保证游离氟离子浓度为50~250mg/L，可采用喷淋或浸渍两种处理方式。钢板、镀锌板及铝板表面的磷化膜组成不同，如表7-1所示。低锌磷化生成的磷化膜成分主要是磷酸锌。磷酸盐晶体是电绝缘体，但磷化膜层具有微孔，电泳漆沉积在其表面上，可提高附着力，保证涂装质量[5]。

表7-1 钢板、镀锌板、铝板表面的磷化膜组成　　　　　　单位：%

名称	Zn	Ni	Mn	Fe	P_2O_5
冷轧钢	31	0.9	2.2	6.5	41
电镀锌钢板	45	0.9	5	—	40
铝	44	0.9	9	—	42

图7-3为钢板、锌板、铝板表面磷化层的扫描电子显微图片（SEM）。如图显示，不同材料表面的磷化层形态不同，但其电泳涂层的附着力情况是相似的，均可满足要求。

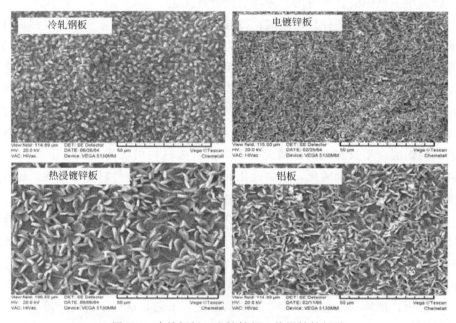

图7-3　冷轧钢板、电镀锌板、热浸镀锌板及
铝板表面的磷化层的SEM

研究表明，磷化工艺中，磷化浸渍参数是至关重要的。磷化液的组成、流动性、药品补给都是获得均匀磷化膜（避免在表面生成晶粒沉淀）的先决条件。磷化液的流速应大于0.4m/s。过高的钠和氟化物浓度会增加磷化膜中的六氟铝酸钠含量，因此，要在一定范围内控制游离钠和游离氟化物浓度，并在此基础上保证最佳流速。铜加速盐雾试验（CASS）和户外暴晒试验表明：高流速、（70~100）$\times 10^{-6}$ mg/L游离氟条件下制备的磷化铝板的磷化膜腐蚀量远低于高流速、200×10^{-6} mg/L游离氟条件下制备的磷化铝板。需要注意的是，为保证生成的磷化膜性能良好，必须采用过滤技术持续地去除磷化过程中不断产生的残渣。

② 钢铝混合车身的"两步法"前处理工艺。

当钢铝混合车身的铝合金材料的应用比例大于或等于20%时,可采用汉高公司研发的两步式磷酸盐处理工艺,简称为"两步法"工艺,该工艺可用于铝板、镀锌板等冷轧板的共线生产。该工艺流程示意图见图7-4。第一步,在磷化过程中,通过在磷化槽液中添加一定量的掩蔽剂,阻止铝板表面形成磷化膜,其他板材表面正常形成磷化膜。第二步,在钝化工序,在未成膜的铝板表面形成具有更高耐腐蚀能力的钝化膜,而其他板材则在磷化膜基础上进行封闭,减小磷化膜的孔隙率,进一步提升耐腐蚀性能。

"两步法"工艺的优点在于,前处理设备与传统磷化相同,因其工艺过程的工序与传统磷化工序完全相同。"两步法"工艺可以确保钢铝混合车身的铝合金通过钝化提高耐腐蚀性,车身其他板材则在磷化膜基础上进行封闭,减小磷化膜的孔隙率,保证了钢铝混合车身的前处理工艺的质量。值得注意的是,钢铝混合车身在"两步法"工艺中磷化过程的产渣量比常规磷化大幅度减少,但仍然高于冷轧板及镀锌板磷化的产渣量,需加强磷化槽液循环及磷化除渣的力度。

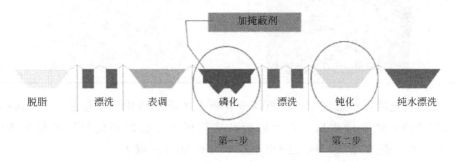

图 7-4 "两步法"工艺流程示意图

不同板材通过传统磷化以及"两步法"磷化后的微观形貌对比见表7-2。

表 7-2 传统磷化以及"两步法"磷化后的微观形貌

板材	磷化后的微观形貌	
	传统磷化	"两步法"磷化
镀锌板		

续表

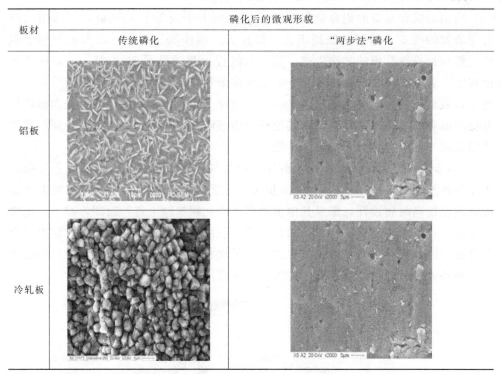

板材	磷化后的微观形貌	
	传统磷化	"两步法"磷化
铝板		
冷轧板		

传统磷化后,在镀锌板、铝板及冷轧板上生成的磷化膜质量都在 $2\sim 4g/m^2$,而采用"两步法"磷化后,在镀锌板及冷轧板上生成的磷化膜质量仍然为 $2\sim 4g/m^2$,而铝板上生成的钝化膜质量基本在 $0.5g/m^2$ 以下。

③ 钢铝混合车身的"薄膜前处理"工艺。

"薄膜前处理"是新型的涂装前处理技术,工艺全过程不含磷,符合环保的要求,流程示意图见图 7-5。

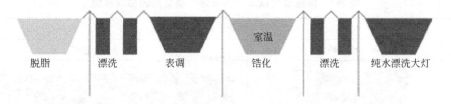

图 7-5 "薄膜前处理"工艺流程示意图

薄膜处理溶液的主要成分为氟锆酸、氟钛酸、硅烷偶联剂等。"薄膜前处理"的成膜过程为:氟锆酸发生水解反应在金属材料表面形成一种化学性质稳定的无定型氧化物,氧化剂和螯合剂促进水解反应的进行,从而获得性能良好的金属表面氧化膜。金属表面所获得的膜是锆的氧化物和氢氧化物,是含有有机成分和无机成分的复合结构膜层。

"薄膜前处理"分两类：一类是以德国汉高公司为代表的锆盐体系模型，见图7-6(a)，采用不含磷的过渡金属氟化物与聚合物作为主要成分；另一类是以德国凯密特尔公司为代表的硅烷体系模型，见图7-6(b)，采用不含磷的硅烷组合有机物作为主要成分。薄膜前处理膜重一般为：冷轧钢板表面薄膜的膜重为20~200mg/m^2，电镀锌板、热镀锌板、合金化板表面薄膜的膜重为100~300mg/m^2，铝合金表面薄膜的膜重为30~100mg/m^2。

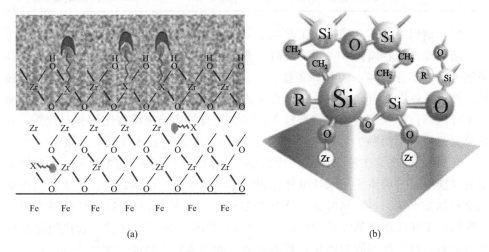

图7-6 锆盐体系（a）及硅烷体系（b）模型

"薄膜前处理"技术在金属表面形成的前处理膜特性和传统的磷化膜不同，锆化膜、硅烷膜很薄，其膜厚约为磷化膜的1/20，比磷化膜的电阻低，若使用传统电泳漆，如果保证车身内腔达到电泳漆膜厚要求时，外板电泳漆膜厚会超过工艺要求。因此对于锆盐和硅烷处理工艺一般都选用高泳透力的薄膜电泳漆，使薄膜电泳工艺的漆膜表面质量更难控制。该工艺因为具有环保的特点，目前的推广应用很快，经过开发，在生产中需严格控制各种参数，适合传统的冷轧板、混合材料车身以及全铝车身的涂装前处理，是有发展前景的工艺。

以上三种前处理工艺各有优缺点，其工艺对比及适用范围[6]如表7-3所示，可根据钢铝混合车身中的铝合金比例及现有生产线状态进行前处理工艺方案的选择。

表7-3 三种前处理工艺的对比及适用范围

序号	前处理方案	工艺特点	适用范围
1	传统磷化液加氟	①为处理游离在磷化槽液中的铝离子,磷化槽液需添加氟离子添加剂并控制氟离子浓度； ②铝合金磷化渣成渣量为12~15g/m^2,渣偏细,需要磷化槽液添加磷化结渣剂； ③磷化槽的循环量需加大到每小时3~5次	当铝合金占比<20%时使用,适用于铝合金、镀锌板、冷轧板共线

续表

序号	前处理方案	工艺特点	适用范围
2	两步法	①磷化液添加掩蔽剂,铝合金在磷化液中不反应成膜,便于磷化槽液稳定及参数控制; ②磷化后增加钝化槽,进行铝合金钝化处理及其他板材的封闭处理,重点控制钝化膜膜重	当铝合金占比≥20%时使用,适用于铝合金、镀锌板、冷轧板共线
3	薄膜前处理	①对白车身表面要求高,薄膜前处理对打磨痕遮盖力相对较差; ②前处理膜电阻值小,关注与电泳漆配套性	适合传统的冷轧板、混合材料车身以及全铝车身的涂装前处理

(3) 钢铝混合车身的涂装工艺

新能源汽车特斯拉 Model 3 是较为典型的钢铝混合车身,其白车身骨架以高强钢为主,车身纵梁、A 柱、B 柱、车顶纵梁及底板纵梁等位置均使用了高强钢;外覆盖件以铝合金为主,铝合金所占比例相对较低,主要分布于四门、两盖及车身尾部行李厢等区域。特斯拉 Model 3 车身的铝合金所占比例相对较低,其涂装工艺可采用两种工艺,环保型 3C2B 水性涂装工艺及水性紧凑型涂装工艺。

3C2B 水性涂装工艺采用"三涂两烘",可提供良好的漆膜外观,在工件上形成多层漆膜。底漆采用水性电泳涂料,提高了车身的抗腐蚀性;色漆涂料和罩光涂料都是水性涂料,同时具有优异的耐老化性。另外,3C2B 水性涂料为单组分涂料,工件采用电泳涂料涂底漆,80~100℃闪干 3~5min 后,直接喷涂水性色漆涂料,两层涂膜同时固化,打磨修补(如需要)后再喷涂水性罩光漆。三层涂料全部水性化,涂层间附着力明显优越于传统的三涂三烘工艺,而且三个涂层之间不进行颜色的迁移。3C2B 涂装工艺过程包括前处理、电泳工序、焊缝密封、中涂、面漆、清漆、注蜡等工序,涂层组成为电泳层、中涂层、基色漆层、清漆层四道涂层,涂层总厚度约在 100~120μm,工艺流程如图 7-7 所示。

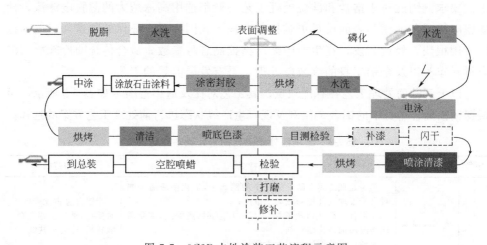

图 7-7 3C2B 水性涂装工艺流程示意图

水性紧凑型涂装工艺在 3C2B 涂装工艺流程的基础上,在喷底色涂装前预喷一道 B1 涂层,与底色漆"湿碰湿"施工,取代原来的中涂喷涂区域,以及取消了中涂烘干工序。涂层组成为电泳层、基色漆层、清漆层三道涂层,涂层总厚度约在 $80\sim100\mu m$。与水性 3C2B 相比,水性紧凑型工艺中 B1 具备中涂的全部功能以及色漆的部分功能,优化了涂装中涂工艺,压缩工艺流程,降低运营成本,减少设备投资,减少 VOC 排放,降低能耗;同时,外观品质优良,一次合格率高。其中 B1 及 B2 涂层的功能是:B1 是单色漆,采用水性色漆树脂骨架,内含填充剂(抗石击和填充基材),具备中涂的功能,可控制紫外线穿透率,保护电泳涂层,为 B2 提供基底颜色;B2 主要实现色彩效果。水性紧凑型工艺流程如图 7-8 所示。

几种典型汽车的水性紧凑型涂装工艺流程对比见图 7-9。

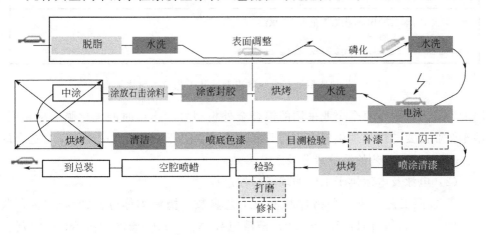

图 7-8 汽车水性紧凑型涂装工艺流程示意图

混合材料车身各种材料的物理性能和热稳定性不同,如果涂装烘烤与传统钢制车身相同,则在涂装烘烤过程中会发生不同的形变,在涂装工艺设计中需要充分考虑烘烤温度、工装等对其变形的影响。

7.1.3 全铝车身的涂装工艺

全铝车身的铝合金占比达到 90% 以上,仍有将近 10% 的钢制件。全铝车身的前处理和电泳工艺与传统钢制车身不同,涂装工艺以 3C2B 水性涂装工艺或水性紧凑型涂装工艺为主。特斯拉、蔚来汽车等采用水性 3C2B 涂装工艺。差异点和现场管控过程分述如下:

(1)全铝车身前处理选用工艺

全铝车身前处理一般选择"薄膜前处理"工艺较为合适,可采用锆盐和硅烷处理工艺,目的是使铝合金表面形成致密而均匀的连续薄膜,有利于提高电泳膜

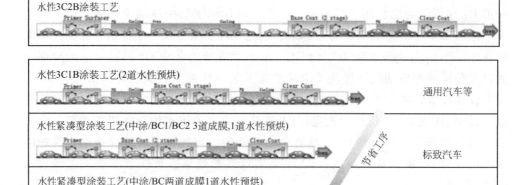

图 7-9 几种典型汽车水性紧凑型涂装工艺流程对比示意图

层的附着力。由于每个企业采用的铝合金外板型号和出厂时的钝化膜不尽相同,整车企业需要与前处理供应商一同开展试验,共同开发该企业的全铝车身适合的"薄膜前处理"工艺的溶液成分及工艺参数。

(2) 电泳及电泳烘干工序的现场管控过程

① 按照工艺要求,严格控制槽液工艺参数。槽液固体分:20%±1%;灰分:19%~24%;pH:5.4~6.0;槽液电导率:(1400±300)μS/cm;溶剂含量:0.6%~1.5%。由于铝合金与钢板的材料差异及前处理差异等,导致铝板和钢板在电泳过程中的电泳反应速率存在一定的差异性,因此电泳槽液的参数需要根据现场产品质量状态进行调试,以确定最佳的工艺控制范围。

② 定期检测电泳漆膜附着力:电泳漆膜附着力要求为 0 级。

③ 定期检测电泳漆膜膜厚:一般车身外表面电泳膜厚≥17μm;内表面≥12μm,内腔≥8μm。

④ 定期检测电泳漆膜粗糙度:一般车身外表面 Ra≤0.3μm(2.5mm 取样长度)。

(3) 电泳烘干参数的确定需考虑铝合金外板的时效强化

电泳烘干工序对铝合金外板还起到强化的作用。因为板材制造商生产的用于制造汽车外板的 6 系铝合金板是半成品,其热处理状态为 T4(固溶处理+时效强化)状态,经过电泳烘干才达到 T6(固溶处理+完全人工时效)的稳定状态。板材在整车企业经过冲压成型后,喷漆烘烤可实现人工时效强化,获得更高的强度。因此,电泳烘干过程同时肩负时效型铝合金时效强化的作用[7]。不同企业的铝合金、不同牌号的铝合金的时效强化参数需进行试验研究,结合电泳漆的烘干参数,以及该铝合金件的性能要求确定电泳烘干温度的最佳范围。

(4) 在焊装车间未设置结构胶烘干炉的情况下,电泳烘干设计关注内容

一般情况下铝板之间的连接位置有结构胶,因此推荐焊装车间设置结构胶烘干炉。如焊装工艺未设置结构胶烘干工序,涂装烘干炉设计需要关注以下四点:

① 经过电泳清洗后的工件,经沥水后进入电泳烘干炉进行干燥,沥水时间需保持在 10min 以上;

② 考虑电泳漆膜的烘干最佳窗口,结构胶的烘干要求一般为≥165℃/10min;

③ 要求车身电泳烘干过程炉温均匀一致且保证铝板烘烤硬化的强度需求,不同的铝板厂家要求存在一定的差异性,一般为 170~180℃烘干 20min 左右可满足铝板硬化的要求;

④ 电泳漆膜的烘干条件一般为 165℃/15min 以上,工件最高温度不要超过 200℃。

因此,推荐的铝合金车身电泳烘干炉温曲线见图 7-10。

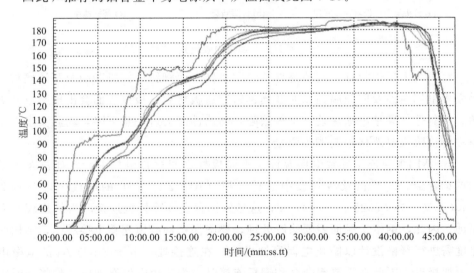

图 7-10 铝合金车身电泳烘干炉温曲线

(5) 铝合金连接的防腐蚀问题

传统钢制车身连接方式一般采用点焊为主,局部采用激光焊接和二氧化碳保护焊方式。而铝合金与钢材的材料性能差异较大,两种材料一般只能采用冷连接方式,常用方式为 FDS、SPR 等冷连接技术,其中 SPR 应用得较为普遍,胶铆结合连接是比较可靠的方式。对铝合金车身而言,从防腐蚀角度还需要关注如下

几点。

① 铆钉材质及表面处理工艺。车身采用自冲铆连接后，铆钉的钉头部分会裸露在外表面，钉脚部分穿透了上层板材，因此铆钉自身防腐性能要求较高，需要重点关注。铆钉通过不同的表面处理工艺可以满足96h/240h/480h三种盐雾试验要求。因此，需要根据车身不同部位的防腐要求及涂装工艺状态选择不同表面处理的铆钉，同时避免铆钉与车身板材之间存在电位差而导致的电偶腐蚀，以确保防腐性能达标。

② 铆接失效导致的腐蚀问题。在铆接过程中，铆接点的合格率不可能达到100%，存在一定的失效比例，常见的失效模式为：钉头与上层板材存在间隙，图7-11(a)，钉脚断裂，图7-11(b)，铆钉铆穿，图7-11(c)。

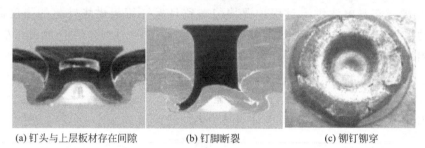

(a) 钉头与上层板材存在间隙　　(b) 钉脚断裂　　(c) 铆钉铆穿

图 7-11　铆接失效模式

钉头与上层板材存在间隙易导致缝隙腐蚀，而铆钉的钉脚断裂及穿透底材则易发生电偶腐蚀及间隙腐蚀，尤其当铆钉穿透板材后，板材表面会出现裂纹及尖角、毛刺等，导致电泳涂装不良等缺陷，防腐性能会进一步下降，因此要求白车身在铆接阶段要严格控制铆接质量。

③ 不同板材连接导致电偶腐蚀。不同板材之间存在电位差异，如汽车上常用的铝合金、镀锌板及冷轧板中三种金属（Al、Zn、Fe）的电极电位分别为 $-1.660V$、$-0.762V$、$-0.440V$，这导致铝合金和冷轧板连接时极易出现电偶腐蚀。因此，钢铝接触面需要涂胶处理，要确保结构胶填充整个接触面，结构胶厚度需进行严格设计以防止电偶腐蚀发生。在连接处，由于Zn与Al的电极电位更加接近，因此在需要铝合金和钢板连接时，为避免电偶腐蚀应尽量将普通钢板替换为镀锌板。

7.1.4　"铝合金底盘+碳纤维复合材料车身"涂装工艺

宝马汽车将两大新型材料铝合金、碳纤维复合材料用于车身，采用模块化车身结构全面颠覆了传统车身的制造工艺。因各种模块采用的材料不同，所关注的涂装防护目标及重点不同，也将推动模块化涂装技术的发展。

宝马 i3 将车身分为生活模块（Life）和驱动模块（Drive），生活模块采用碳纤维骨架壳结构，驱动模块以铝合金材料为主。"Life"模块由顶盖、乘员舱骨架及外覆盖件组成，大量地使用了非金属材料，如碳纤维复合材料、热塑性塑料、热塑性弹性体、胶黏剂和其他轻质材料。车身共有 34 个碳纤维复合材料零件，其中包括：13 个 RTM（树脂传递模塑成型）整体件（48 个预成型件）、2 个剖面有泡沫支撑核的 RTM 件、19 个整体纤维增强模压件。各种材料的质量占整车质量比例大约为：碳纤维复合材料占 50%、热塑性塑料＋热塑性弹性体占 10%、胶黏剂和泡沫占 15%。

"Life-Drive"模块化车身结构的制造工艺与传统车身的冲压、焊接和涂装工艺都有所不同，其生产工艺路线如图 7-12 所示。冲压车间不再需要，焊接变成了以粘接为主、铆接为辅的工艺过程，不再需要涂装车间，涂装变成离线模块化生产模式。

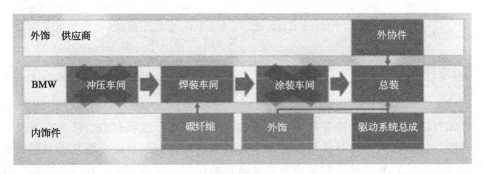

图 7-12　宝马 i3 电动车车身的工艺路线

碳纤维复合材料、外饰塑料件和铝合金"Drive"系统分模块涂装，涂装工艺方案如下：

①"Life"模块的顶盖材料为碳纤维复合材料，耐温 85℃，采用外露碳纤维花纹的透明涂装方案。涂装工艺为：(透明腻子—烘干)—罩光漆—烘干。根据碳纤维复合材料外观的致密程度，可仅涂清漆[8]。

②"Life"模块的乘员舱骨架材料为碳纤维复合材料，耐温 85℃，结构件无涂装。

③"Life"模块的外饰塑料件材料为热塑性材料。发动机罩、前后车门外板、前翼子板和后防护板采用 PP/EPDM TV30；车顶纵梁材料是 ABS/PC Min20，耐温 85℃。涂装工艺为：底漆—烘干（80℃，30min）—基色漆—闪干—罩光漆—烘干（80℃，30min），基色漆涂料以水性涂料为主，塑料件供应商交付的是涂装后的零部件。

④"Drive"模块骨架是铝合金材料，采用阴极电泳或钝化工艺进行防护，在铝合金底板生产厂家完成。

对于碳纤维外覆盖件，考虑碳纤维复合材料涂装后的装饰性和耐久性，其外观装饰件适宜采用低温漆体系涂装，其烘烤温度不宜超过120℃。并且，传统的适用于钢板和塑料件的专用底漆不适用于碳纤维复合材料[9]。另外，因为碳纤维和树脂的收缩系数不同，要采用比较温和的低温烘烤体系，否则涂层经过高温烘烤表面会出现波纹。低温烘烤体系可以减少涂层表面的波纹，这一点在国外文献均有报道[10]。碳纤维复合材料专用低温烘烤涂料体系见表7-4。

表 7-4　碳纤维复合材料专用低温烘烤涂料体系

涂料名称	涂料体系	主要性能特点
腻子	溶剂型，双组分，聚氨酯可刮涂/可喷涂腻子(80℃，15min)，为碳纤维复合材料研发	易打磨，可附着于碳纤维复合材料表面或钢表面，用于填补小或深的破损、针孔、空隙、波浪、坑等缺陷
底漆	溶剂型，双组分，聚氨酯低温体系(80℃，30min)，为碳纤维复合材料研发	高固体含量，干燥快，渗透性强，封闭性能优异；对碳纤维复合材料附着力好，耐冲击性好；具有良好的机械强度、耐腐蚀性、耐水性及抗化学试剂性能
底色漆	溶剂型，单组分，聚氨酯金属漆体系，和清漆可"湿碰湿"喷涂	颜色准确、彩度高；附着力强、不易脱落；遮盖力佳，抗紫外线能力强
清漆	溶剂型，双组分，聚氨酯低温体系(80℃，30min)，为碳纤维复合材料研发	高固体含量，干燥快，漆面亮度佳，易抛光；抗划伤，抗紫外线，具有良好的耐候性、耐湿性、耐温变性及抗化学试剂性能

碳纤维复合材料的涂装前处理方法包括溶剂清洗、机械打磨、喷砂、等离子处理等，这些方法可单独使用也可以进行联合使用，起到对碳纤维复合材料表面除油（即清洗表面的油污和脱模剂）及活化的作用。试验证明，在喷漆之前对碳纤维复合材料表面进行打磨+清洗处理比仅仅清洗的表面，其剪切强度提高一倍以上，见图7-13。

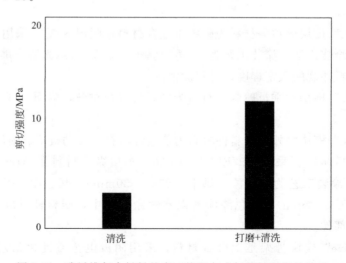

图 7-13　碳纤维复合材料的表面处理方式与剪切强度的关系

对于碳纤维复合材料的涂装，根据其零部件的功能，分以下两种涂装体系。

(1) 以隔离和防腐为目的的涂装

碳纤维复合材料与金属材料的电极电位不同，导致碳纤维与金属接触时会发生电偶腐蚀，所以，碳纤维复合材料零部件的涂装很大程度是为了消除其与金属材料接触而产生的腐蚀隐患，尤其对于碳纤维复合材料的结构件。几种不同材料的电位值见表7-5。碳纤维复合材料零部件涂装专用底漆可以起到封闭底材缺陷的作用，隔绝与金属材料直接接触，要求涂料的树脂体系与碳纤维复合材料的树脂体系兼容性良好。如果碳纤维复合材料零部件采用胶接的方式与金属材料相连接，则可以免去对该零部件的涂装。

表7-5 不同材料电位值

材料	铝合金	合金钢	不锈钢	钛合金	碳纤维复合材料
电位/mV	-780	-730	+36	+190	+300

(2) 以改善装饰性和耐久性为目的的涂装

碳纤维丝与其组成复合材料的树脂材料的热胀系数不同，碳纤维复合材料沿纤维方向的热胀系数为 $(0.1 \sim 0.2) \times 10^{-6}/K$，垂直纤维方向的热胀系数约$30 \times 10^{-6}/K$，相差几百倍之多（表7-6所示）。而且，碳纤维复合材料的制作工艺、纤维铺层角度、铺层顺序、树脂体系等会对热胀系数有一定的影响。图7-14显示了温度从140℃降到120℃的碳纤维复合材料外表面形貌的变化。因此碳纤维复合材料在制造工艺过程及使用过程中，经受冷热交变、湿度和光导致树脂材料老化，会导致碳纤维复合材料表面垂直碳纤维铺层方向上的粗糙度发生很大变化。所以，碳纤维复合材料的外覆盖件涂装可提高整体涂层丰满度，改善其表面的装饰性和耐久性。

表7-6 不同方向测试碳纤维复合材料的热胀系数值

性能	层压板	测试方向	典型值	
			20～110℃	20～150℃
热胀系数/(10^{-6}/K)	$[O]_{16}$（0度方向铺16层）	0°	0.07	0.12
		45°	15.7	16.2
		90°	30	31

涂装体系分两种：透明和不透明涂装材料，俗称为"漏碳"和"不漏碳"。二者的区别是涂料中是否有填料分。透明涂料中不含填料分，涂装工艺为：透明腻子（可选）—烘干（可选）—透明底漆（可选）—烘干（可选）—清漆—烘干。可根据碳纤维复合材料外观的致密程度、孔隙率、粗糙度的情况选择是否需要涂装。

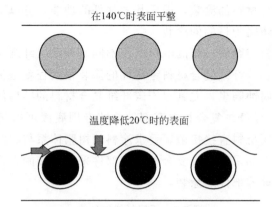

图 7-14　温度从 140℃降到 120℃碳纤维复合材料外表面形貌变化

不透明涂料的涂装工艺为：腻子（可选）—烘干（可选）—底漆（可选）—烘干（可选）—中涂（可选）—烘干（可选）—基色漆—闪干—清漆—烘干。

工艺具体工序为：打磨、擦净—刮涂、喷涂碳纤维复合材料专用腻子—烘干（80℃，30min）—打磨、擦净—喷涂碳纤维复合材料专用底漆—流平、闪干—烘干（80℃，30min）—打磨、擦净—局部刮涂填眼灰—烘干（80℃，30min）—打磨、擦净—喷涂底色漆—流平、闪干—喷涂罩光清漆—流平、闪干—烘干（80℃，30min）—检查、修饰。

底漆和腻子的施工遍数越多，对涂层外观的改善越大，但整体涂层的附着力和耐久性丧失的风险越大。碳纤维零件应采用专用低温烘烤涂装材料，满足汽车外饰件涂层技术要求，技术要求见表 7-7。

表 7-7　汽车碳纤维复合材料外覆盖件采用专用低温烘烤涂层技术要求

项目	技术要求	试验方法
外观	漆膜平整光滑，无针孔、缩孔、露底和流挂等缺陷，颜色符合要求	目测
光泽(20°)/%	≥85	GB/T 9754
橘皮	与车身一致	橘皮仪
附着力/级	≤1	GB/T 9286
铅笔硬度	等于或高于 H	GB/T 6739
抗石击/级	≤4	ISO 20567-1
耐汽油性	常温 1h；光泽、颜色无变化，无气泡、变软等现象	GB/T 9274
耐机油性	常温 2h；光泽、颜色无变化，无气泡、变软等现象	GB/T 9274
耐风窗清洗剂	常温 8h；光泽、颜色无变化，无气泡、变软等现象	GB/T 9274
耐酸性	常温 24h；光泽、颜色无变化，无气泡、变软等现象	GB/T 9274
耐碱性	常温 24h；光泽、颜色无变化，无气泡、变软等现象	GB/T 9274

续表

项目	技术要求	试验方法
耐温变性	30 个循环,涂层光泽、颜色无变化、无气泡、开裂等现象;涂层附着力无衰减	QC/T 484 GB/T 9286
耐湿性	240h:涂层光泽、颜色无变化、无气泡、开裂等现象;涂层附着力无衰减	GB/T 13893 GB/T 9286
人工老化	1500h:漆膜很轻微失光,无变色、无粉化、无沾污、无气泡等其他老化现象,综合评级 0 级	GB/T 1865 GB/T 1766

7.1.5 "铝合金车身骨架+塑料外覆盖件"的涂装工艺

一些新能源汽车车身采用铝合金型材骨架,车身骨架采用弧焊方式,外覆盖件使用 PP+LGF 塑料。车身的外饰件塑料化是新能源汽车车身特征之一,主要有热塑性塑料、纤维增强塑料(FPR,俗称玻璃钢)及碳纤维复合材料等非金属材料。由于传统金属车身和非金属件的涂装材料和工艺差异很大,一般二者都是分开涂装,也就是非金属件离线涂装(offline),到总装车间装配到车身上。对于离线涂装,保证不同材质零件的涂层色差一致性是生产过程的难点。这就有了非金属材料件在线涂装(online 和 inline)的概念。表 7-8 是以塑料保险杠为例说明塑料件在线涂装与离线涂装工艺比较。

表 7-8 塑料件在线与离线涂装工艺比较

工艺名称	工艺介绍	适用材料	主要缺点
online	在线喷涂工艺,未喷涂的塑料件安装在车身后,一起经过电泳和喷涂线	PPO+PA	喷涂线温度高,塑料易变形
inline	在线喷涂工艺,白车身经过电泳后,未喷涂的塑料件安装在车身上一起经过喷涂线	PPO+PA PA+ABS-GF9	喷涂线温度高,塑料易变形;需要在电泳后增加装配线
offline	离线喷涂工艺,塑料件单独喷涂,不经过车身的电泳和喷涂线	PP+EPDM-M30	塑料翼子板和车身颜色易出现色差

目前,因为不能实现共线涂装,新能源汽车车身以金属车身占主导,塑料件的应用较少。随着材料及涂装技术的进步,非金属件与金属车身在线/共线涂装工艺有望解决这一难题。如图 7-15 所示,可耐 200℃的塑料翼子板可在电泳前(上件位置一处安装翼子板,称 online 在线涂装)或中涂前(上件位置二处安装翼子板,称 inline 在线涂装)安装到白车身上,混合材料车身的中涂面漆一体喷涂完成。

实现非金属件与金属车身的共线涂装,可采用低温 120℃(或 80~90℃)固化的中涂和面漆,其涂装工艺见图 7-16。这样,就可取消非金属件的线下涂装线,减少烘干能耗,减少 CO_2 排放。铝合金骨架部分主要采用阴极电泳或钝化工艺进行涂装。

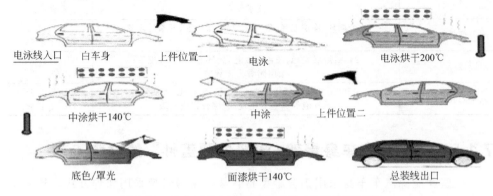

图 7-15 非金属件与金属车身在线/共线涂装工艺

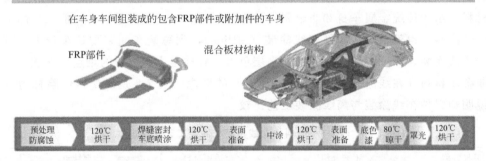

图 7-16 非金属件与金属车身 120℃涂装工艺

7.2 新能源汽车涂装发展趋势及新型涂装工艺

7.2.1 新能源汽车涂装发展趋势

随着新能源汽车的发展，其轻量化的需求不断提高，多种轻量化材料的应用对其涂装提出了更高的要求。涂装作为汽车制造工艺中附加值最高的环节，新涂装工艺向着"提质增效、低成本、节能环保"的方向发展。涂装车间作为汽车四大工艺中的能耗大户，绿色涂装技术和涂装替代技术在新能源汽车领域也不断扩大应用，为"打赢蓝天保卫战三年行动计划"助力。

7.2.1.1 前处理技术的发展趋势[11]

适合多种材料共线涂装的前处理技术以及低成本、适应环保要求的前处理技术是发展主题。前处理的主要发展趋势如下：

① 适合汽车车身的薄膜型环保漆前处理技术的开发及应用，例如，硅烷前处理技术、锆化技术及硅烷＋锆化技术。

② 适合汽车非金属件前处理的干冰清洗技术正在加大推广应用。

7.2.1.2　电泳涂装发展趋势

① 进一步提高阴极电泳涂料的泳透力，以提高结构复杂车身内表面及空腔的涂装质量，提高生产效率和减少阴极电泳涂料的使用量。

② 根据各种被涂物产品技术标准和用户的需求，在现有各种特种功能的阴极电泳涂料的基础上，改进或开发新功能型阴极电泳涂料，如锐边耐蚀性阴极电泳涂料、耐候性（耐 UV 型）阴极电泳涂料、双层电泳涂料、适合免中涂工艺的阴极电泳涂料等。

③ 进一步提高阴极电泳涂料与工艺的环保性，开发采用 VOC（挥发性有机物）含量更低的，固化时分解物更少的，无 HAPS（有害空气污染物）、无铅、无锡的阴极电泳涂料。

④ 进一步开发采用节能减排型的阴极电泳涂料与涂装技术。如在国外已着手进行的项目有：

a. 开发采用省搅拌型的阴极电泳涂料。

b. 开发采用电泳涂膜与随后涂层的"湿碰湿"工艺。

c. 开发采用节能型阴极电泳涂料（烘干温度低温化）和烘干固化设备及技术。

⑤ 加强管理，实现无缺陷的电泳涂装，废止打磨工序。日本汽车涂装界提出和已实现"无缺陷的电泳涂装、废止打磨工序"。

7.2.1.3　中涂涂装的发展趋势

① 为适应环保要求，使其 VOC 的排放达标，中涂涂料向水性涂料、高固体分涂料方向发展。

② 为节能和简化工艺，开发免中涂烘干的"3C1B"涂装工艺。

③ 进一步开发在设备投资以及能源消耗方面都有着很强优势的免中涂工艺，将中涂的功能整合到其他涂层（底漆或色漆）中。

7.2.1.4　汽车面漆涂装工艺的发展趋势

① 目前，欧美发达国家的涂装 VOC 排放量可达到 $30g/m^2$，最低可降到 $12\sim13g/m^2$。我国有利于 VOC 排放量降低的面漆方面新技术也不断发展。国内、国外独资及合资的涂料生产企业具备在国内加工生产水性中涂漆和水性面漆的能力。水性中涂漆及水性面漆已开始全面使用。总体上，就车身涂装而言，底色漆向着水性化发展，罩光清漆向着 2K 溶剂型超高固体分、水性涂料和粉末浆清漆的方向发展，UV 和热双固化清漆也在开发进程中。2K 高固体分溶剂型或

水性清漆应用比较普及，适应低 VOC 排放要求的同时，其抗擦伤性能及自修复能力也进一步提高。

② 粉末罩光漆应用不断改进，已经成熟，将进一步推广。

③ 为适应减少能源消耗、简化涂装工艺、降低涂装成本的需求，可多涂层"湿碰湿"喷涂的涂料、将中涂与面漆合一或将中涂与底色合一的涂料也得到发展和应用。

④ 模块化涂装概念既有利于解决多种材料车身的涂装瓶颈问题，又可以实现无损耗柔性涂装，正在加大研发和推广。

⑤ 适用于新能源汽车轻量化外覆盖件的膜技术、多色涂装转移涂层工艺等涂装替代技术和材料逐渐成熟，正在加大推广应用。

新型汽车材料的应用促进了相应涂装技术的开发，如镁合金材料也在汽车零部件上得到了很好的应用，随着新型"稀土锌系磷化＋低温电泳"[12]等技术的突破，将来也会在量产车型的车身上应用。适应新能源汽车特点的涂装材料和工艺在逐步开发中。

7.2.2　新能源汽车新型涂装工艺

7.2.2.1　车身"模块化涂装"

目前适用于混合材料车身生产的涂装工艺在不断地探索和开发过程中。可根据车身的结构特点和材料的特性将车身拆解成模块，其模型见图 7-17。这种按模块化进行涂装的方式有利于不同材料模块采用更适合的涂装工艺，有利于提高涂装生产的柔性，而且所有外表面装饰件基本都可以实现以水平放置方式进行喷涂，消除了传统车身水平面和垂直面外观不一致的现象。所以，模块化涂装概念既有利于解决多种材料车身的涂装瓶颈问题，又可以实现无损耗柔性涂装。

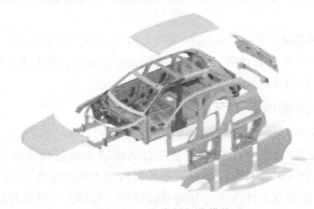

图 7-17　车身拆解成模块

采用模块化涂装工艺，外表面装饰件涂装后装到车身上，不再需要设置车身点修补或整个车身的返修喷涂，车身涂装生产的组织方式、涂装工艺和涂装车间设计可更灵活，涂装生产的能源消耗及资源消耗可大幅度降低，甚至可以实现车身涂装生产方式的化整为零，使整车厂不再需要车身涂装车间。模块化结构设计的普及应用，使涂装的生产方式呈现多样化。适应模块化生产的无损耗涂装工艺可能成为新选择，膜技术会更多地被应用，将来整体的车身涂装（中涂和面漆）工艺可能会被其他工艺取代。

7.2.2.2 新能源汽车底盘件的防腐涂料

因新能源汽车车身涉及多材料，其电极电位存在差异。铝的电极电位比钢更低，碳纤维复合材料本身是电的良导体，因此多材料连接时可发生较严重的电化学腐蚀。多材料应用对新能源汽车的防腐涂装材料提出了更高要求。

（1）锌片底漆

美国PPG公司开发了一种可使用多种工艺施工，采用无机黏结技术的锌片底漆，涂膜薄 $8 \sim 12 \mu m$，电泳附着力良好。钢结构件涂覆 $8 \mu m$ 厚的磷化-锌片底漆，再经过阴极电泳，涂层耐盐雾可达2000h以上。紧固件及形状复杂的散装、组焊、带锐边车底部件等采用上述工艺涂装的防腐效果更显著。经相当于10年的循环腐蚀试验后，与传统阴极电泳耐腐蚀效果一致。

（2）新型聚脲涂料

聚脲涂料采用一次性涂覆工艺，不管有多大面积都不存在连接缝，而且还是一种无尘材料涂料，具有附着力强、耐摩擦、硬度高等特点。根据新能源汽车的底盘件的材料、结构及性能的需求，以下情形之一可以考虑使用新型聚脲涂料。

① 既有耐候性又有防腐蚀要求的汽车底盘件或底盘骨架，建议采用以下技术方案：首先零部件采用通用的环氧电泳漆进行电泳涂装，保证涂层的耐腐蚀性能优异；然后在其表面整体喷漆，喷涂低温型底面合一涂料，以提高涂层的耐候性能。底面合一聚脲涂料，低温烘烤（$45 \sim 60 ℃$，$20 \sim 30 min$），不影响后续的装配工序；涂层具有一定的耐腐蚀性能、优异的耐候性能；与电泳涂层、粉末涂层及其他底涂层配套性良好，可以满足生产线要求。

② 针对电泳涂层表面有磕碰伤、打磨露金属的零部件，需要一种电泳修补漆。目前应用的双组分溶剂型修补漆是环氧涂料，耐腐蚀性能差、施工固体分低、不环保、成本高。新型聚脲涂料可低温烘干、耐腐蚀性能优异，与电泳涂层、面漆配套性良好。

7.2.2.3 外覆盖件的涂装替代技术

（1）膜技术

众所周知，各种贴膜、装饰条、水转印装饰膜、注射成型透明涂层等涂装和装饰电镀替代技术早已在汽车内、外装饰件上获得应用。戴姆勒奔驰公司10多年前就在smart轿车上应用了敷膜塑料表面件。为满足汽车用户的个性化需求,施工作业容易且灵活的膜技术在整车生产中的应用比例会越来越高,相关的研发和改善在欧美比较活跃。具有涂装外观、金属外观和其他图案的装饰贴膜,性能越来越好,可采用粘贴、模压、热成型、滚型和注射成型等多种工艺施工。采用膜技术,塑料外表面不再需要涂装。

(2) 多色涂装转移涂层工艺

多色车身涂装普遍采用手工"上遮蔽—喷涂—烘干—去遮蔽"工艺,突出缺点是工序多、能耗高、效率低。德国奥迪公司开发应用了多色涂装转移涂层工艺,不用遮蔽,不需线上喷漆,一次通过面漆线实现多色涂装。该工艺的关键是可转移涂层制造和转移施工,可转移涂层的生产工艺如图7-18所示,将基色漆涂到转移膜上,烘干后,在使用前进行绘制(切割)和无用涂层分离。在车身装车间,第一种基色涂层中间预干燥后,采用一个辅助装置将可转移涂层定位于车身指定位置,去除转移膜,最后喷涂清漆、烘干。应用转移涂层工艺既节省了第二次过线涂漆和烘干,又可以满足更多的颜色及样式选择需求。采用转移涂层工艺前后,车身涂装工艺的变化如图7-19所示。

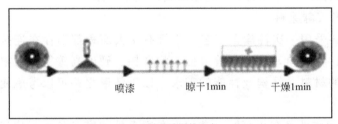

(a) 转移涂层的生产

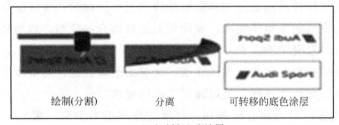

(b) 切割和分离涂层

图7-18 可转移涂层的生产工艺

(3) 免喷涂塑料

免喷涂塑料较原来着色塑料外观优良,光泽高。从环保、经济性角度考虑具有很大的发展空间。减少喷漆环节,可以避免涂装及喷漆过程产生VOC。1999年的SAE(美国汽车工程学会)的国际会议报道了无须涂装着色的PFM薄膜模

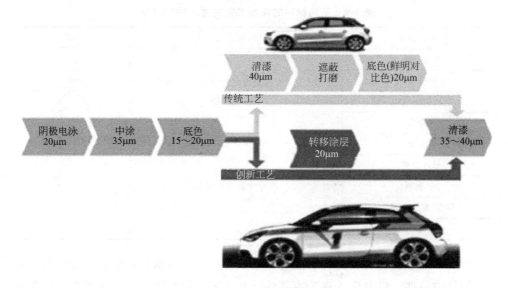

图 7-19　车身涂装工艺的变化

型工艺（paintless film molding）。PMMA/ASA/ABS 三层板用于车身板，PFM 工艺成型，称为薄膜成型法，无须涂装着色。它的构成最外层是既硬又薄的 PMMA 层，耐擦伤性好、有光泽，如涂装工艺的显镜像的清漆层；第二层是薄的 ASA 树脂层，给予着色和抵抗紫外线性能，具有涂装工艺的底色层的功能；第三层是下层，具有耐冲击性和刚度的 ABS 树脂层。目前，代替金属漆的免喷涂材料也越来越多，金属色效果层出不穷。金属色免喷涂材料包含 PP、ABS、PC/ABS、PMMA、PA、PC 等材料，均可以实现各种不同的金属色效果。相信未来随着免喷涂塑料技术的突破，完全可以替代涂装。

7.2.2.4　复合材料涂装的新技术

新能源汽车用复合材料的涂装生产效率低、产品一致性差，将无法满足规模化生产的要求。以下为复合材料涂装的新技术。

（1）复合材料专用低温固化底漆工艺

由于复合材料的多孔性，经常有气爆孔问题，在涂装过程中容易发生微裂痕，要达到 A 级车的质量，底漆上要做大的改善。复合材料对温度变化的敏感性极高，对温度变化的容忍度很有限，冷热循环会造成表面的变化，导致其涂装后出现外观装饰性的问题。所以，对于碳纤维环氧复合材料、玻璃纤维复合材料和芳纶材料等新型轻量化材料，采用现有的涂装体系和涂装条件是有明显风险的。表 7-9 列出了不同材料的涂装工艺的适应性和风险。复合材料表面的涂装需考虑材料本身的特点，特别是复合材料组成的变化，开发出分别适合每一种材料的涂料、施工条件和施工方法。

表 7-9　不同材料的涂装工艺的适应性和风险

材料的材质	涂装工艺	风险
芳纶纤维	采用现有的涂装工艺有风险	高 ↑
生物基塑料		
玻璃纤维		
镁合金		
铝合金	现有涂装工艺成熟	↓ 低
ABS 塑料		
PP 塑料		
SMC 复合塑料		
低碳钢		

另外，由于复合材料自身的微孔型表面特点，其与钢材接触部分会发生金属腐蚀的导电特性，以及作为汽车零部件，其涂装的耐久性、装饰性等方面的要求较高，这些都促进了复合材料的底漆的开发。例如，根据车型开发需要，碳纤维复合材料的底漆可以是透明的，也可以是带颜色、不透明的。其典型涂装工艺是：双组分底漆—不饱和弹性透明腻子—双组分中涂底漆—双组分底色漆（可选）—双组分聚氨酯清漆。碳纤维复合材料的专用低温固化底漆在施工性能方面，需满足填充性、打磨性良好；涂层性能方面，需满足附着力、抗石击、耐腐蚀性、耐水性、耐温变性及抗化学试剂性良好。

（2）塑料件用低温固化超细粉末涂料

粉末涂料作为一种零 VOC 排放的环保产品，已广泛应用于车轮、车罩、装饰性饰件、保险杠、轮毂罩、门把手、卡车底座、散热器、过滤器和发动机的大量零部件上。新能源汽车用塑料件的耐热性差，只能使用低温固化粉末涂料或其他固化方式的粉末涂料。目前市场上的低温固化粉末涂料在挤出过程中易发生预固化，保存时间短，冷藏运输和贮存费用高，形成的涂膜有橘纹和雾影加重之类的缺陷。这些低温固化粉末涂料很难满足汽车行业高标准的外观要求，大多仅用于低光泽饰面和哑光饰面，而无法应用在高光泽饰面上。最近加拿大西安大略大学颗粒技术研究中心利用纳米助剂技术，开发出一种新型节能的低温固化超细粉末涂料，已经解决了这一难题[13]。测试数据表明，在 120℃、15min 条件下固化的涂料，在 30% 玻璃纤维增强聚酰胺塑料底材上具有优异的涂膜性能。同时，这种新型节能超细粉末涂料的贮存时间和流动性能均明显提高，粉末固化所消耗的能量节省了 50%，涂膜光泽和鲜映性基本保持不变，而且几乎没有雾影和橘皮。该涂料同时具有优越的涂装适用性和贮存稳定性。

今后，低温固化超细粉末涂料可用于片状模压料（SMC）和聚苯醚/聚酰胺

(PPE/PA)等制成的复合材料或塑料件,以及热敏性塑料件的喷涂。

7.2.2.5 适合新能源汽车的新型前处理技术

(1) 干冰清洗技术

在保险杠涂装线中,干冰清洗技术可取代传统工艺中的前处理、吹水、水分烘干、强冷等工艺。目前国内外多个保险杠线,如宝马、延锋彼欧等都成功地应用了该技术。干冰清洗技术相对于水洗前处理而言,占地面积小、能耗低、节约运行成本,运行费用仅为传统水洗前处理工艺的40%左右[14];清洗效果好,对于油渍、手指印、注塑时残留的污渍都有清洗作用。干冰清洗是通过高速的干冰颗粒喷射到工件表面,使污染物快速冷却变脆易被去除,此时干冰体积瞬间膨胀600~800倍使污染物冲击破碎,从而将工件冲洗干净。干冰清洗的原理如图7-20所示。但干冰清洗技术是依靠自身的低温、膨胀和冲击,无法处理到汽车内腔区域,尤其是较为复杂的工件,其清洗效果并不理想[15]。

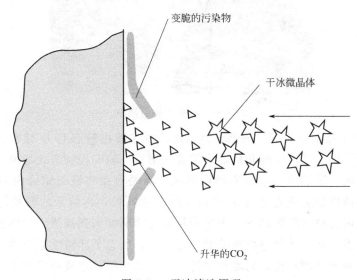

图 7-20 干冰清洗原理

目前,干冰清洗系统主要包括两大类:液态干冰雪花清洗系统以及固态干冰清洗系统。

① 液态干冰雪花清洗系统 液态干冰雪花清洗系统主要由液态CO_2罐、增压系统、干冰清洗控制柜、清洗喷嘴和机器人组成。液体CO_2(2MPa,-20℃)通过增压系统至5.5MPa,15℃输送到液态CO_2雪花清洗控制柜中,再经过特殊喷嘴以50~300m/s的速度喷射出来,此时液态CO_2会冷凝成雪花状的干冰微晶体(粒径为10~200μm),当干冰微晶体被压缩空气带到被清洗外饰件表面时,会产生微爆炸从而起到清洗效果。喷嘴一般固定在工业机器人上以实现自动化清洗。液态干冰雪花清洗系统从储罐到喷嘴的整个过程都是液态输

送，只是在喷射到工件表面时形成雪花状态的干冰微晶体，因此整个系统运行灵活、喷射均匀流畅。系统可根据生产节拍启停喷嘴，当没有感应到工件通过时，可以停止喷射，节约间歇过程的 CO_2 消耗。由于液态干冰雪花清洗系统喷射出来的干冰微晶体粒径只有 $10\sim 200\mu m$，所以不会对工件造成损伤，只是把工件表面污渍清洗干净。液态干冰清洗室如图 7-21 所示。

图 7-21　液态干冰清洗室

② 固态干冰清洗系统　固态干冰清洗系统主要由液态 CO_2 储罐、干冰制造机、干冰清洗机、清洗喷嘴和机器人组成。槽液运输和控制方式与液态干冰雪花清洗系统相同，区别在于它没有增压系统，而是直接将液态储罐内的液态 CO_2 通过干冰制造机制造成直径为 $1\sim 3mm$ 的干冰颗粒，再将干冰颗粒送入干冰清洗机内。在压缩空气的驱动下，干冰颗粒通过喷嘴冲击到被清洗物体表面，从而起到清洗效果。从干冰制造机到喷嘴的过程中，固态干冰清洗系统输送的是干冰颗粒。细小的干冰颗粒长时间堆积在管路中容易黏结，造成喷射时干冰吐出不连续的问题，但可以通过连续生产和研磨干冰粒径的方法得到改善。固态干冰清洗的清洗能力强，还可应用于冶具和模具清洗。固态干冰清洗室如图 7-22 所示。

干冰清洗技术在环保、设备投入及运行费用等方面具有明显优势，因此，从传统保险杠涂装线逐步推广到汽车外饰小件（门把手、门槛、装饰板、扰流板）涂装线及车身塑料开闭件（四门、两盖）等涂装线。随着车身轻量化的快速发展，该技术的实际应用范围将会更加广泛。

(2) 新型薄膜前处理技术

在环保需求及轻量化的推动下，新型薄膜前处理材料及工艺将会成为汽车车身涂装前处理的发展趋势。薄膜前处理工艺特点是：无磷、锌、镍、锰、铬等重金属排放；无须加热（室温），几乎无残渣；在所有底材上快速反应，与传

图 7-22　固态干冰清洗室

统磷化相比[16]，占地面积小、无表调或钝化；对冷轧板、镀锌板或铝板等多种底材共线生产具有很好的适应性，特别适合铝件的表面处理[17]，同时兼容铁板和镀锌板；建槽及管理容易；闭环操作的可能性大；与传统涂装前处理可直接替换。

(3) 镁合金涂装前处理技术

镁合金材料作为"新世纪的绿色工程材料"，已经在部分航空航天及少部分汽车零部件上得到运用。镁合金中约90%的成分是单质镁，镁的化学稳定性低，电极电位较低（$E_0=-2.37V$），比铁低约2V，比铝低约0.7V，镁及其合金在大多数介质中都不稳定，不耐蚀，这在很大程度上限制了它的应用，在防腐处理上面临着巨大的挑战。良好的涂装可提高镁合金的耐腐蚀性、耐摩擦磨损性能及装饰性能。由于镁合金比较活泼，涂装前处理技术存在难点，传统的磷化液的pH值在3～4之间，镁合金表面阳极溶解使阴极区产生的氢气过多，阻碍磷化结晶的形成与沉积，使磷化过慢，成膜困难，膜层粗糙、疏松且不连续，甚至造成镁合金基体溶解，磷化膜的溶解速度大于成膜速度，成膜反应无法进行。科技工作者开发了新型的可满足汽车要求的前处理技术，将用于汽车生产。

牛丽媛等研发了镁合金表面的锌系复合磷化工艺，膜层的成分是 $Zn_3(PO_4)_2 \cdot 4H_2O$、$AlPO_4$、$Mg_3(PO_4)_2$、$MgZn_2(PO_4)_2$ 以及 20～30nm 的单质锌微粒等[18]。镁合金的锌系复合磷化机理是化学-电化学联合机理，其中电化学反应占主导地位。在复合磷化膜的形成过程中，镁合金表面相邻的微观区域构成了电化学反应的微阳极区和微阴极区，微阳极的溶解和氢气的析出导致金属与溶液界面的酸度降低，使镁合金表面可溶的磷酸二氢盐向不溶的正磷酸盐转化，并沉积在镁合金上形成磷化膜。溶液中带有极性分子的添加剂在镁合金表面发生化学吸附反应，抑制了镁的溶解，使镁合金表面的活性中心增加，对晶核的生成起到了辅助作用。晶核在镁合金的 α 相和 β 相上同时形成，锌微粒与四水磷酸锌相互抑制，使它们的结晶变得细致，膜层完整无裂纹。镁合金复合磷化膜提高了耐蚀性，抑制了腐蚀。试验表明，采用钝化液封闭进行后处理，可去除吸附于膜层中的水溶性物质，溶解膜层表面的疏松层，降低膜层孔隙率，从而提高镁合金的耐腐蚀性能。

李光玉的研究表明，镁合金锌系复合磷化膜经钝化后再涂覆有机涂层，其膜层具有微观多孔结构，可使有机涂层嵌入其中[19]。采用锌系磷化技术作为涂装前处理技术可以确保镁合金和有机涂层之间具有良好的结合力。研究表明，有机涂层的性能与磷化膜中磷锌矿的结晶取向、耐蚀性和润湿性有关，复合磷化膜越致密，耐蚀性、耐酸碱腐蚀性和润湿性越好，则有机涂层的结合力和耐蚀性等性能就越好。李光玉还提出了适合镁合金的有机涂层工艺，以及"钼酸盐复合磷化膜＋电泳漆＋面涂"和"钼酸盐复合磷化膜＋粉末喷涂"的涂层体系。

7.2.2.6 多材料涂装的低温烘烤阴极电泳漆

所谓的高温电泳指的是烘干温度在 170～180℃ 条件下固化涂料的电泳。目前汽车行业常用的电泳涂料的烘干温度为 155～165℃/20min。而低温烘烤阴极电泳漆是指烘干温度在 135～145℃ 的电泳涂料。最新的研究表明，阴极电泳漆的最低烘干条件可以实现 130℃/20min 的固化。

作为底漆用阴极电泳涂料，其主体树脂基本都是双酚 A 型环氧树脂，因此在主体树脂结构上基本都是相同的，但不同厂家因分子量和主树脂上附加的功能团的不同，可能会造成其主体树脂上羟基的活性受到一定程度的影响，最终使固化温度有所不同。电泳烘干温度从高温到低温转变，主要还是从减少能源消耗的角度考虑，对汽车制造厂来说，也更利于产品成本的降低。如图 7-23 所示，如采用低温烘干阴极电泳涂料可缩短 30％ 的烘干时间。

低温烘烤阴极电泳涂料非常适用于一些必须低温烘干的工件，如不耐高温的线圈、大巴蒙皮（高温烘干易导致车身钣金形变）及带有橡胶的部件，也适合一些铸铁件、车架等厚板件。对于这些厚板件来讲，升温较为缓慢，如采用低温烘烤电泳涂料，可有效减少升温时间，降低电泳烘干成本。

对于新能源车身而言，是否采用低温烘烤阴极电泳涂料，不仅取决于低温电泳涂料技术发展的成熟度，还要考虑车身材料及制造工艺。如车身采用铝合金板材及结构胶连接技术等，则必须考虑可同时满足铝合金板材的时效硬化要求及结构胶的固化需求。当白车身包含较多的轻量化材料时，需要关注电泳烘干温度是否满足这些轻量化材料的烘干要求。比如，温度过高可能会导致部分塑料件变形，而温度过低则会引起铝合金板材的硬化不足。图 7-24 为轻量化车身常用板材的烘干条件。

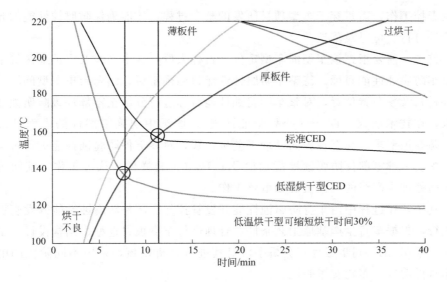

图 7-23 两种阴极电泳涂料的烘干窗口及工件升温曲线

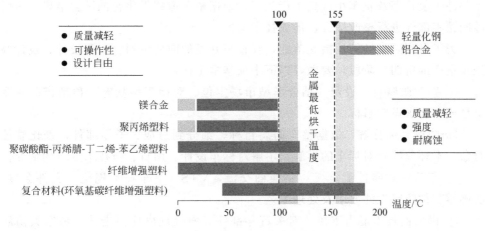

图 7-24 不同车身材料要求的烘干温度

7.3
新能源汽车涂装的管控及防腐蚀验证

本节对新能源汽车的防腐蚀管控流程及要点、对标车及整车拆解分析方法、整车及零部件防腐蚀试验验证等进行了分析。

7.3.1 新能源汽车防腐蚀工作流程及要点

新能源汽车防腐蚀工作是整车开发时的重要工作之一。整车防腐蚀性能的开发及管控工作，需贯穿于车型项目研发的整个过程，才能确保防腐蚀性能的开发及管控可行、可靠及落地。

首先，需要根据该车型的车型定位、目标人群、成本底线及主销地区等来定义整车防腐蚀性能目标。待整车防腐蚀性能目标确定后，结合历史车型问题、零部件材料及预布置位置，对整车防腐蚀性能目标进行分解至零部件级防腐蚀性能要求，在技术协议、DVP（产品验证计划）、图纸中明确零部件的表面处理工艺、防腐蚀要求，甚至在表面处理工艺生产线，对零部件防腐蚀性能进行过程管控，落实关键零部件防腐蚀性能抽检及OTS（工装样件）认可工作，其间可穿插表面处理生产线的工艺及现场审核工作。

其次，在过程中白车身防腐蚀性能开发管控与零部件防腐蚀性能开发管控同步进行，根据车身生产基地工艺条件，合理进行车身板材选型、结构设计、工艺设计，采用SE（同步工程）分析手段对其进行分析校核，采用不同阶段的电泳白车身拆解进行多轮实车验证。

最后，开展整车道路强化腐蚀试验验证。整车道路强化腐蚀试验样车需体现零部件工装状态及整车小批量生产状态，根据整车道路强化腐蚀试验结果，对腐蚀问题零部件进行整改提升，形成技术文件。

为了做到防腐蚀管控措施落地，在整车开发的前期策划、工程设计、设计验证及量产准备四大阶段，要做好以下十项基本工作：

① 整车防腐目标设定　结合车型市场定位、对标车型状态、预销售群体及车型成本要求设定目标。

② 防腐目标分解　依据整车防腐目标，细分到总成、子零部件，细化管控对象。本环节涉及对标车的拆解，了解对标车设计、用材、新技术的应用情况。

③ 零部件防腐性能定义　供应商交流，VTS（整车技术规范）文件会签，明确零部件防腐性能要求及处理工艺。

④ 供应商技术能力审核　对关键零部件表面处理供应商走访，考察其防腐技术能力。

⑤ 专用件管控　对所有涉及防腐要求的零部件技术文件进行会签。

⑥ 沿用件管控　对沿用其他在产车型的关键零部件进行抽查验证。

⑦ 零部件验证　根据验证计划，对新开发的零部件防腐性能进行检测验证，问题零部件整改落实。

⑧ 车身工艺验证　对车身连接结构、涂胶布置提出防腐要求，电泳车身拆解，验证车身防腐状态。

⑨ 整车试验验证　整车强化腐蚀试验验证、整车拆解，试验过程问题件整改落实。

⑩ 试验后拆解分析　整车拆解跟踪，拆解问题件分析汇总及问题整改落实。

为了做到防腐蚀管控措施落地,日常整车防腐性能管控要按四级管控要点实施:

① 原材料防腐性能的管控要点　材料标准是材料性能管控的基本依据,按原材料技术认可管控流程,对整车及零部件的原材料性能(包括试验室模拟工艺验证)进行有效验证。

根据生产线实际状态,对拟采用的原材料进行评估,对设备、工艺匹配情况进行工艺验证,保证原材料与生产工艺匹配达到预期要求。

对已投产使用的原材料(包括生产槽液)定期进行监控检测,确保材料及工艺的稳定性和一致性。

② 零部件防腐性能管控要点　根据整车防腐目标定义,零部件防腐性能管控工作与车型项目、零部件设计同步开展,确定其防腐要求,对供应商能力考察,将防腐要求落实到VTS、技术协议。

根据零部件开发要求,形成专用件管控清单和沿用件管控清单。正向管控专用件的同时,摸清沿用件防腐性能状态,确保所有零部件防腐性能目标达成。

形成防腐性能关重件清单,对影响整车外观质量、安全性能的关重零部件进行重点管控,杜绝腐蚀带来的整车外观质量和安全隐患。

零部件防腐管控要紧密结合零部件开发,主导或配合产品开发完成防腐定义、数据校核(VTS、图纸、DVP等)、性能摸底、OTS认可、整车强化腐蚀验证等各阶段的防腐性能管控工作。

③ 整车防腐性能管控要点　零部件状态确认、整车装配过程跟踪记录,便于试验问题件腐蚀真因查找及解决应对,也用于新材料、新工艺的验证。

试验前样车预处理跟踪,试验过程阶段性评价跟踪,试验过程腐蚀问题确认、整改、落实。

试验后整车拆解方案确定,拆解过程需全程跟踪,拆解腐蚀问题要沟通确认、查明原因,问题整改要落实。

④ 生产中防腐质量一致性管控　确定汽车防腐蚀关重零部件清单并定期抽检其内在质量;对不合格的零部件供应商,进行考核;对生产线生产工艺进行不定期检查,不符合项限期整改;建立腐蚀试验室及防腐性能管控团队。

7.3.2　整车腐蚀试验的车辆拆解与评价分析

对对标车及整车涂膜外观、涂胶、阻尼板铺设、注蜡及车身结构等进行评价、分析,以提升新车型涂装质量,并为新车型开发提供参考依据。车型量产后,需拆解评估电泳后车身的涂膜厚度与质量、焊装密封和涂装密封状态等,并监控关键工艺参数的一致性和稳定性,确保车型腐蚀防护性能的稳定可靠。

对标车及整车的拆解分析具体工作内容有:涂层厚度测试、涂层光泽测试、涂胶质量检查、防锈防噪质量检查、车身结构分析、改善方案及方案验证。

做好售后车型的回购及整车防腐蚀状况调查及拆解分析，可持续提升新能源汽车的内在质量及整车感官质量。售后车型回购拆解目的是选择不同使用年限或在不同地域行驶的二手车，通过对其各个总成及零部件的拆解，通过观察白车身的内腔及焊接部位的腐蚀情况，实际暴露出使用车辆的腐蚀问题，进而找出整车生产过程的薄弱环节、梳理汽车零部件腐蚀问题管控清单，反馈到汽车生产环节进行整改，最终最大化地保证消费者权益。同时，也可研究整车实际腐蚀与道路强化腐蚀试验的相关性。

拆解分析工作分以下四个阶段。

① 拆解准备：做车辆功能项检查并记录所有功能项问题。做整车外观静态评价，包括外覆盖件漆膜厚度、外覆盖件划痕扩蚀宽度值、所有零件腐蚀状态，并对腐蚀等级进行评价和拍照，最后形成《静态评估报告》。

② 总成拆解：做车辆静态检查。做车辆外观检查，包括开闭件、内饰、前后保、座椅、天窗、中央通道、前模块、后备厢内饰、前后桥、油箱、排气管、动力总成、IP、电子电器、线束及地毯等部件的外观检查。

③ 白车身拆解：对白车身进行部件编号和涂胶处理。将开闭件打散，涂装件测量膜厚和光泽等外观数据。对车身切割，对侧围钻孔，拆卸翼子板、前后防撞梁及门铰链等。侧围、水箱支架、前挡流水槽等钻孔。最后，将车顶板及横梁拆除；轮罩、衣帽架及前围拆除；地板横梁＋纵梁拆除。

④ 分析与报告：编写整车拆解报告，包含车辆及零部件腐蚀等级的评价。完成重点部件腐蚀金相及腐蚀形态判定、《白车身膜厚测试报告》及《涂装件质量报告》等。

拆解工作的详细工作内容如下。

① 车身开闭件及外饰拆解：拆除四门两盖，门/盖上面的附件需全部拆卸下来，分别考察门/盖内腔、边角等未拆除前观察不到位置的锈蚀情况，以及铰链、限位器、玻璃升降器、玻璃导槽、门锁等所有附件锈蚀情况。拆解后的零件需测量漆膜厚度、评价腐蚀状态并拍照记录。

② 内饰及附件拆解：拆除驾驶舱内饰板、仪表板、副仪表板、座椅、地毯、安全带、线束等所有部件，让白车身全部暴露出来。评价车内部件如座椅支架、仪表板支架等所有涉及腐蚀的部件腐蚀状态并拍照记录。

③ 发动机舱拆解：拆除发动机、蓄电池、空调管路、制动助力器、散热器、前后保险杠、雨刮器、前后风挡玻璃、翼子板等所有零部件，完全暴露出白车身，评价发动机舱内所有涉及腐蚀的零部件的腐蚀状态并拍照记录。

④ 底盘拆解：拆除车轮、前后悬架、燃油箱、碳罐、制动管路、燃油管路、排气管等车身底盘零部件，评价悬架、制动管路、转向管路、燃油箱固定带、各

种支架、制动拉索等所有涉及腐蚀的零部件的腐蚀状态并拍照记录，评估当前腐蚀状态对功能性影响的风险。

⑤ 车身拆解：车身拆解一半，所有结构位置需拆解，去除车身上所有焊点，将车身拆解至无法继续进行结构拆分的钣金零件级别。拆解时应采用对焊缝和漆膜无损伤且能够保留原焊缝和钣金零件结构及形状的拆解方法。所有拆解后的钣金零件，测量正反面电泳漆膜厚度，评价内腔和搭接面的锈蚀状态，记录涂胶区域并测量干膜厚度，以上所有评价内容均需拍照记录。零部件的照片要体现出零部件在车身上所处的位置和状态。针对腐蚀严重零部件，需要在记录中体现其配套安装件的零件材料信息和腐蚀状态信息。

⑥ 紧固件拆解：拆解前，考察其可见性，查看各紧固件的锈蚀情况，判断是否可拆卸。如锈蚀严重并已失去螺纹，应尽量采取最小破坏的方法，移除该紧固件。拆解中，考察功能性、维修性。观察拆解后是否出现断裂或变形。

⑦ 记录：车辆上焊接密封胶，空腔涂蜡，防石击 PVC 胶的走向及长度面积。需要有单独的文件记录上述信息。针对腐蚀严重区域、可能影响功能的部件进行金相测试，查看腐蚀状态，并评估腐蚀类型。

⑧ 综合评价分析：对拆解后的整车和零部件，针对腐蚀问题进行综合描述，并就这些问题给出可能的原因分析和相应的改善建议。

7.3.3 新能源汽车防腐蚀试验验证

传统汽车常见的腐蚀部位及典型零件见表 7-10。新能源汽车对整车轻量化的需求，导致多材料应用和多材料连接，导致新能源汽车最常见的涂层腐蚀类型有：化学腐蚀、电化学腐蚀、应力腐蚀、氢脆和穴蚀。其中，最主要的腐蚀失效是化学腐蚀及电化学腐蚀。

表 7-10　传统汽车常见的腐蚀部位及典型零件

常见腐蚀部位	典型零件
车身	行李厢盖、车门边缘等
底盘	车架、排气管、油管、制动管等
发动机系统	发电机、启动机、空调压缩机
车身外饰	镀铬格栅、车身饰条等
车身内饰	车身镀铬装饰件、座椅骨架等
紧固件	螺栓、螺柱、各种管夹等

对于新能源汽车及零部件防腐蚀质量的评定，第一步离不开涂装施工现场的评定，这也是保证涂层质量的关键。除了需要目测判断表面状态外，还要借助一系列的方法、规范和仪器来评定湿膜厚度、涂层的干膜厚度、干燥程度、附着

力、内聚力、外观等。

传统评价汽车及零部件防腐蚀质量的盐雾试验,是一种利用盐雾试验设备所创造的人工模拟盐雾环境条件来考核产品或金属材料耐腐蚀性能的环境试验。盐雾试验的目的是考核产品或金属材料的耐盐雾腐蚀质量。通常分为中性盐雾（NSS）试验、醋酸盐雾（ASS）试验、铜加速醋酸盐雾（CASS）试验、循环盐雾试验、循环腐蚀试验等几大类。

（1）中性盐雾（NSS）试验

中性盐雾（NSS）试验是将样品暴露于盐雾箱中,利用喷雾装置将质量分数为5%左右的氯化钠溶液转变成盐雾,进行自由沉降,使盐雾能均匀地落在试样表面,并通过维持盐液膜的经常性更新,使金属表面加速腐蚀。试验适用于金属及其合金表面的金属或有机覆盖层,阳极氧化膜和转化膜等。

（2）醋酸盐雾（ASS）试验

醋酸盐雾（ASS）试验是在中性盐雾试验中加入醋酸,加速腐蚀过程。

（3）铜加速醋酸盐雾（CASS）试验

铜加速醋酸盐雾（CASS）试验是在中性盐雾试验中加入醋酸甚至还有氯化铜,加速腐蚀过程。

（4）循环盐雾试验

循环盐雾试验是一种综合的盐雾试验,它通过中性盐雾试验加恒定湿热条件,通过潮湿环境的渗透,使盐雾腐蚀不但发生在表面,也发生在产品内部。循环盐雾试验更能检验样品的真实腐蚀状态,也是盐雾试验中最为严格的一种,主要用于结构复杂和腐蚀严重的零部件,如排气管、车架、油管、雨刮臂等。

循环盐雾试验按照 GB/T 24195—2009《金属和合金的腐蚀酸性盐雾、"干燥"和"湿润"条件下的循环加速腐蚀试验》进行试验,是比传统的盐雾试验更真实的盐雾喷淋测试。试验一般进行多个循环过程,模拟实际环境中的湿热、干热等极端气候情况,特别是在水分蒸发、盐沉积的试验阶段,干燥的样品表面上盐溶液浓度较高,会导致覆盖层表面腐蚀速率加快。除此之外,样品由湿变干的过程中由于其表面与氧气接触充分,也直接加速了腐蚀反应。

（5）循环腐蚀试验

循环腐蚀试验可以理解为盐雾试验、干热试验、湿热试验和低温试验等试验方法的循环组合试验,是近年来应用逐渐广泛的一种试验方法,较之传统盐雾试验,其与真实环境有着更好的相关性,尤其适合铝镁合金材料防腐蚀的验证。目前,国内汽车行业通常采用的循环腐蚀试验方法是 T/CSAE71—2018《汽车零部件及材料循环腐蚀试验方法》和以德国大众公司、美国通用公司、美国克莱斯勒公司及日产公司为代表的企业标准。简单介绍如下。

T/CSAE71—2018《汽车零部件及材料循环腐蚀试验方法》是由中国汽车工

程学会汽车防腐蚀老化分会提出的汽车行业团体标准，是汽车零部件及材料的循环腐蚀试验方法。适用于各类汽车零部件及其材料，包括金属、金属覆盖层、涂层、镀层及其他转化膜层等防腐蚀的质量控制、性能验证、工艺验证及产品结构设计验证等。试验方法称为CATCH方法，试验过程对样件持续进行盐雾喷洒、温湿度的交替变换，每一个循环为24h，CATCH方法的试验条件见图7-25。

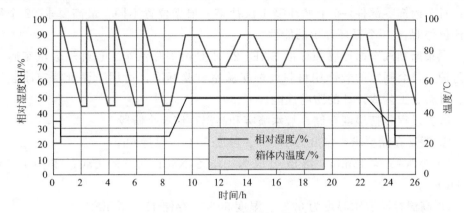

图7-25 CATCH方法的试验条件

PV 1210是德国大众汽车公司的车身与附件循环盐雾腐蚀标准，是应用最为广泛的循环腐蚀试验标准。这个标准适用于有涂层的车身、车身薄板、结构组件等试验样品的腐蚀检测。试验分为喷洒盐雾、标准气候保存、湿热存放3个阶段。

① 喷洒盐雾按照ISO 9227标准，NaCl质量浓度为（50±5）g/L，喷洒时间4h；

② 标准气候保存按照ISO 554标准，保持4h；

③ 湿热存放按照ISO 6270标准，（40±3）℃、湿度100%下存放16h；

④ 5个循环（即5个工作日）以后，在标准气候保存2天再继续进行。

试验可以进行5、15、30、60或90个循环，然后评估样件的腐蚀，包括腐蚀种类（覆层或材料腐蚀）、腐蚀形式（平面腐蚀或边缘腐蚀）以及腐蚀的进展情况（附着力下降情况、是否有气泡产生）。

GMW 14872是美国通用汽车公司的循环腐蚀实验室试验标准，适用于汽车金属零部件，试验过程包括盐水喷雾、常温存储、湿度存储、干燥存储等多个阶段。

① 在盐水喷雾阶段，溶液组成为0.9% NaCl、0.1% $CaCl_2$、0.075% $NaHCO_3$；

② 在常温存储阶段，温度（25±3）℃，湿度45%±10%，持续8h；

③ 在湿度存储阶段，温度（49±2）℃，湿度100%，持续8h；

④ 在干燥存储阶段，温度（60±2）℃，湿度≤30%，持续 8h。

对于车底零部件，每个循环喷盐雾 4 次，最高要求 6 个循环评价外观，95 个循环评价功能性；对于发动机舱零部件，根据位置不同，每个循环喷盐雾 4 次或者每个循环喷 1 次，最高要求 9 个循环评价外观，71 个循环评价功能性；对于外饰零部件，每个循环喷盐雾 4 次，26 个循环评价外观，72 个循环评价功能性；对于内饰零部件，5 个循环喷 1 次盐雾，根据位置不同，最高要求 22 个循环评价外观，59 个循环评价功能性。

克莱斯勒汽车循环腐蚀标准 SAEJ 2334 是由国际汽车工程师学会汽车腐蚀与防护委员会制定的装饰用材料腐蚀实验室试验标准，适用于评价特定涂装体系、材料、工艺或设计的防腐性能。

试验过程包括湿度存储、盐水喷雾和高温存储 3 个阶段。

① 湿度存储要求：湿度为 100%、温度 50℃，保持 6h；

② 盐水喷雾 15min，溶液组成为 0.5% NaCl、0.1% $CaCl_2$ 和 0.075% $NaHCO_3$；

③ 高温存储要求温度为 60℃、湿度 50%，存储 17h 45min。

对于关注表面腐蚀的零件，要求最少进行 60 个循环；对于测试后验证功能性的零件，则要根据零件不同进行更长周期的测试。

我国汽车行业标准 QCT 732—2005《乘用车强化腐蚀试验方法》是通过在典型气候试验站的接近用户实际使用的整车道路强化腐蚀试验，暴露整车腐蚀问题，主要发现整车在一定行驶里程或时间里，出现的表观腐蚀程度、腐蚀问题出现时间、问题部位及属性，为材料选用、产品结构设计改进、防腐蚀工艺改进提供依据。国内整车强化道路腐蚀试验场：海南试验场、盐城试验场等。

各汽车厂商的整车强化腐蚀试验和评价方法略有差异，但该试验通常包含三个部分：强化腐蚀道路试验、盐雾试验以及温湿度环境模拟试验。通常以循环或周为腐蚀试验计数单位，通常的整车强化腐蚀试验根据各汽车厂商要求，做 60~120 个循环不等，代表整车正常使用 6~12 年质保年限。

QCT 732—2005《乘用车强化腐蚀试验方法》是 8 个基本工况组成一个试验循环，见图 7-26。

QCT 732—2005《乘用车强化腐蚀试验方法》的检测内容如下：

① 试验前样车的基本状况检测。

② 样车在道路试验中和试验后的腐蚀状况检测。首次检查包括样车各部位及零部件首次发生腐蚀的情况，评估腐蚀等级，拍照并记录。全面检查包括全面检查样车各部位及零部件的腐蚀的情况，评估腐蚀等级，拍照并记录。

③ 车身划线扩散量测量。

④ 样车拆解测量（局部或全部拆解，检查样车腐蚀情况），拆解示意图见 7-27。

图 7-26 《乘用车强化腐蚀试验方法》的 8 个基本工况

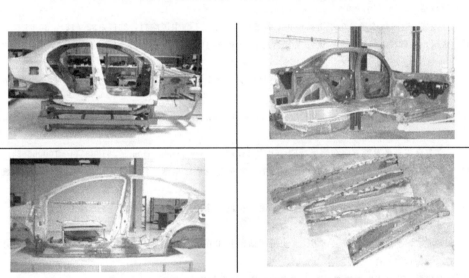

图 7-27 检查样车腐蚀情况的拆解示意图

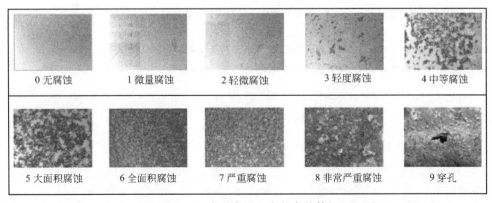

图 7-28 表观腐蚀程度的腐蚀等级

QCT 732—2005《乘用车强化腐蚀试验方法》在试验中和试验后的表观腐蚀程度的评价按图 7-28 的腐蚀等级。

参 考 文 献

[1] 吴涛. 汽车车身涂装工艺发展趋势前瞻 [J]. 汽车工艺与材料，2015 (10)：1-4，9.

[2] 左源，李琦，纪沙沙，等. 22MnB5 热成形钢铝硅镀层的制备工艺及抗氧化性能研究 [J]. 热加工工艺，2019 (08)：145-148.

[3] Hans-Joachim Streitberger, Karl-Friedrich Dossel. 汽车涂料与涂装 [M]. 张亮，徐红璘，涂装通平台，译. 北京：化学工艺出版社，2019：58-59.

[4] 邢汶平，吴吉霞. 汽车含铝车身的涂装前处理工艺 [J]. 电镀与涂饰，2017，36 (10)：528-533.

[5] 张国峰. 汽车铝合金板冲压成形工艺与预时效处理工艺研究 [J]. 南方农机，2017，48 (18)：58.

[6] 王纳新，廖大政，张馨月，等. 环氧基碳纤维复合材料车身外覆盖件涂装工艺的研究 [J]. 汽车工艺与材料，2015 (10)：5-9.

[7] 闫福成. 中国新能源汽车车用涂料和涂装技术的发展 [J]. 中国涂料，2017，32 (12)：30-34.

[8] 张凯，范敬辉，马艳，等. 碳纤维复合材料与金属的电偶腐蚀及防护 [J]. 电工材料，2008 (03)：20-23.

[9] 《中国航空材料手册》编辑委员会. 复合材料 胶黏剂：第 6 卷 [M]. 中国航空材料手册. 北京：中国标准出版社，2002.

[10] Doessel K. Impact of future Car Body Conception Materials and Paintshops. 4SURCAR 国际汽车涂装研讨会，2014.

[11] 汽车涂装未来发展方向在哪里 [EB/OL]. http：//www.sohu.com/a/251803544_100066524.

[12] 连建设，李光玉，牛丽媛. 镁合金表面的锌系磷化及阴极电泳 [J]. 江苏大学学报（自然科学版），2007 (01)：37-40.

[13] 张海萍，闫宝伟，杨帅，等. 超细粉末涂料在汽车涂装领域的应用研究 [J]. 涂料工业，2018，48 (10)：82-87.

[14] 锡洪鹏，李志良，曹繁云，等. 浅谈干冰清洗技术在汽车制造中的应用. 现代涂料与涂装，2017，48 (12)：50-51.

[15] 申建良. 干冰清洗在汽车外饰涂装中的应用. 汽车制造业.

[16] 王飞. 钢铝混合车身前处理磷化工艺应用 [J]. 涂料工业，2016，46 (7)：73-76.

[17] 史金重，刘立建，冯双生，等. 汽车用铝合金材料涂装性能研究 [J]. 涂料工业，2015，45 (5)：68-72.

[18] 牛丽媛. 镁合金锌系复合磷化成膜机理、微观结构及性能的研究 [D]. 长春：吉林大学，2006.

[19] 李光玉. 镁合金表面有机涂层和化学镀层的研究 [D]. 长春：吉林大学，2006.

第4篇

新能源汽车轻量化案例分析

【导读】 新能源车型在开发过程中都会根据自身的定位来确定其轻量化策略。本篇提供了四款典型新能源汽车的轻量化策略及方案分析案例。宝马 i3 采用革命性轻量化策略首次在量产车中采用全碳纤维乘员舱,开发了全新的碳纤维复合材料部件生产工艺;特斯拉 Model S 采用轻量化和技术成熟度兼顾的策略,使用在传统车技术成熟度较高的全铝车身,引领了新能源铝合金车型的发展;Model 3 作为平民化车型采用了轻量化和成本兼顾的策略,增加了高强度钢板和超高强热成型钢零部件的应用比例;氢燃料电池汽车的安全性尤为重要,丰田 Mirai 的轻量化的重点在储氢系统,重点保护储氢系统的安全性,车身轻量化设计较少。

第8章 典型新能源车型的轻量化技术分析

8.1 宝马i3

作为宝马旗下全球发布的第一款量产纯电动车，宝马i3是一款从概念车阶段就进行全新设计和制造的电动车，该车在2014年被《时代》周刊评为2014年25项年度最佳发明之一，称其为"令电动车变得动人的汽车"。

作为宝马i品牌下的首款新能源车型，宝马i3在材料、结构、工艺等方面，都有许多突出的亮点。尤其在材料方面，碳纤维复合材料在乘员舱的应用，实现了碳纤维复合材料在电动车上的大量应用；结构方面，摒弃了传统的承载式车身设计，而是根据电动车产品特性和安全要求，对车身、底盘和电池组进行合理设计和安排（图8-1），实现了革命性地突破；工艺方面，碳纤维复合材料乘员舱的生产工艺、碳纤维复合材料与铝合金之间的连接技术等，一直是国内众多整车企业学习的典范。

宝马i3不仅在材料、结构、工艺等方面创新，在轻量化设计方面也做到了极致，采用轻质碳纤维复合材料和铝合金构建"Life-Drive"模块，采用蜂窝材料用于局部加强和吸能，采用塑料材料作为车身覆盖件，表现出合适的轻量化材料用到合适的地方，有效地实现了整车的轻量化，树立了电动车轻量化的标杆。全方位且极致地轻量化设计，使得宝马i3整车质量比传统电动车有明显的优势，宝马i3整车质量不足1300kg，而尺寸相当的雪佛兰Volt整车质量约1700kg。铝合金底盘和碳纤维复合材料乘员舱与传统电动车钢制零部件相比，可减重300kg左右[1]。

宝马i3的乘员舱大量采用轻质高强的碳纤维复合材料。乘员舱及四门两盖、

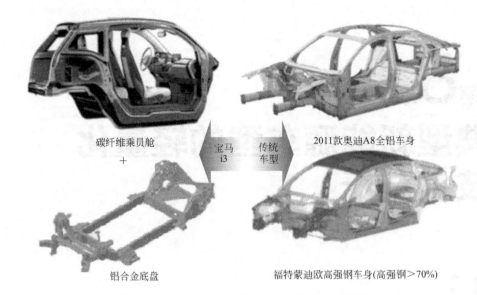

图 8-1　宝马 i3 和传统车型车身和底盘的比较[2]

外覆盖件等在内的白车身,各种材料的用材比例如图 8-2 所示。从图中可知碳纤维复合材料的使用量达到了 49.41%。本节主要从关键零部件的材料、工艺等方面,对宝马 i3 的革命性轻量化技术进行详细地解析。

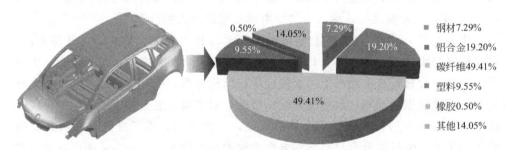

图 8-2　宝马 i3 白车身用材比例[3]

8.1.1　碳纤维复合材料乘员舱

宝马 i3 电动车的一个亮点是乘员舱大量采用了质量轻且强度高的碳纤维复合材料,这成为整车减重的关键,可平衡电池组带来的 250～300kg 的增重。

碳纤维复合材料乘员舱共计由 34 个碳纤维复合材料零件组成,其中 13 个零件采用整体成型(48 个预成型体),实现了高度的集成化(见图 8-3)。以宝马 i3 侧面车身为例,根据其性能要求,侧面车身分成 9 个预成型体,如图 8-4(a),每个预成型体的纤维方向取决于局部的功能性要求,如图 8-4 件①要求各向异性,而件②则要求各向同性,再将 9 个预成型体通过 RTM 技术,组成侧面车身内外

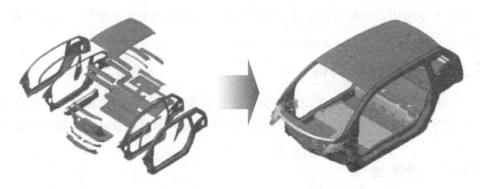

图 8-3　宝马 i3 碳纤维车身[3]

板，如图 8-4(b)，然后采用宝马专利技术的树脂将内外板黏合在一起，并在夹层中粘接了工程塑料，以强化侧面车身的刚度。碳纤维复合材料比钢材轻约 50%，比铝轻约 30%。碳纤维复合材料的应用使得该车身的质量仅有 148kg，较对应的钢制车身可减重 57.6%。

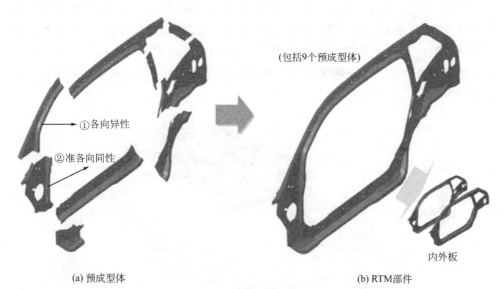

图 8-4　宝马 i3 碳纤维侧面车身内外板[4]

宝马 i3 的车体，由 150 个分零件组成，且全部组件都采用宝马独家专利的全自动制程，通过机械手臂采用陶氏化学的聚氨酯胶黏剂结合在一起，胶层厚度为 1.5mm。该胶黏剂由宝马和陶氏化学共同开发，固化速度快，仅需几秒就可以发挥作用，这样就可以实现车身快速地移动到生产线下一个胶黏剂喷涂点，黏合下一个部件。在一些必要的连接点，还安装了红外辅助加热设备，以进一步缩短固化时间。国内各整车企业近几年也加强了对碳纤维复合材料零部件的研究，但是其价格相对昂贵，制约了其在汽车领域的广泛使用。但宝马 i3 碳纤维复合材料的大量使用,无疑为碳纤维复合材料零部件在电动车上的使用,指引了重要方向。

8.1.2 轻量化塑料件

宝马 i3 在极致地轻量化设计中除采用碳纤维复合材料乘员舱、铝合金底盘外,在车身覆盖件、内外饰等零件上也进行了轻量化设计,使用了大量的轻量化塑料。

8.1.2.1 外覆盖件

目前国内采用塑料外覆盖件的车型较少,宝马 i3 外覆盖件基本以塑料(包括碳纤维复合材料)材料为主,其轻量化设计及用材理念走在电动车的前沿。

宝马 i3 的前舱盖、前后翼子板、车门外板、车顶边框护板、车顶、后尾门等外覆盖件均采用了轻量化塑料。其中前舱盖外板、前后翼子板、车门外板采用 PP+EPDM-T30 材料;车顶边框护板采用 PC+ABS 材料。宝马 i3 塑料外覆盖件见图 8-5。其中对于前舱盖来说,由于电动车没有传统的发动机,故前舱盖温度相对较低。宝马 i3 前舱盖外板采用 PP+EPDM-T30 材料,不仅能提供较好的表面等级和涂装性能,还能平衡行人保护所需的弹性和刚度要求,起到很好的行人保护作用[5,6]。

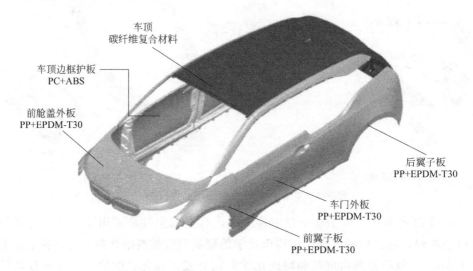

图 8-5 宝马 i3 塑料外覆盖件[3]

宝马 i3 后尾门采用目前最新的第三代塑料后尾门技术,即内板为 PP-LGF40 材料,外板为 PP+EPDM-T30 材料,内外板之间采用胶接连接,宝马 i3 塑料后尾门结构见图 8-6。

图 8-6 宝马 i3 塑料后尾门结构[3]

8.1.2.2 车身结构件

宝马 i3 采用碳纤维复合材料一体化乘员舱，为了确保整车的强度，在局部还采用了一些结构增强件，主要有车身尾部结构增强件、侧裙内部及轮罩后方的蜂窝吸能件等。其中车身尾部结构增强件材料为 PBT+PET-GF30。宝马 i3 车身尾部的塑料结构增强件见图 8-7。该件在碰撞时承载负荷，将内外壳体分开，为侧面车窗提供空间。注塑成型的部件包含了多个过去需要单独制造的小型部件，实现了集成化和模块化设计，降低了制造复杂性和成本。二十多个总质量近 9kg 的小型部件被集成到该件上，为车身提供加固和所需的声学效果。

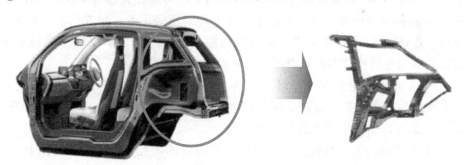

图 8-7 宝马 i3 车身尾部的塑料结构增强件

在碳纤维复合材料侧裙、轮罩后方等位置，宝马 i3 安装了蜂窝吸能件（见图 8-8），从而能有效地吸收车辆碰撞时的能量。

8.1.2.3 内外饰件

在内外饰件中，宝马 i3 也大量应用了轻量化塑料件替代传统的金属件，如座椅骨架（见图 8-9）、座椅靠背、座椅坐盆等。

(a) 碳纤维侧裙中的蜂窝吸能材料　　(b) 前轮后方的蜂窝吸能材料

图 8-8　蜂窝吸能材料在宝马 i3 上的应用[7]

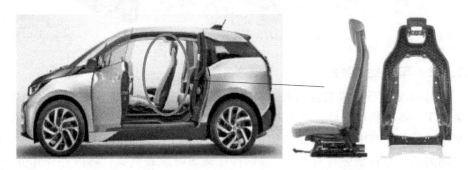

图 8-9　宝马 i3 座椅骨架

传统车型的座椅骨架为金属材料，宝马 i3 采用 PA6-GF40 座椅靠背，该靠背重约 2.2kg。与传统的金属骨架相比，塑料座椅骨架能有效地实现轻量化。虽然宝马 i3 座椅靠背略显单薄，但由于设计合理，增强尼龙材料在 −30℃ 到 80℃ 范围内，CAE 分析均满足要求。这也说明塑料座椅靠背，不仅能实现轻量化，还能比传统的金属座椅靠背做得更薄，从而节约更多的空间。

宝马 i3 的座椅坐盆也采用轻质塑料材料，巴斯夫的碳纤维增强 PU 材料。传统车型的后排座椅是固定在金属车身上，而宝马 i3 后排座椅安装在塑料座椅坐盆上。宝马 i3 塑料座椅坐盆见图 8-10。

宝马 i3 顶棚、A 柱结构中，还应用了耐高压的闭孔 PU 泡沫（见图 8-11），这种耐高压泡沫被制造成碳夹层复合物，从而使其足以支撑车辆的刚性结构。相对于钢制材料，在达到相同刚度的情况下，PU 泡沫质量减轻约 65%。

宝马 i3 的仪表板前沿部分、门护板本体等采用木纤维制作而成（见图 8-12），相比传统的矿粉增强 PP（如 PP+EPDM-T20）而言，减重 20% 左右。

另外，仪表板本体（见图 8-13）采用微发泡的 PP+EPDM-T20，发泡密度约为 $0.55 kg/cm^3$，相比未进行发泡的 PP+EPDM-T20 而言，密度减小 50% 左右。

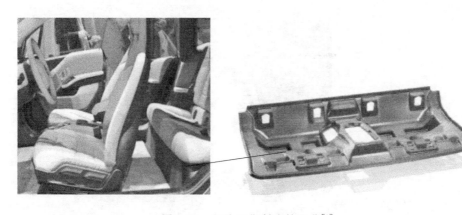

图 8-10　宝马 i3 塑料座椅坐盆[8]

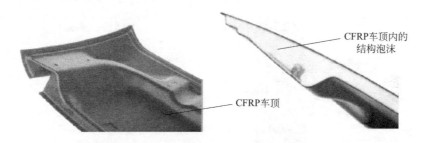

图 8-11　宝马 i3 车顶中的耐高压闭孔 PU 泡沫

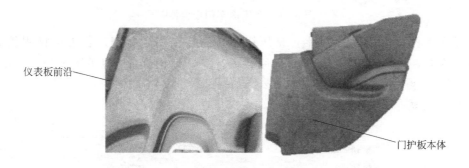

图 8-12　宝马 i3 木纤维零部件[9]

宝马 i3 车门限位器采用塑料结构（见图 8-14），其中壳体材料为 PA66-GF30，弯臂包塑 PA66 材料，目前国内基本采用金属壳体结构。

8.1.3　铝合金底盘

铝合金底盘是宝马 i3 的另外一大特色，其主要作用有：承载车身质量；承载电池；碰撞过程中的能量吸收和转移；其他零部件的承载。

宝马 i3 车身铝合金用量约占整个车身的 19%，其中应用最多的是 6 系铝板，

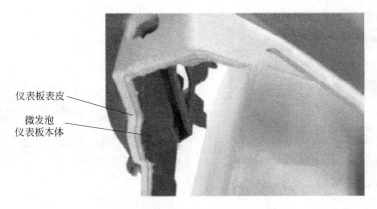

图 8-13 宝马 i3 微发泡仪表板本体[9]

图 8-14 宝马 i3 车门限位器[9]

占整个铝材用量的 50% 以上。挤压铝型材和铸铝用量相当，各占铝材用量的 20% 左右，另外还有少量 5 系及 7 系铝板。宝马 i3 铝合金底盘见图 8-15。

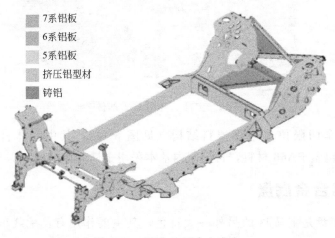

图 8-15 宝马 i3 铝合金底盘

宝马 i3 的前副车架也采用铝合金材料，在正碰过程中，通过前副车架、前纵梁等零部件,将能量分散到碳纤维复合材料乘员舱。宝马i3前副车架见图8-16。

(a) 示意图　　　　(b) 安装位置图　　　　(c) 前碰能量分散示意图

图8-16　宝马i3前副车架[10]

从比强度上来说,铝合金材料较碳纤维复合材料低,但铝合金零部件价格相对较低,其商品化市场也更为乐观。2016年汽车碳纤维复合材料应用风向标的宝马集团宣布,新一代宝马i3将碳纤维乘员舱改回价格相对低廉的铝合金材质乘员舱。

8.1.4　电池及其他零部件材料轻量化

宝马i3电池包箱体的下箱体采用铝合金材料,上盖采用塑料材料,这种设计使电池箱体的轻量化效果明显。图8-17为宝马i3电池箱体。

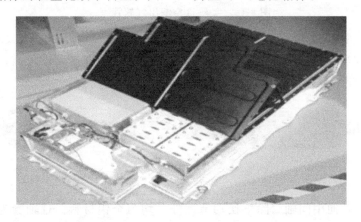

图8-17　宝马i3电池箱体

宝马i3塑料外覆盖件的喷漆处理是一件一件完成的,有些部件仅仅需要一层面漆和一层保护层即可。之所以减少底漆的使用,是因为利用传统的阳离子电泳浸涂底漆工艺,会给车辆增加10kg的漆面质量[11]。

宝马i3的前稳定杆采用空心稳定杆,材质为34MnB5,相对传统的60Si2MnA等实心稳定杆而言,减重30%左右。宝马i3空心稳定杆见图8-18。

图 8-18　宝马 i3 空心稳定杆[10]

宝马 i3 空滤出气软管采用 TPC 材料，目前国内多采用 EPDM 材料，较少车型采用该材料。相对于 EPDM 而言，TPC 出气软管价格更贵，但减重可达 50%。图 8-19 为宝马 i3 空滤出气软管。

图 8-19　宝马 i3 空滤出气软管[10]

宝马 i3 驱动轴半轴为空心驱动半轴，见图 8-20，材质与 JIS G4052 中的 SMn438h 相当。空心轴管是日韩系常用高锰钢且热处理后硬度较高，目前国产车型还未见空心驱动轴。

图 8-20　宝马 i3 空心驱动半轴[10]

宝马 i3 转向中间轴（除下摆动节叉外）均为全铝材料，且轴管为空心，结构简单紧凑，可很大程度上达到轻量化目的。宝马 i3 转向中间轴零件见图 8-21，其各部分零件用材见表 8-1。

图 8-21　宝马 i3 转向中间轴零件[10]

表 8-1 宝马 i3 转向中间轴各部分零件用材

序号	零件	材料
1	上摆动节叉	材料与 AlSi10Mg(Fe)相当
2	上固定节叉	材料与 AlSi10Mg(Fe)相当
3	上轴头	材料与 AlSi8Mg(Fe)相当
4	中轴头	材料与 AlSi8Mg(Fe)相当
5	下轴头	材料与 AlSi10Mg(Fe)相当
6	下固定节叉	材料与 AlSi10Mg(Fe)相当
7	下摆动节叉	材料与 EN10263-2 中的 C4C 相当

8.1.5 轻量化连接工艺

宝马 i3 "Life" 和 "Drive" 两大独立模块大量使用碳纤维复合材料和铝合金材料，其中碳纤维复合材料的使用成为宝马 i3 的一大亮点，为该款车的轻量化做出了突出地贡献，但同时也给碳纤维复合材料的连接技术带来了巨大的挑战。由于碳纤维复合材料本身的材料特性，传统用于金属的连接技术，如点焊等无法适用于碳纤维复合材料的连接。目前常用的碳纤维复合材料连接技术包括胶接、机械连接和胶/机械混合连接。宝马 i3 主要应用的车身连接技术如表 8-2 所示。从该表可知，宝马 i3 的车身连接使用了 172.9m 的结构胶，这样省去了传统的焊接工艺，节省电能。此外，使用的结构胶是专门研制的，仅需 5~10min 便可硬化，因此生产效率也得到了提高。

表 8-2 宝马 i3 主要应用的车身连接技术　总共的 WSE：4378

连接技术	焊点数量或焊缝长度	焊点当量(WSE)	等效
点焊	52 个	52	1∶1
电弧焊	0.7m	35	20mm=1WSE
激光焊接	10.2m	680	15mm=1WSE
结构胶	172.9m	3458	50mm=1WSE
铆钉	141 个	141	1 个=1WSE
螺钉	12 个	12	1 个=1WSE

图 8-22 为宝马 i3 车身主要碳纤维复合材料零部件，表 8-3 为宝马 i3 碳纤维复合材料零部件的主要连接方式。从表 8-3 中可以看出，宝马 i3 中碳纤维复合材

料零部件之间以及碳纤维复合材料与金属之间主要通过胶接和胶/机械混合连接的方式进行连接。

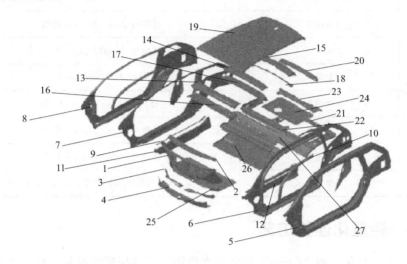

图 8-22　宝马 i3 车身主要碳纤维复合材料零部件[12]

表 8-3　宝马 i3 碳纤维复合材料零部件的主要连接方式

零部件名称	连接方式	零部件名称	连接方式
前围板 1	胶接＋预埋孔＋机械连接	前顶横梁加强板 16、中顶横梁加强板 17、后顶横梁加强板 18	胶接＋部分机械连接
流水槽 2	主体胶接＋部分机械连接	顶盖 19	胶接
前地板护板 3	胶接	后保横梁 20	胶接
前地板护板加强件 4	胶接	包裹架支架 21	胶接＋部分螺栓连接
左右侧围内外板(5,8)	胶接,与车门铰链胶接	包裹架外围板(22,23)、包裹架隔板 24、前地板 25	胶接
左右侧围(6,7)	9 块小零件胶接成一体		
门槛(9,10)	胶接,预埋孔＋机械连接	中底板 26	胶接＋部分机械连接(与金属加强件)
门槛护板(11,12)	胶接		
前顶横梁 13、中顶横梁 14、后顶横梁 15	胶接	后地板 27	胶接＋部分机械连接(与包裹架)

此外，宝马 i3 中的碳纤维复合材料在与受力较小的附件进行连接时，采用了 insert、bighead 等连接技术，如图 8-23 所示，其中 insert 可避免在碳纤维复合材料上开孔导致材料性能的降低，bighead 可降低 CFRP 所受到的挤压力。

(a) insert　　　　　　　　　　　　(b) bighead

图 8-23　宝马 i3 碳纤维复合材料与附件之间的连接技术

8.2 特斯拉 Model S

特斯拉 Model S（图 8-24）是特斯拉公司打造的一款全尺寸高性能电动车，车身总长为 4979mm，轴距达到 2960mm。得益于特斯拉独特的纯电动动力总成，百公里加速仅为 2.6s，续航里程达到 500km，通过 autopilot 可以实现自动辅助驾驶，让驾驶者更好地享受驾驶乐趣。特斯拉 Model S 采用了传统汽车技术较成熟且轻量化程度高的全铝车身轻量化技术，力求尽可能减轻整车质量，弥补电池带来的质量增加，提升续航里程。全铝车身质量约为 360kg，整车采用了铝合金板材、铝合金型材以及铝合金铸件。即使采用全铝车身，Model S 的车重依然达到了同级别最高——2100kg 左右，若不采用全铝车身，整车质量将达到 2200kg 以上，极大地影响了整车的操控性、加速性能以及续航里程等[13]。

图 8-24　特斯拉 Model S

8.2.1 车身骨架轻量化

不同于传统的钢车身，Model S 的车身主要采用铝合金打造（图 8-25），质量更轻，造价也更为昂贵。在车辆制造过程中，挤压件、冲压件和铸件的专业组合实现了需要的刚度和强度。高刚度、高强度结构不仅能保护车内乘员，还能提供更好的整体操控性。Model S 车身框架采用铝合金型材和铝合金铸件，为了进一步增强整车的安全性，对 A、B、C 柱这些关键的防护与支撑部位均使用高强度硼钢加固，令其可以承受 5 倍自身的车重挤压[14]。完全平直的双八边形导轨沿车体底部结构布置设计，在紧急情况下可以吸收冲击能量。从实际高速驾驶强烈碰撞的结果来看，撞击的另一方（汽车或障碍物）往往遭到了严重的损坏，而 Model S 在撞击后自身受到的损伤很小，驾驶员受到的伤害也很小。特斯拉 Model S 是 2014 年唯一一款同时获得欧洲 Euro NCAP 和美国高速公路安全管理局（NHTSA）5 星最高评分的车型。事实上，能够获得双 5 星殊荣的汽车非常稀少，而特斯拉 Model S 却能在包括正面碰撞、侧面碰撞、翻滚测试、儿童保护测试、行人保护测试、鞭打测试等诸多评比项目中脱颖而出[15]。

图 8-25　特斯拉 Model S 全铝车身[13]

8.2.2 车身覆盖件轻量化

Model S 的外覆盖件如车门（图 8-26）、前发动机罩盖均为铝合金板材冲压而成。汽车上用铝合金板材替代传统的钢板可减重 40%～50%。当前用于外覆盖件的铝合金主要为 5 系和 6 系铝合金。其中，5 系铝合金具有较好的冲压成型性能，通常用于形状复杂的车身覆盖件；6 系铝合金具有良好的强度和塑性，可通过热处理进一步提高其强度，并且耐腐蚀、耐磨性和抗凹性能好，容易着色涂装，广泛地应用于表面质量要求较高的车身覆盖件外板。但铝合金板材存在成型性不如钢板，冲压过程中易产生裂纹，材料波动性大以及回弹难以控制等问题。为了解决这些问题，实现铝合金覆盖件的精密冲压，特斯拉工厂配备了北美最大规模的液压机，相当于 7 层楼高，采用慢速冲压，尽量减少热量和变形。冲压完成后，采用激光切割机进行精密加工，从而保证覆盖件的加工精度和表面质量。

图 8-26　Model S 车门

8.3 特斯拉 Model 3

特斯拉 Model 3 是特斯拉 Model X 系列的新品，北京时间 2016 年在美国发布。Model 3 是在 Model S 和 Model X 的基础上精心研发的。Model 3 配备了 60kW·h 的电池，双电机四驱，续航能力可达 448km，百公里加速 4.7s。值得一提的是 Model3 的智能化配置：15 英寸触摸屏、车载地图及导航、Wi-Fi 无线网络及 LTE 网络连接、无钥匙进入、空调温度远程控制、语音控制等。与此同时，Model 3 具备增强版自动辅助驾驶能力，能够根据交通条件调整速度，具备车道保持、自动变道和自动泊车功能。

Model 3 是特斯拉首款面向大众市场的电动车，其车身没有采用价格昂贵的全铝车身，而采用更加实用的钢铝混合结构车身。相对于全铝车身，虽然钢铝混合结构车身轻量化效果有所降低，但成本大幅地减少。Model 3 的成功，也说明新能源汽车的轻量化，不是追求最佳的轻量化，而是成本、性能与轻量化的平衡，在保证性能的前提下，采用最低的成本，实现最大的轻量化。Model S 整车质量 2.08 吨，Model 3 通过一系列的轻量化措施，整车质量减轻至 1610kg。

8.3.1 轻量化车身

特斯拉在综合了成本、动力性、经济性、安全性等各方面因素的情况下，Model 3 的车身采用钢铝混合结构，车身用材如图 8-27 所示。其中车身纵梁、A柱、B柱、车顶纵梁以及底板等位置，均使用了超高强钢。超高强钢的框架结构，确保了车身主体的刚度，提升了车辆被动安全性，从而保证了车辆在发生碰撞时，乘员舱的生存空间不被破坏[16,17]。

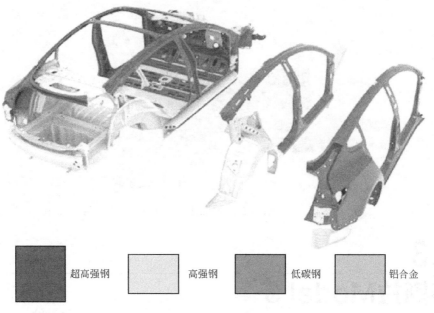

图 8-27 Model 3 车身用材示意图[16]

高强钢和铝合金的结合，以及一些局部的加强和结构设计，使得 Model 3 获得极好的安全和碰撞性能。如在美国的 IIHS 的 25% 小角度碰撞测试中，Model 3 通过在车身纵梁与门槛梁之间加一根超高强度材质的加强梁，将正面的碰撞能量引导至车底两侧门槛梁，更好地保护了地板下的电池组（图 8-28），因此获得"优＋"的评价，而这一结果，超越了 Model S 的成绩。

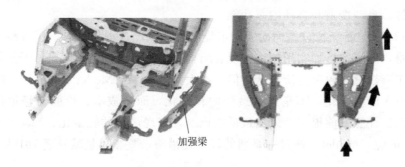

图 8-28 Model 3 加强梁设计及碰撞力的传递示意图[17]

铝合金材质的应用，主要集中在 Model 3 的尾部，如图 8-29 所示，这与 Model 3 前后的质量分配有关。Model 3 采用了纯电机后轮驱动的形式，后轴承受了整车更多的质量载荷，因此为平衡前后质量分布，尾部使用更轻量化的铝合金材质。为了提高车身强度，特斯拉在铝合金尾部也采用了超高强钢进行加强设计。

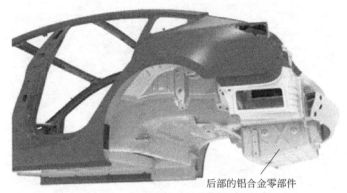

图 8-29　Model 3 尾部铝合金零部件示意图[17]

8.3.2　电池轻量化

Model S（Model S 85D，电池总能量为 81.5kW·h）电池包共重约 545kg，而 Model 3（电池总能量为 80.5kW·h）的电池包总重约 478kg，即在电池容量大致相同的情况下，实现减重 67kg。同时 Model 3 电池包比顶配 Model X P100D 的电池包轻 6%。

Model 3 主要从电池单体电芯、电池箱体等方向进行轻量化。

8.3.2.1　单体电芯的轻量化

Model S 采用的是单体电芯容量为 3.1Ah 的 18650 型锂电池，而 Model 3 采用的是单体电芯容量为 4.8Ah 的 21700 型锂电池。虽然单个电池及体积变大，但 Model 3 的单体质量及体积能量密度均优于 Model S。Model 3 的电池组由四个比例不同的模组组成，其中两个模组由 25 个电池单元构成，另外两个模组由 23 个电池单元构成，每个电池单元有 46 个 21700 电芯。Model S 电池包共 16 个模组，每组有 444 个 18650 电芯。因此，整体而言，Model 3 电芯数量减少约 2300 颗，从而整车电芯体积减小约 5.6%，减重约 18kg[18,19]。

8.3.2.2　电池箱体的轻量化

Model S 设计有一个专门用于保护电池的电池壳，重约 124.74kg，相当于电池包质量的 1/4。与 Model S 相比，Model 3 的 pack 里没有对边框进行专门的保护，没有厚重的电池壳体，这是因为 Model 3 将电池结构质量和电池保护从电池壳体转移到了整车上，从而实现了电池 pack 的轻量化。从 Model 3 的安全结构视图可以看出大量的高强钢围绕着电池 pack，电池 pack 环绕在保护结构中，从而使 Model 3 的电池不依赖电池包壳体的保护（图 8-30）。Model 3 将电池

pack 的保护整合到整车级别保护上，从而实现轻量化[18,19]。

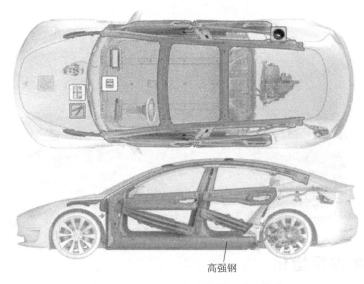

图 8-30　Model 3 安全结构示意图[16]

Model 3 的前端和两侧，大量使用铝合金吸能结构设计，有效地降低碰撞时对乘客舱的冲击。其中前端采用超高强钢横梁＋大截面填充发泡材料；两侧采用超高强钢板嵌套铝合金型材，中间两条地板横梁将左右门槛连接。

对于电池箱体而言，Model 3 底板为 3.2mm 厚的铝合金材料，上盖为 0.8mm 的钢板。控制盒材料为铝合金材料，整个电池箱体重约 53kg（见图 8-31）。

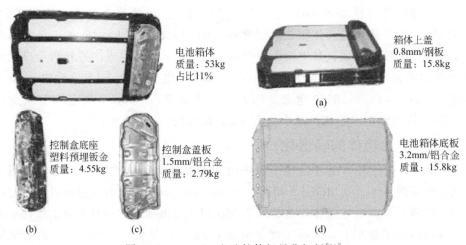

图 8-31　Model 3 电池箱体轻量化解析[19]

单个电池组模块，上盖板、侧板均采用 2.0mm 厚的塑料，底板采用 2.0mm

厚的塑料和 0.8mm 厚的铝板，冷却管路为壁厚 0.1mm 的铝合金成型管（图 8-32）。另外，电池单体通过轻质泡沫固定在一起。

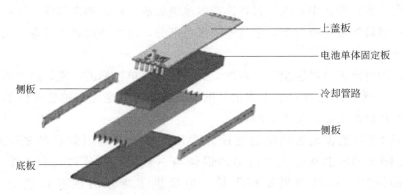

图 8-32　单个电池组模块示意图[19]

8.3.2.3　电池正负极连接结构

Model 3 电池正负极连接结构见图 8-33。

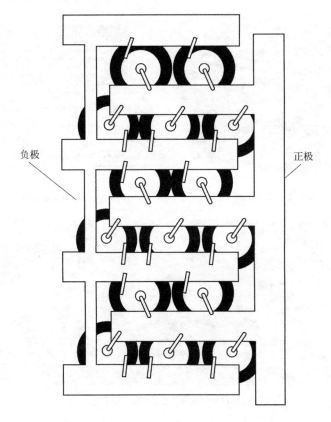

图 8-33　Model 3 电池正负极连接结构示意图

图 8-33 中圆柱形的为 Model 3 的 21700 电池示意图,左侧的树枝状铝片是整个电池组的负极部分,右侧树枝状铝片是正极。连接电池正极的铝丝通过超声波焊接在电池正极正中心的位置,连接电池负极的铝丝则剑走偏锋,连接在电池正极同一侧最外沿的负极上,也就是图黑色部分,同样使用超声波焊接工艺,同时成本下降了 8.1%。

传统的电池正负极连接为电阻焊,只是通过简单粗暴的电流短路方式把铝片上的 N (N 为 2 的倍数) 个点融化到电池正负极上,毫无美感也提供不了单个电池的断路保护功能,见图 8-34(a)。

Model S 电池模组里的电池连接方式比起传统的电阻焊已经是革命性改变,Model S 的电芯通过电池两侧的铝丝与一整块铝片连接,在单个电池电流过大的情况下可以提供断路保护,也提供了维修时的补焊能力,见图 8-34(b)。

Model 3 的正负极连接片从一整片变成了布局在电池组两侧,而非电芯正反面的树枝状连接片。也就是原先是 2 个面的铝片变成了 1 个面,同时还更细更

(a) 传统电池正负极连接工艺 (b) Model S 的电池正负极连接工艺

(c) Model 3 的电池正负极连接工艺

图 8-34 电池连接工艺[19]

轻,见图 8-34(c)。如果单纯以一整个面的铝片来计算,那么这部分的减重又是若干公斤。

8.4 丰田Mirai

Mirai 是丰田旗下首款量产的氢燃料电池汽车,是丰田 FCV(fuel cell vehicle)计划的产物。在日语中,mirai 一词有着"未来"的含义,预示着氢能源是未来汽车的重要能源。Mirai 的外部尺寸为 4890mm×1815mm×1535mm,轴距为2780mm,售价约为 42.3 万人民币,续航里程为 550km。Mirai 注重空气动力学,风阻系数小于传统汽车,具有较小的挡风倾角、流线型的后风挡以及短小的车尾。该车动力系统如图 8-35 所示。

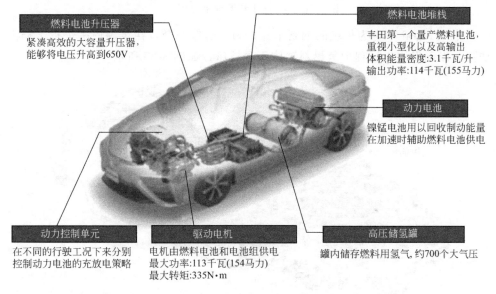

图 8-35 Mirai 动力系统[20]

8.4.1 车身设计

Mirai 的工作原理(图 8-36)与普锐斯类似,当汽车运行时,储氢罐中的氢气进入燃料电池中的反应装置,与车头吸入的空气反应产生电能,再分配给电极与驱动电池,从而带动整车的行驶,剩余能量则给电池充电回收。燃料电池组的最大输出功率为 114kW,公里输出密度为 3.1kW/L,每行驶 100km 大约需要 2L 氢气[20]。一次加满氢气大约需要 3~5min,可行驶约 600km。整车动力系统可提供 113kW 的功率及 335N·m 的峰值转矩,最高车速为 200km/h[20]。

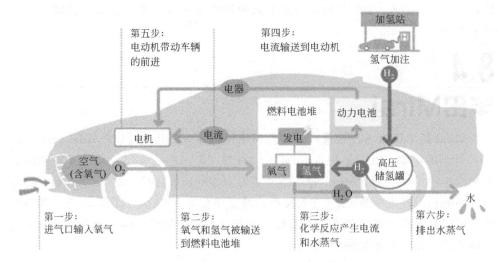

图 8-36　Mirai 工作原理示意图[20]

丰田 Mirai 车身为传统的钢制车身，为了确保安全，在氢罐周围进行了局部加强，以确保侧碰过程中氢燃料罐体不受挤压，如图 8-37 所示[21]。

图 8-37　丰田 Mirai 车身

8.4.2　储氢罐轻量化

丰田 Mirai 储氢罐外层采用碳纤维和凯夫拉（防弹衣面料）材料制备而成，甚至可抵御轻型武器攻击，实现顶级的质量储氢密度和安全性能。中间层是储氢罐最重要的一层，采用热塑性碳纤维增强塑料。内侧采用高分子聚合物，防止与氢气发生反应[22]（图 8-38）。Mirai 车身设计充分考虑了发生碰撞时对氢燃料电池及储氢罐的保护，对两侧的纵梁采用分散冲击力设计，并在储氢罐周围布置加强件，避免碰撞对罐体的挤压。

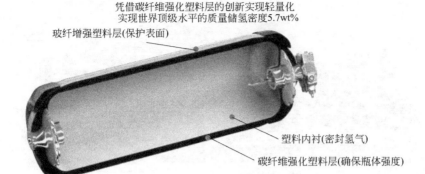

图 8-38　Mirai 储氢罐的组成示意图[20]

Mirai 的燃料电池箱体位于前排座椅下方，如图 8-39 所示，总质量为 56kg，包含 370 片单体电池，质量功率密度为 2kW/L。后排座椅后方的储能电池虽然占据了一定的后备厢空间，但在行驶过程中用来存储燃料电池组输出过剩的电能和车辆行驶过程中回收的电能，供急加速和车载用电器使用（图 8-40）[21]。

图 8-39　Mirai 的燃料电池箱体[23]

Mirai 的总质量约为 1850kg，比车身同尺寸相近的凯美瑞重 350kg 左右，这主要是增加了氢燃料电池和两个容量达 122.4L 的储氢罐。

氢燃料电池汽车与其他电动汽车相比，具有以下特点：

① 氢燃料电池汽车充气只需 3~5min，而电动汽车充电需要几个小时，即使充电最快的特斯拉 Model S 至少也需要 30min，但行驶距离还不到氢燃料电池汽车的一半，因此氢燃料电池汽车更方便使用，不存在电动汽车的"里程焦虑"。

图 8-40　Mirai 的储能电池[21]

② 在性能和环保方面，氢燃料电池汽车使用和电动汽车一样的电机驱动，所以和电动汽车一样环保。但是氢燃料电池汽车的售价和维护费用比电动汽车高，制造和使用氢气的费用高，加气站的建设费用昂贵等都限制了氢燃料电池汽车的使用和推广[23,24]。

尽管氢燃料电池汽车并不完美，但是各国都已经开始了对氢燃料电池汽车的研究，人们对氢燃料电池汽车的未来还是充满信心的。

参 考 文 献

[1] 冯瑞华. 碳纤维在汽车领域的应用 [J]. 新材料产业, 2014 (8): 15-18.

[2] 科技不止于外表 试驾宝马 i3 电动版 [J/OL]. http://news.bitauto.com/hao/wenzhang/328273.

[3] 中国汽车用碳纤维轻量化技术产业发展现状及趋势探索 [J/OL]. https://wenku.baidu.com/view/0a11e954da38376bae1fae0c.html.

[4] 全碳纤车身！宝马 i3 LifeDrive 结构浅析 [J/OL]. https://www.autohome.com.cn/tech/201210/405140-2.html.

[5] 战磊, 孙军, 何金光, 等. 汽车座椅骨架轻量化的研究概况 [J]. 汽车零部件, 2015 (11): 68-73.

[6] 胡连强, 王燕文, 何健, 等. 复合材料在座椅靠背骨架上的应用研究 [J]. 上海汽车, 2017 (6): 55-58.

[7] 宝马 i3 车体材质采用现今最先进的轻量化科技材料：碳纤维！ [J/OL]. http://baijiahao.baidu.com/s?id=1602940274215995936&wfr=spider@for=pc.

[8] 大师拆解宝马 i3 九个问题解读 i3 本质 [J/OL]. http://news.bitauto.com/toupai/20141031/1306488421-2.html.

[9] 对标车材料解析报告（宝马-I3）[J/OL]. http://www.doc88.com/p-6701327777896.html.

[10] 2013年 ECB 车型非金属材料的应用及展望_中国一汽技术中心 [J/OL]. https://wenku.baidu.com/view/d505903469dc5022abea0086.html.

[11] 宝马 i3：从碳纤维到成品的全过程 [J] 玻璃钢/复合材料. 2014, 1: 115-116.

[12] 国内外碳纤维及其制品在汽车上应用现状简介 [J/OL]. https://wenku.baidu.com/view/6b8c2ba36137ee06eff918ed.html.

[13] 特斯拉 Model S：双五星安全"神车"是如何炼成的？[J/OL]. (2015-1-22). https://www.tesla.cn/node/10046? redirect=no.

[14] 特斯拉纯电动汽车技术剖析 3 大要点让你彻底读懂 [J/OL]. (2018-1-18). http://www.eeworld.com.cn/qcdz/article_2018011821429_2.html.

[15] 郭晓际. 特斯拉纯电动车技术分析 [J]. 科技导报，2016，34（6）：98-104.

[16] 常旭. 终于等到你！特斯拉 Model 3 技术解析 [J/OL]. (2019-2-25). http://info.xcar.com.cn/201902/news_2035700_2.html.

[17] 夏志猛. 放弃全铝聊聊特斯拉 MODEL 3 的车身设计 [J/OL]. (2017-8-31). https://www.autohome.com.cn/tech/201708/906377-2.html.

[18] 博奇数据. 全网首发 特斯拉 MODEL3 拆解分析报告 [J/OL]. (2018-06-1). https://www.d1ev.com/news/qiye/69486.

[19] 中国储能网新闻中心. 揭秘：特斯拉 Model 3 电池组是如何做到轻量化的？[J/OL]. 2018-6-01. http://www.escn.com.cn/news/show-526976.html.

[20] 燃料电池时代来临，丰田 Mirai 全解析 [J/OL]. https://auto.gasgoo.com/a/70064728.html.

[21] 氢燃料电池车优点多多，为何却迟迟不引入国内 [J/OL]. http://baijiahao.baidu.com/s? id=1586637006623656151&wfr=spider&for=pc..

[22] 丰田燃料电池车 Mirai：未来 [J]. 电源技术，2015，2（39）：210-230.

[23] 触碰未来 丰田氢燃料电池车 Mirai 解析 [J/OL]. http://www.360doc.com/content/18/0105/15/51716594_719294033.shtml.

[24] 氢燃料电池汽车大有可为 [J]. 中国经济报告，2015，12：115-117.